U0502063

北京中经阳光税收筹划事务所·房地产智库
Beijing Zhongjing Suntax Planning Firm ·Think-tank of Real Estate

房地产企业财会税收工具箱

Internal Control Taxation Toolbox for Real Estate Enterprises

北京中经阳光税收筹划事务所◎编著

中国市场出版社
·北京·

图书在版编目（CIP）数据

房地产企业财会税收工具箱/北京中经阳光税收筹划事务所编著. —北京：中国市场出版社，2014. 6
ISBN 978-7-5092-1178-6

Ⅰ. ①房… Ⅱ. ①北… Ⅲ. ①房地产业-财务管理-中国②房地产业-税收管理-中国 Ⅳ. ①F299. 233. 3②F812. 423

中国版本图书馆 CIP 数据核字（2014）第 000736 号

房地产企业财会税收工具箱
北京中经阳光税收筹划事务所　编著

出版发行　中国市场出版社
社　　址　北京月坛北小街 2 号院 3 号楼　　　邮政编码　100837
电　　话　编 辑 部（010）68037344　读者服务部（010）68022950
发 行 部（010）68021338　68020340　68053489
68024335　68033577　68033539
总 编 室（010）68020336
盗版举报（010）68020336
邮　　箱　huchaoping1966@sina. com
经　　销　新华书店
印　　刷　河北鑫宏源印刷包装有限责任公司
规　　格　185 mm×260 mm　16 开本　　版　　次　2014 年 6 月第 1 版
印　　张　19. 5　　印　　次　2014 年 6 月第 1 次印刷
字　　数　456 000　　定　　价　128. 00 元

《房地产智库》编委会

《房地产智库》总序

行业现状

自20世纪90年代房地产市场化以来，房地产业已经成为我国国民经济的重要支柱产业之一。房地产涉及上下游60多个行业，它的发展对启动消费、扩大内需、拉动上下游产业发展和促进国民经济增长都起到经济杠杆作用。

自2007年以来，房地产行业的投资呈现爆发式增长，家电、纺织服装、食品饮料、商贸、有色金属等多个行业的知名企业都涉足其中，大量资金纷纷涌向房地产行业。除大家所熟知的海尔、海信、格力、格兰仕等家电巨头外，泰康人寿、阳光保险、安邦财险、中金公司、民生银行等金融机构也在房地产市场布下自己的棋子，就连一些民营企业也纷纷加入房地产开发大潮。一时间房地产市场热闹非凡，真可谓千军万马齐奔房地产。

丛书缘起

近年来，房地产价格的快速上涨，不仅影响到国民经济的增长速度与质量，还深刻地影响到社会民众的生活。国家已经并将继续推行房地产宏观调控，通过土地、财政、税收、金融等手段联合治理房地产业。因此，一方面，政府赋予房地产业严谨适度的经济调控，引导房地产业走向良性发展的轨道；另一方面，房地产企业应不断提升自身的管理水平，熟练掌握和运用现行财税、金融、管理、法律等政策，结合自身特点进行系统科学的管理，以实现房地产企业的长期战略目标。

但是，现实情况是，中国房地产市场化只有短短的20年时间，政府相关部门对房地产的管理还缺乏有效的手段，各地执法也是尺度不一。

我国房地产操盘人员储备不足，导致大量初学者加入，虽然也有一些具有实践经验的人士转行而来，但因缺乏房地产实操经验，亦不能很快展开工作。

对房地产的研究，市面上的图书主要集中在房地产策划和营销上，至于对其他环节的阐述，要么不充分，要么不够系统不够权威。读者难以找到自己理想的图书作为参考工具。

为了适应房地产发展形势，满足各类读者的需求，我们编写了这套《房地产智库》丛书，书目见下表。分别从财务、税收、法律、合同、管理等视角研究房地产企业的操作实务，直击房地产企业的管理软肋。我们希望通过这套丛书，促进房地产企业管理水平的全面提升。

表：　《房地产智库》丛书书目

序号	分册名称	关键词
1	房地产业九大税种操作实务	税制精解
2	800个房地产企业税收疑难问题精解	热点答问
3	土地增值税实战与案例精解	土地增值税
4	房地产优秀企业管理制度及实操要点	制度精选
5	房地产业法律制度手册	法律制度
6	房地产合同范本与签订技巧	合同、要点
7	房地产企业税收筹划八个实战方案	税收筹划
8	房地产企业全程会计核算与税务处理	会计核算
9	房地产企业财会税收工具箱	常用图表
10	标杆房地产企业财税管理模式与财务分析技巧	财务分析

丛书特色

本套丛书具有较高的权威性和实用性，是房地产企业总裁、高管及房地产各类从业人员科学管理、理财节税的得力助手。本套丛书具有以下特色：

系统权威。本套丛书的出版，经过长期精心的策划准备，遴选出了优秀的编委会成员，他们均来自实践一线，有财税专家、一线政府官员、知名公开课程培训讲师、资深的房地产从业人员和大学教授。丛书涉及的操作技巧与案例分析均源于实践，经过大量真实案例的检验，得到了一线实操人员的广泛认可。图书编写过程中根据国家政策、形势变化，几易其稿，并经各方面专家层层把关，保证了丛书的权威性和系统性。

通俗实用。本套丛书编写前，经过大量的市场调研，收集了众多的宝贵意见和建议，贴近读者需求。本书注重案例分析方法的运用，大量的实务案例贯穿始终，实现“以简驭繁”的目标，适用于房地产企业的各类从业人员阅读，同时也可作为财税研究人员的参考读物。

注重时效。近年来我国房地产业的法律、税收、管理制度等方面的政策都发生了较大变化，本套丛书将新增的、调整的法律、税收、管理制度涵盖其中，力求做到时效性强，便于纳税人使用和借鉴，避免读者延用废止的政策，产生企业经营风险。

查阅方便。本套丛书以房地产企业开发流程为主线，从立项、征地、建设、预售、销售到清盘清算，环节全面，结构完整，脉络清晰，逻辑性强，几乎涵盖房地产项目开发的全过程、全业务、全领域，读者可以根据企业的项目进展，迅速找到目前环节存在的知识点和风险点，对症下药，具有一定的前瞻性和指导性。

诚挚致谢

在本套丛书编写过程中，国内多家政府机关、财政主管机构、税务主管机构、中介机构都给予了大力支持，并提供大量一手资料；活跃在房地产管理与培训一线的专家学者参与丛书的编写工作；众多知名房地产企业的总裁、高管、财务总监等为丛书提供了真实的操作案例和管理经验；阳光财税前沿地产大量会员为丛书提供了宝贵的建议和精彩的实战案例。在此，向这些作出贡献的机构、企业和人士表示诚挚的谢意。

本套丛书是房地产企业总裁、高管人员、财务经理、房地产实操人员的必备工具书，也可作为政府财政、税务主管机构以及对房地产业感兴趣的学者作研究的参考读物，更是有志于从事房地产实践人员的必备工具书。

限于时间和编者的学识水平，书中不足之处在所难免，希望广大读者在阅读本丛书时，将遇到的问题与改进意见及时反馈给我们，以便再版修订，谢谢大家。我们的联系邮箱是：suntax888@126.com。

作者

2012 年 6 月于北京

房地产企业突破竞争激战重围的卓越工具

工欲善其事，必先利其器。卓越的管理工具，是房地产企业的制胜法宝。

中国房地产业经过多年蓬勃的发展，目前市场趋于规范、理性，但竞争却变得异常激烈。企业开始靠练“内功”致胜。所谓“内功”，就是指房地产企业运用卓越的管理工具进行科学、规范的运营管理和内部控制。

卓越的管理工具包括优秀的管理制度、管理流程与管理表格等，它们能够把房地产企业繁琐的管理工作予以规范化、标准化、条理化。在激烈的市场竞争中，管理者借助卓越的管理工具，借鉴成功企业的管理经验，可以有效提升管理效率，为企业突出重围、从竞争中脱颖而出奠定基础。

但是，现实中很多房地产企业高管深切感受到缺乏有效的管理工具。造成这种状况的原因主要有三个：

其一，房地产企业一时找不到适合学习的目标企业，没有合适的参照系，管理层想对企业进行改造，却苦于无从下手。

其二，房地产行业标杆企业管理规范，但经营数据、资料、信息对外严格保密，一般企业偶尔得到一点信息，往往是只言片语，语焉不详，不成体系，企业无法拿来使用，成套的管理工具很难觅得。

其三，部分企业即使拿到一些标杆企业的财税规范工具，但因企业自身的管理水准与标杆企业差距过大，无法合理地消化和吸收，更谈不上合理的利用。

阳光财税一直在探索最佳的房地产开发财税管理模式，一直在努力打造最实用的财会税收工具。

阳光财税作为房地产咨询机构的先行者，在房地产领域开拓探索多年，对于房地产企业管理者所处的困境感同身受，也一直在探索房地产企业改善财税管理的有效途径。这本《房地产企业财会税收工具箱》正是在这样的背景下编著而成的，它包括以下四部分核心内容：

第一部分是房地产开发流程控制工具箱，用图表展现了房地产开发业务的全过程，包括公司设立、可行性研究及立项、获取土地、前期工作、建筑施工、营销及服务等各个阶段的工作流程，对房地产开发有提纲挈领的指导性作用。

第二部分是房地产内部控制流程工具箱，属于房地产开发企业实用的财务工具，包括内部控制流程、财务会计控制、销售、采购、成本费用、货币资金、固定资产、项目开发、产品研发与设计、工程招标与预算、工程建设、人力资源、投资、关联交易、对子公司的控制、合同等方面，大量图表直观实用，是来源于实践的精华凝结，房地产企业可以直接借鉴参考，即查即用。

第三部分是房地产税务工具箱，用表格形式阐述了房地产企业开发设立阶段、取得土地阶段、前期准备阶段、建设施工阶段、预售与销售阶段、清算阶段、自持物业阶段等环节所涉及的种税、税务处理方法、相关政策依据、涉税风险提示等。

第四部分是房地产企业财税管理制度工具箱，包括会计核算制度、资金支付与费用报销制度、预算制订与执行制度、竣工结算办法、建安成本管理制度、成本核算图表等。这些管理制度大多来自优秀的房地产企业，是其他房地产企业有效改善、提升财税管理水平的制度保障。

本工具箱具有以下三大特色：

第一，形象直观。大量实用图表，简单明了，生动直观，增强了内容的可读性，提高了阅读效率。

第二，内容实用。本工具箱是我们为房地产企业量身定制的财会税收工具箱，是一套完整的房地产企业财税规范化解决方案，是我们多年咨询实战经验的总结。众多企业客户的实践证明，运用这些管理工具能有效提升企业财税管理水平。

第三，系统完整，信息量大。本工具箱提供的管理工具覆盖房地产开发全过程，从设立到清算，从流程到内控，从风险到制度，一应俱全，系统全面。

本工具箱旨在解决房地产企业面临的现实问题，提升房地产企业的管理水平，尤其是增强其财税风险管控能力。企业可以拿来即用，迅速发挥作用，是房地产企业高管、财务人员和相关从业人员案头必备的财税工具书，尤其适合房地产公司管理者、财务人员与相关房地产从业人员学习、研究。希望我们的专业经验和实践案例，能为房地产开发企业提高管理水平提供捷径。作为房地产行业咨询的领跑者，我们十分乐意与大家共同分享，一道前行。在此也祝愿您的开发业务蓬勃发展，取得更加辉煌的业绩。

《房地产智库》编委会
北京中经阳光税收筹划事务所

CONTENTS 目　录

第一部分

房地产开发流程控制工具箱

第二部分

房地产内部控制流程工具箱

四、财务会计控制 /31

第四部分

房地产企业财税管理制度工具箱

第一部分
房地产开发流程控制工具箱

一、房地产开发流程总图

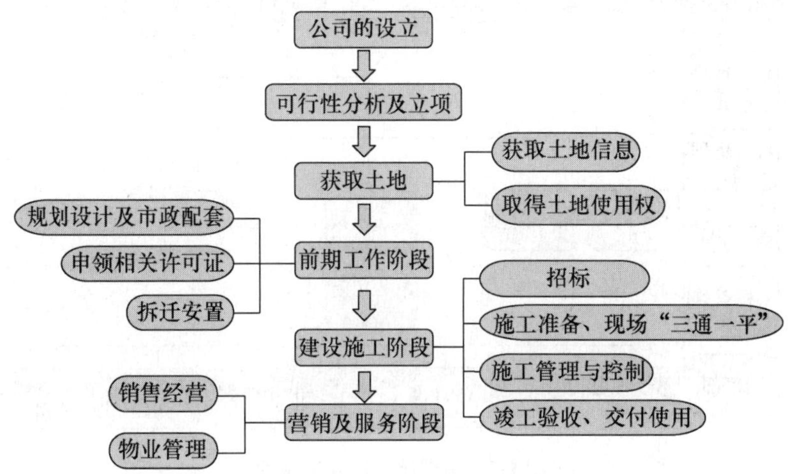

图 1-1　房地产开发流程总图

二、公司的设立流程

（一）申请设立流程

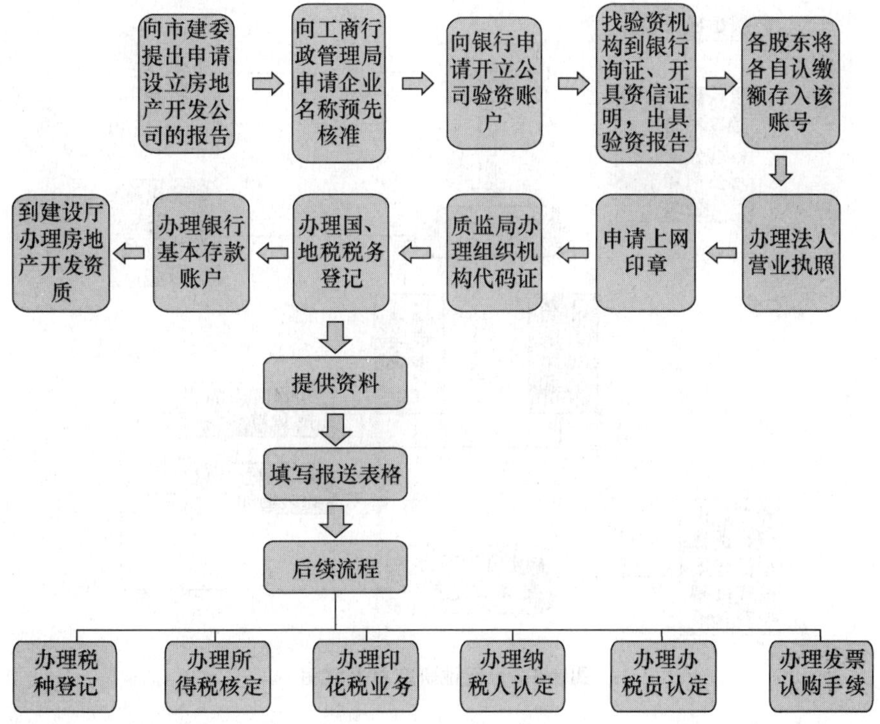

图 1-2　申请设立流程图

（二）内部组织设立流程

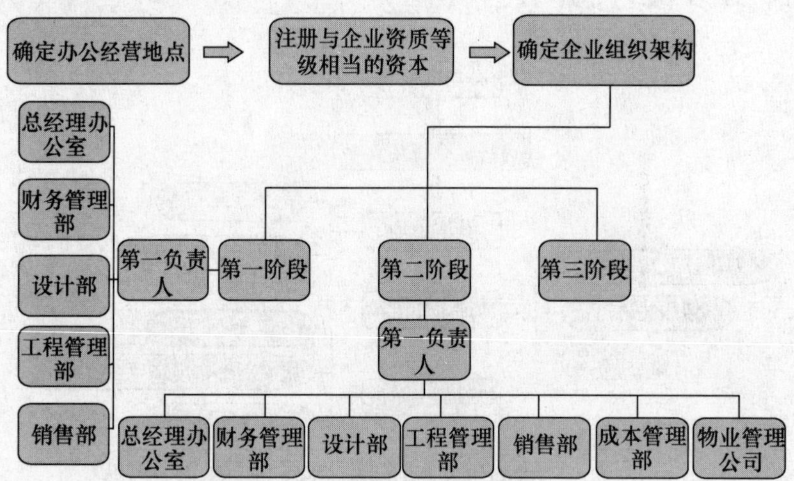

图 1-3　内部组织设立流程图

三、可行性研究及立项

（一）可行性研究总流程

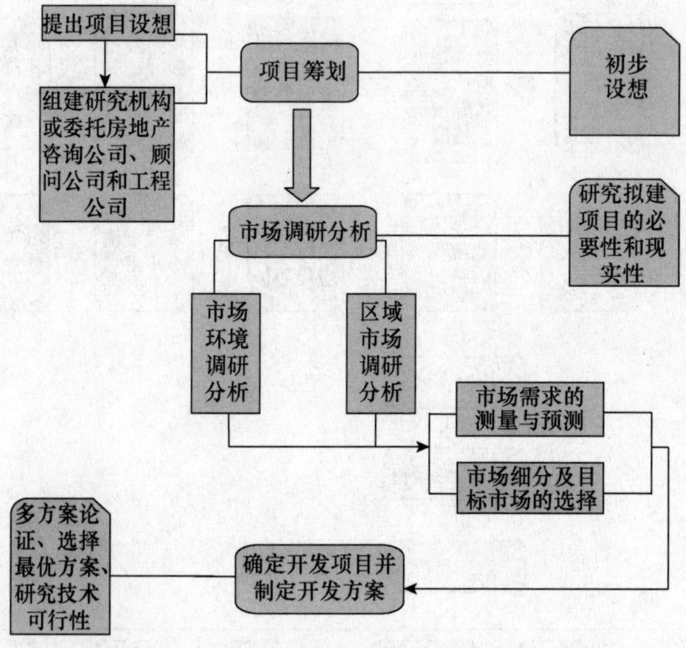

图 1-4　可行性研究总流程图

（二）市场调研流程

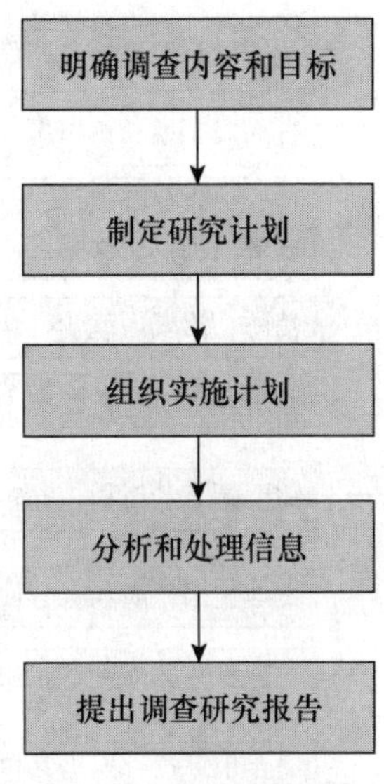

图 1-5　市场调研流程图

1. 调查对象

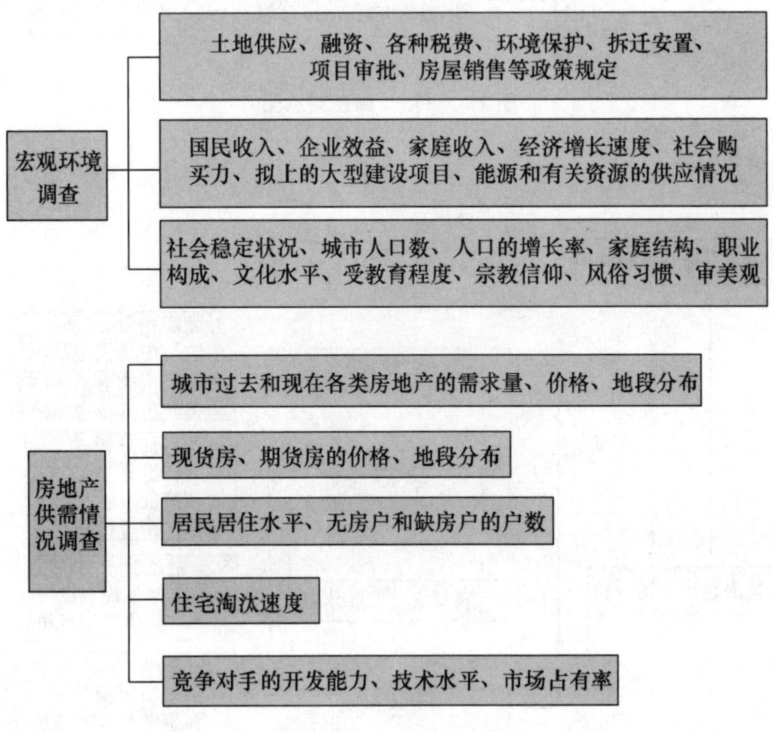

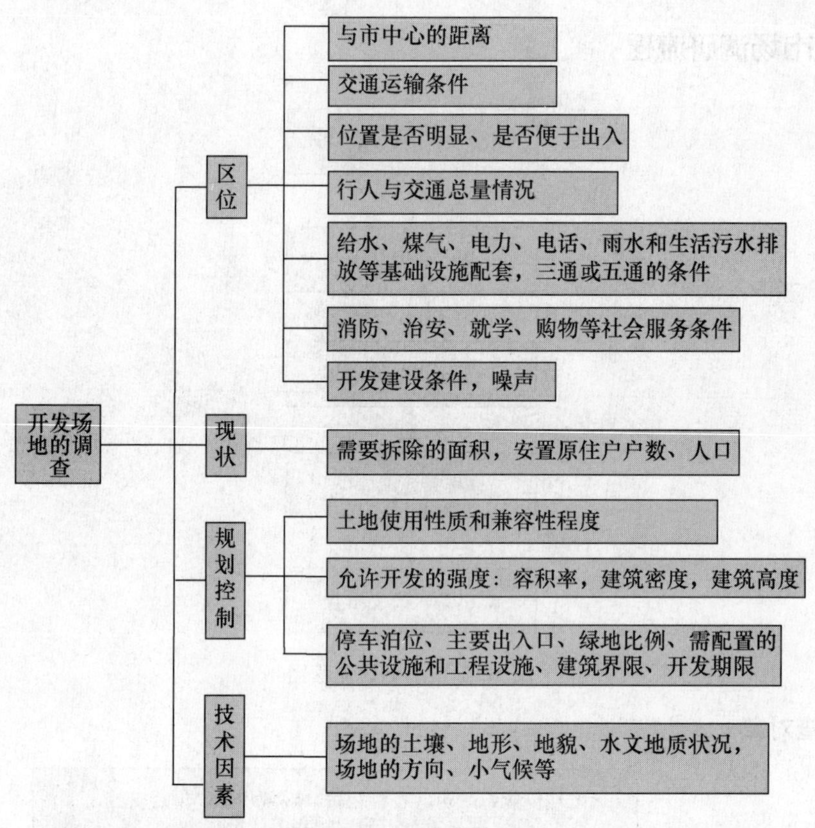

图 1-6（1） 调查对象图

2. 市场分析

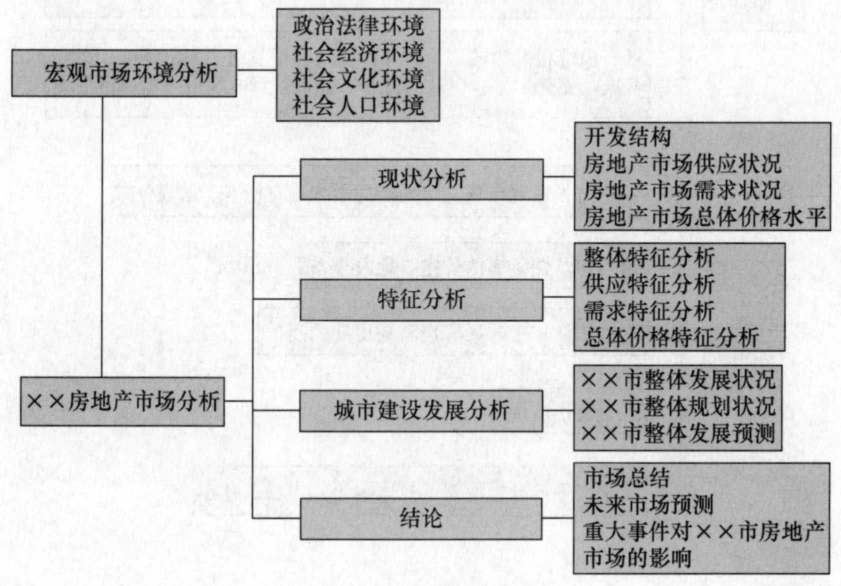

图 1-6（2） 市场分析图

3. 区域市场调研分析

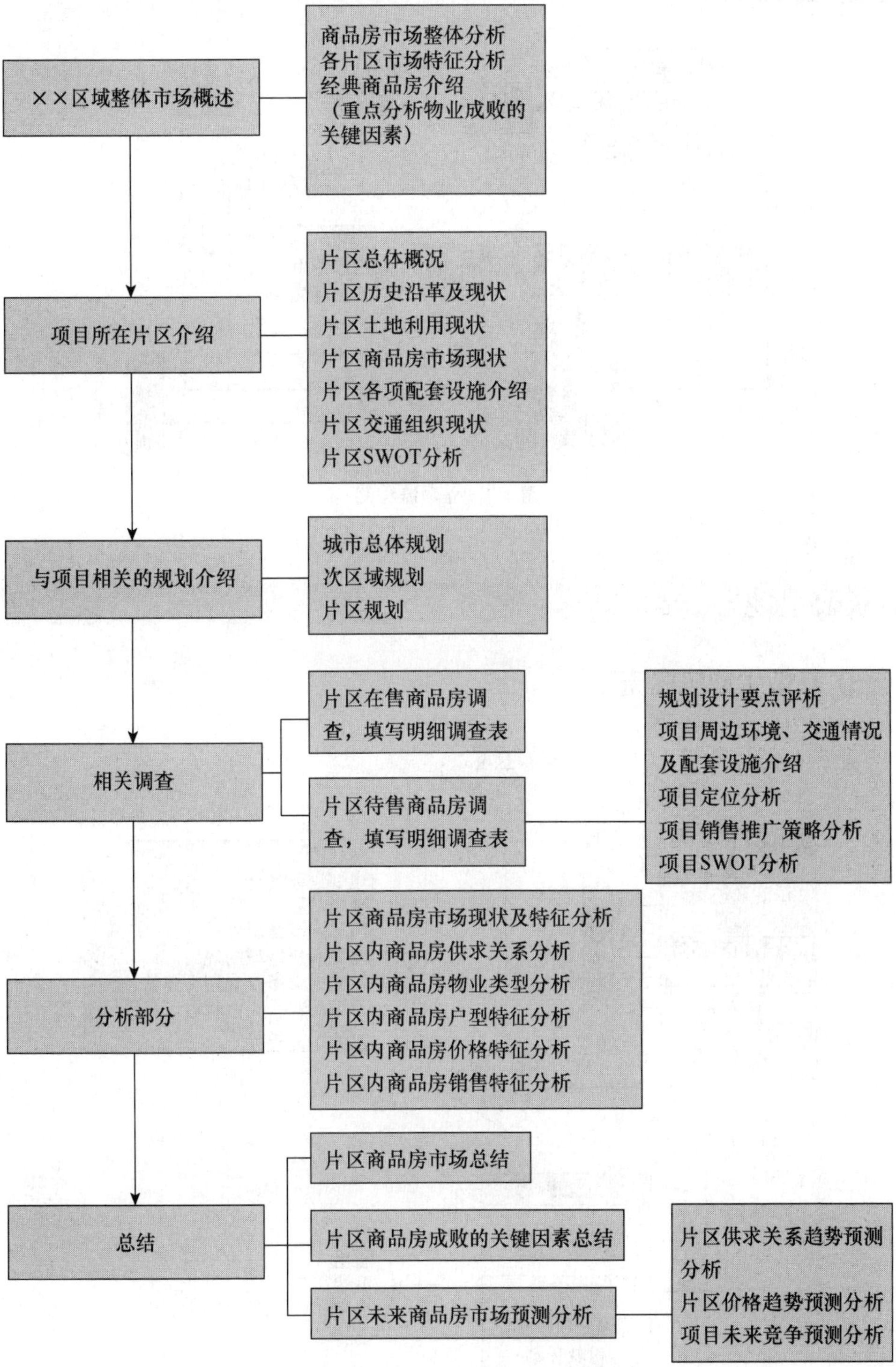

图 1-6（3）　区域市场调研分析流程图

（三）立项流程

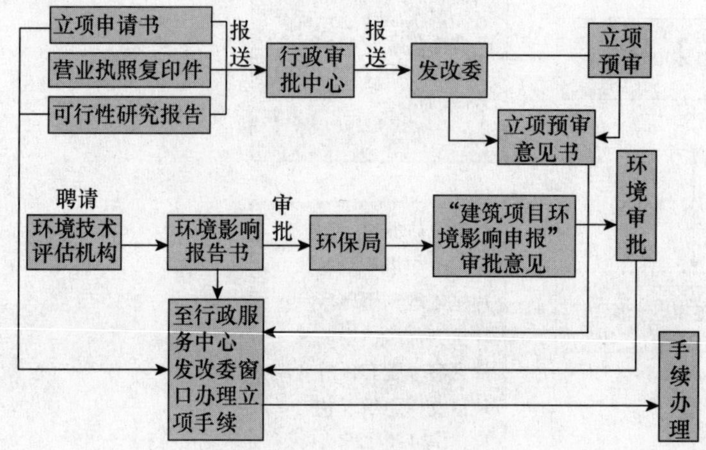

图 1-7 立项流程图

四、获取土地

（一）获取土地信息流程

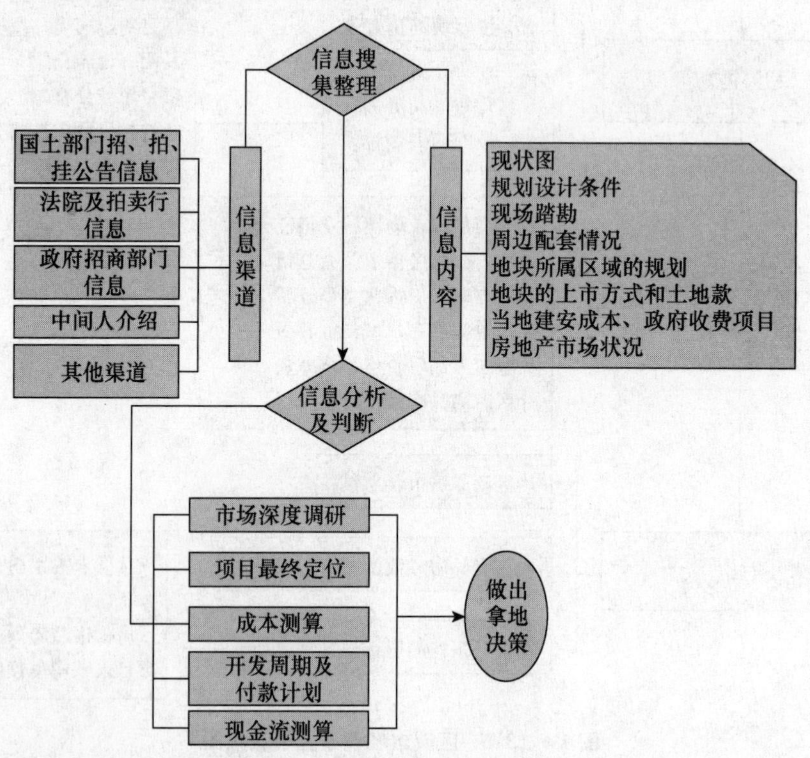

图 1-8 获取土地信息流程图

（二）取得土地使用权流程

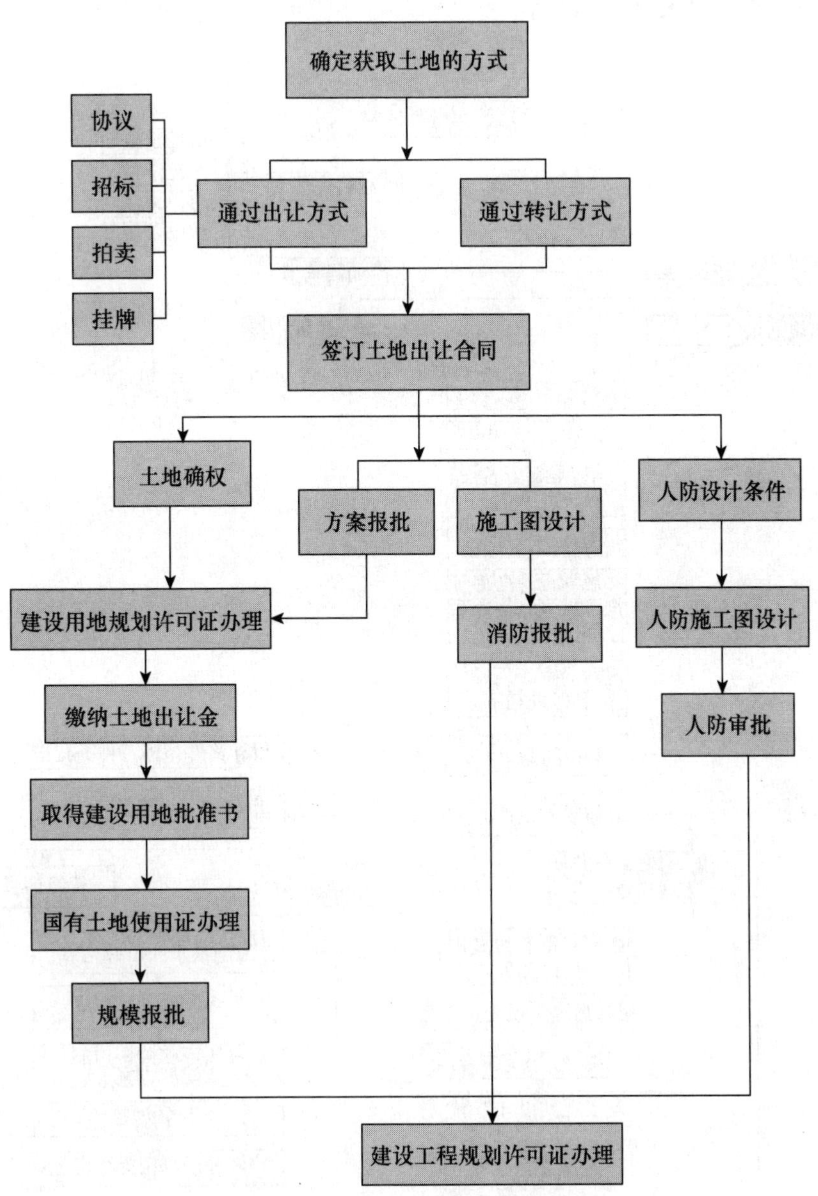

图 1-9　取得土地使用权流程图

五、前期工作阶段

（一）规划设计及市政配套

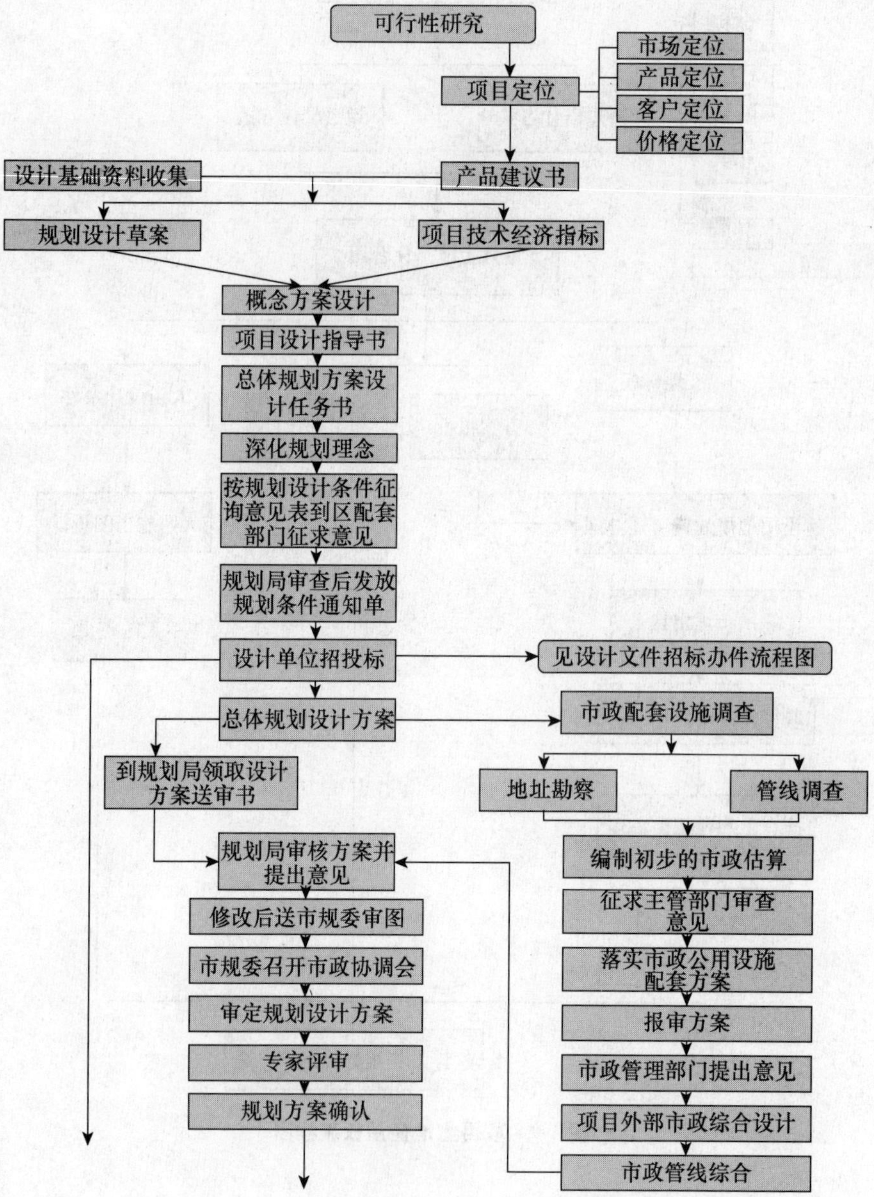

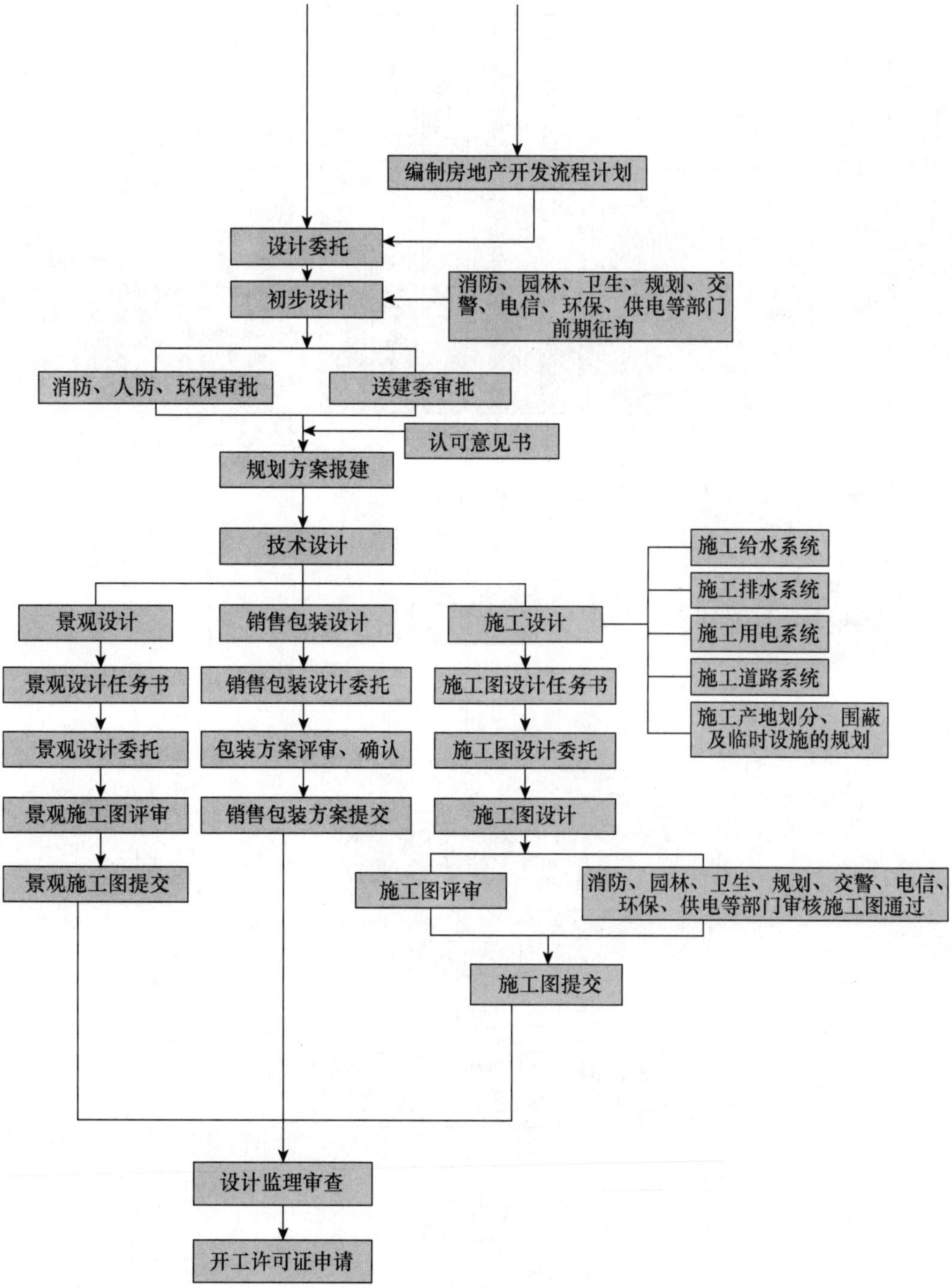

图 1-10　规划设计及市政配套流程图

（二）设计招标流程图

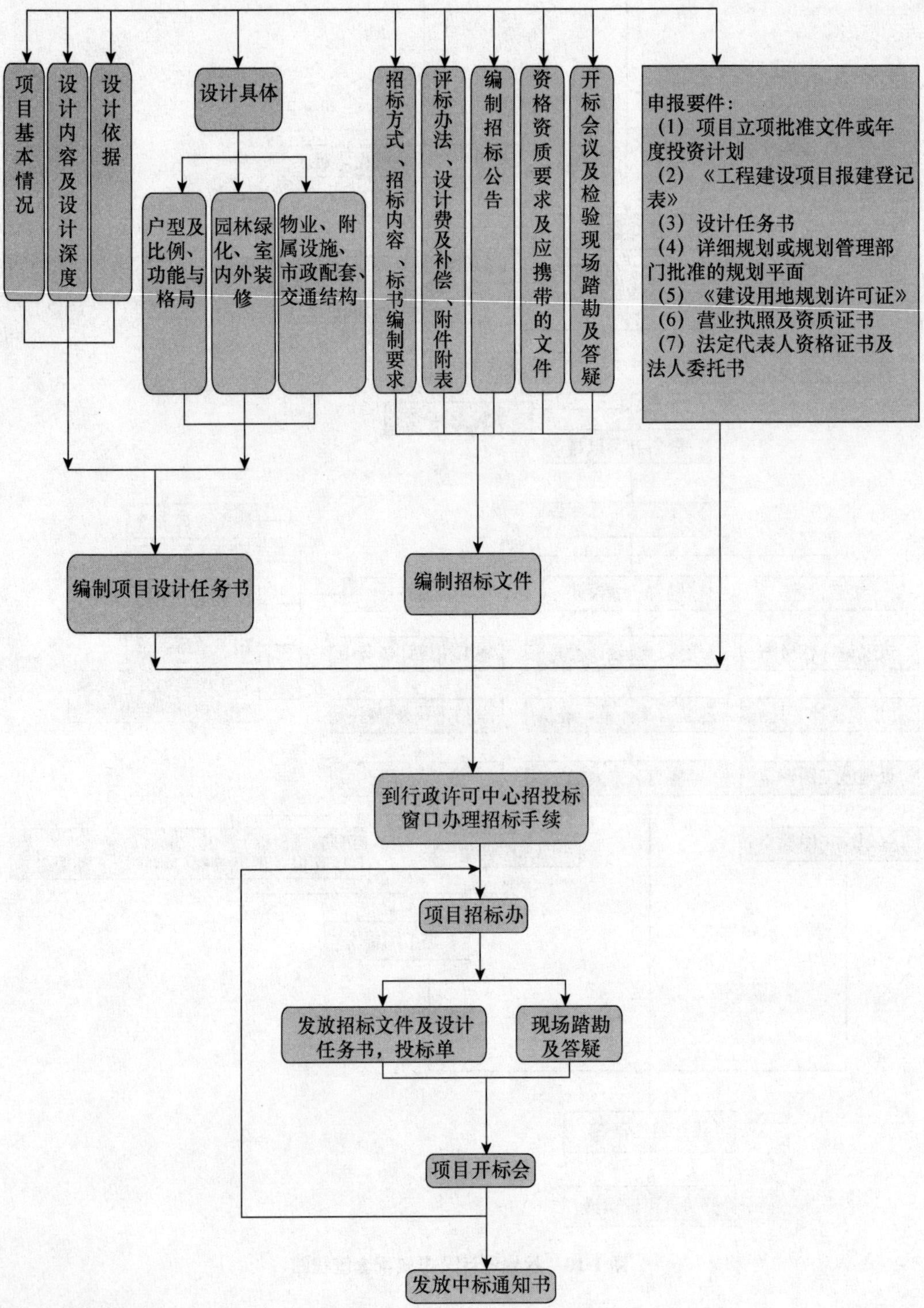

图 1-11 设计招标流程图

六、建设施工阶段

（一）工程招标

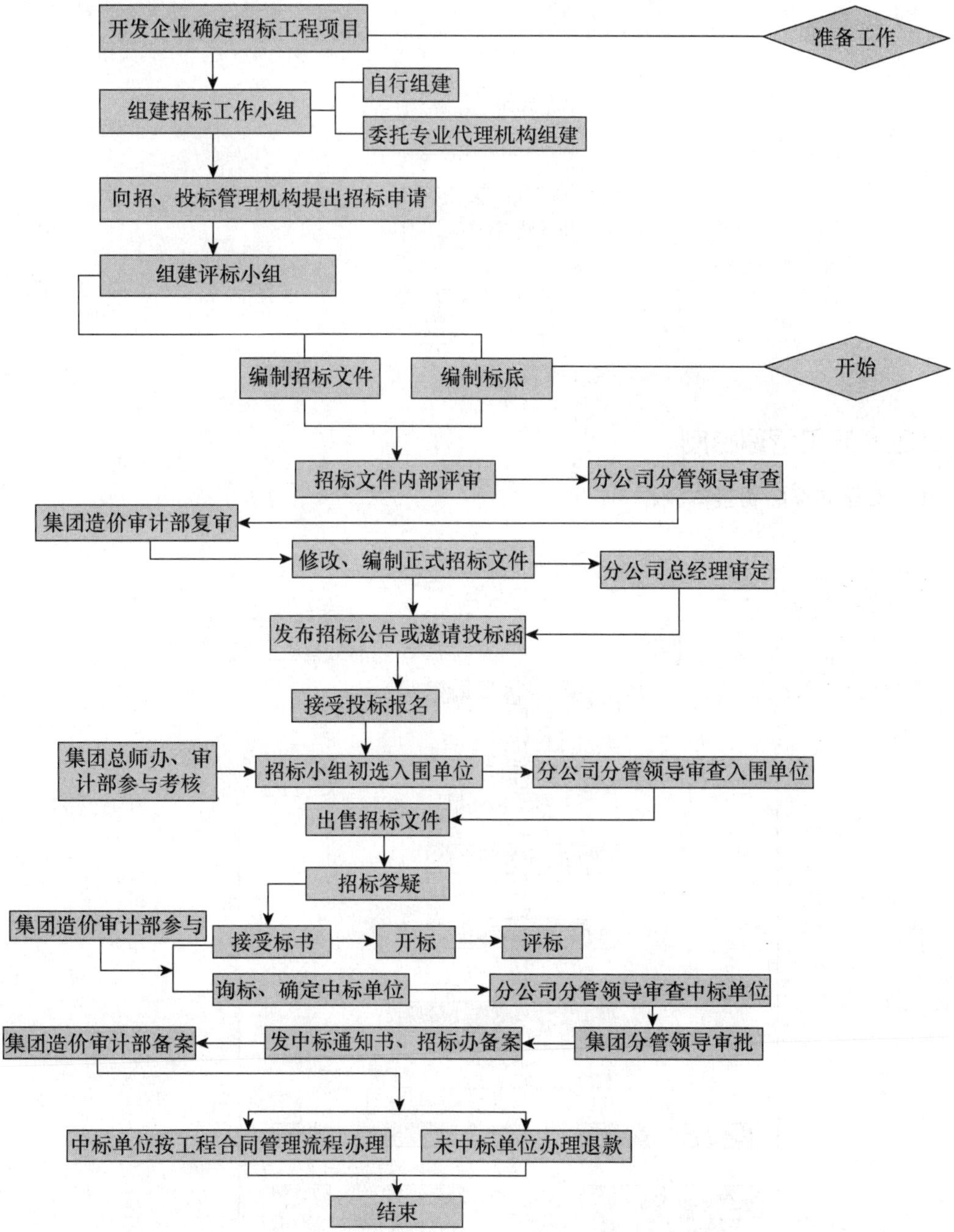

图 1-12　工程招标流程图

（二）施工准备、现场“三通一平”

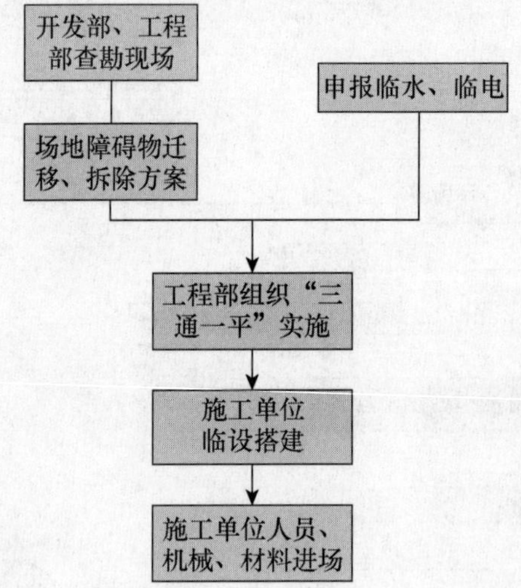

图 1-13　施工准备、现场“三通一平”流程图

（三）施工管理控制

1. 工程进度控制基本流程

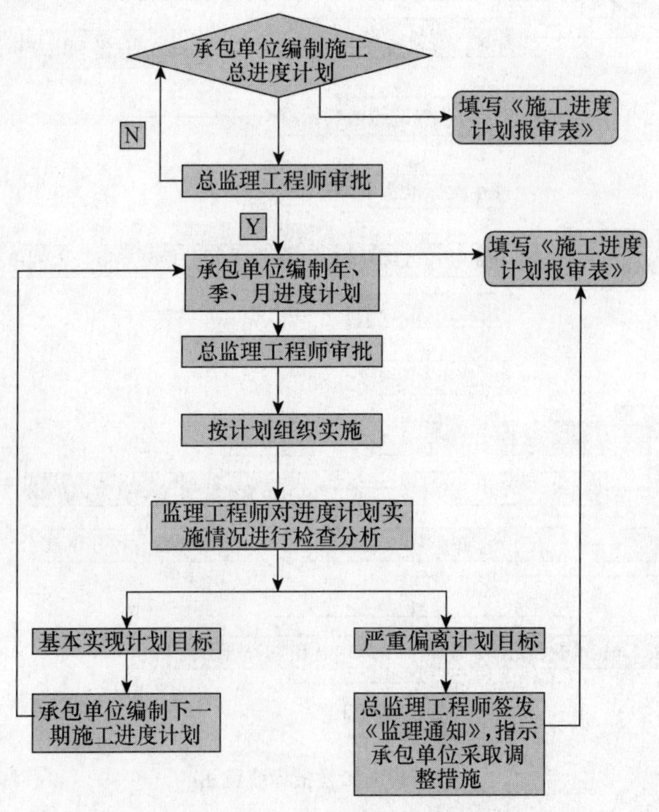

图 1-14（1）　工程进度控制基本流程图

2. 质量控制系统流程

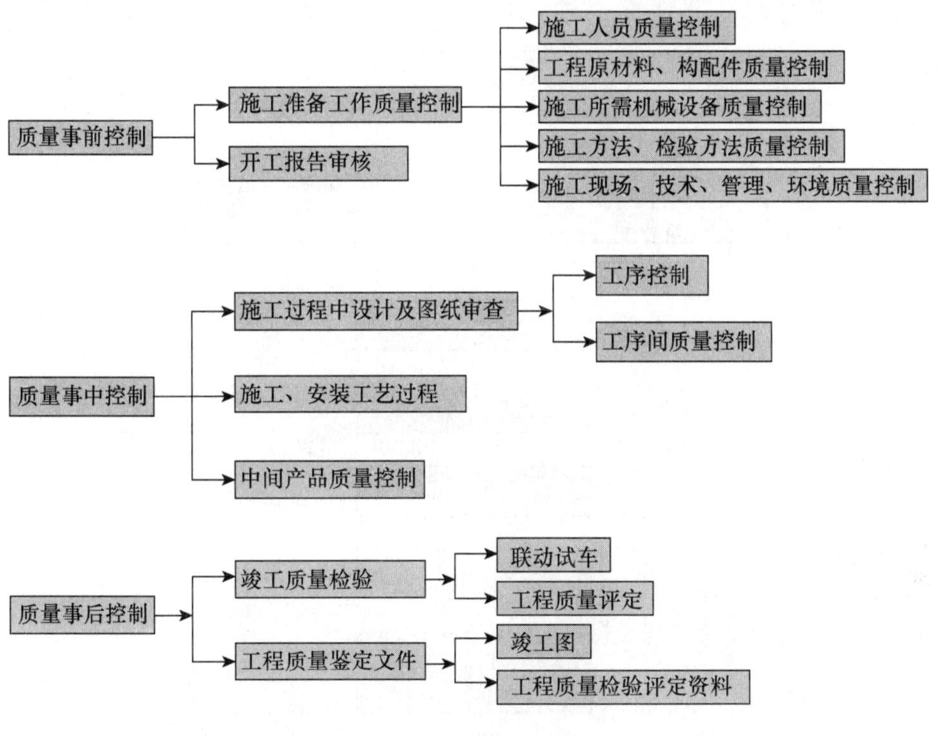

图 1-14（2）　质量控制系统流程图

3. 工程质量验收规范体系

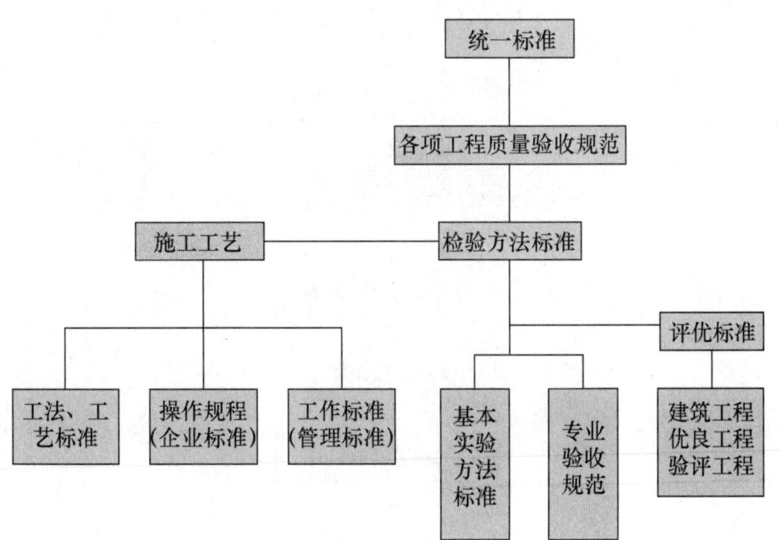

图 1-14（3）　工程质量验收规范体系示意图

4. 竣工验收流程

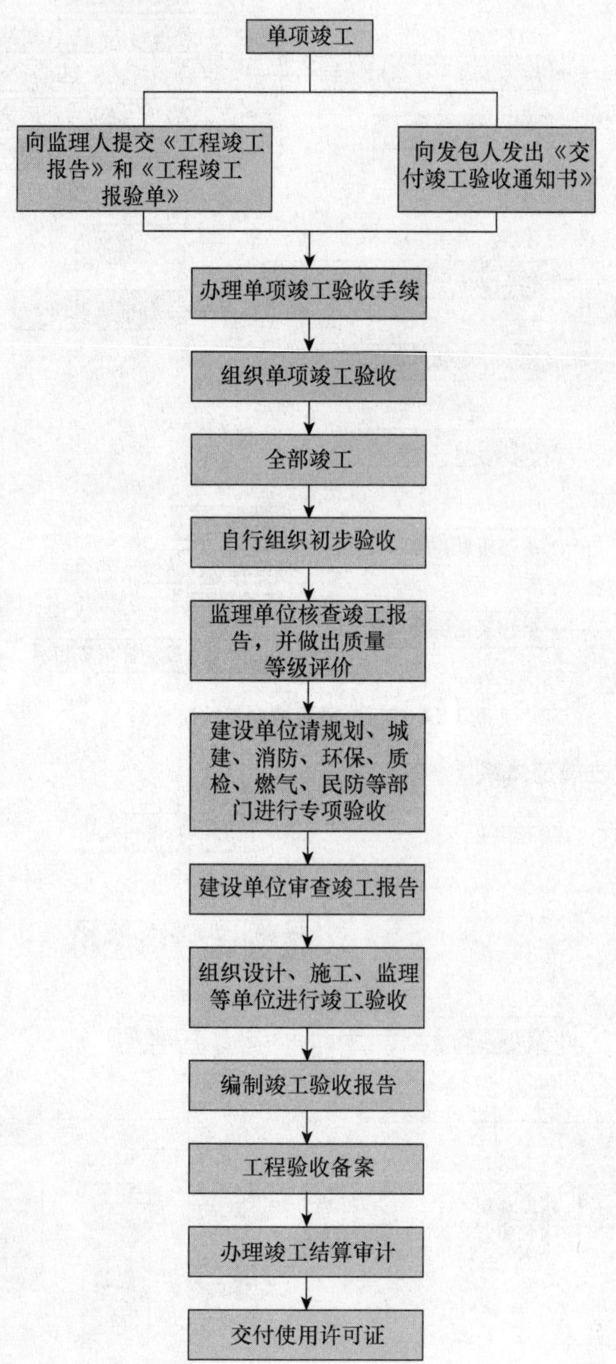

图 1-14（4） 竣工验收流程图

七、营销及服务阶段

（一）销售流程

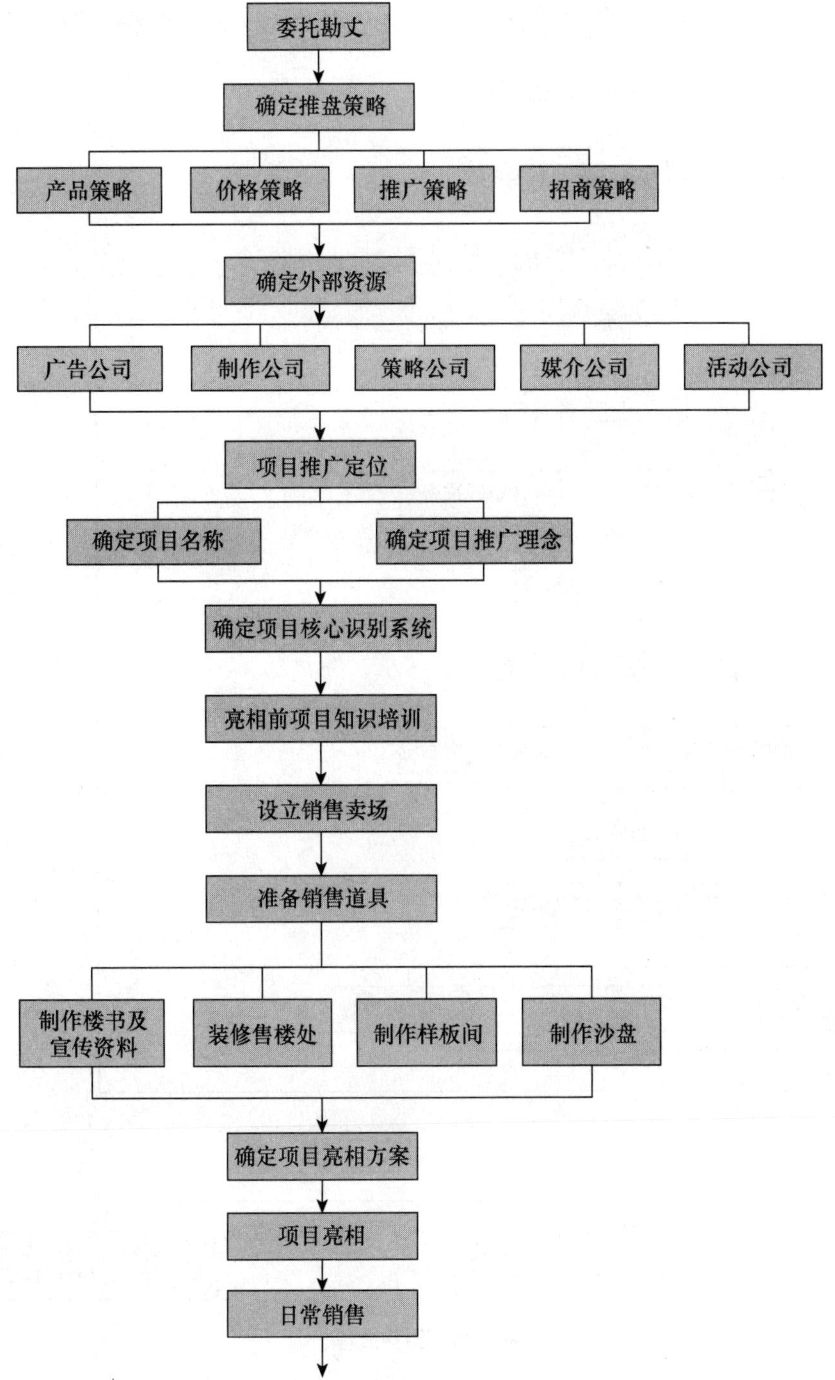

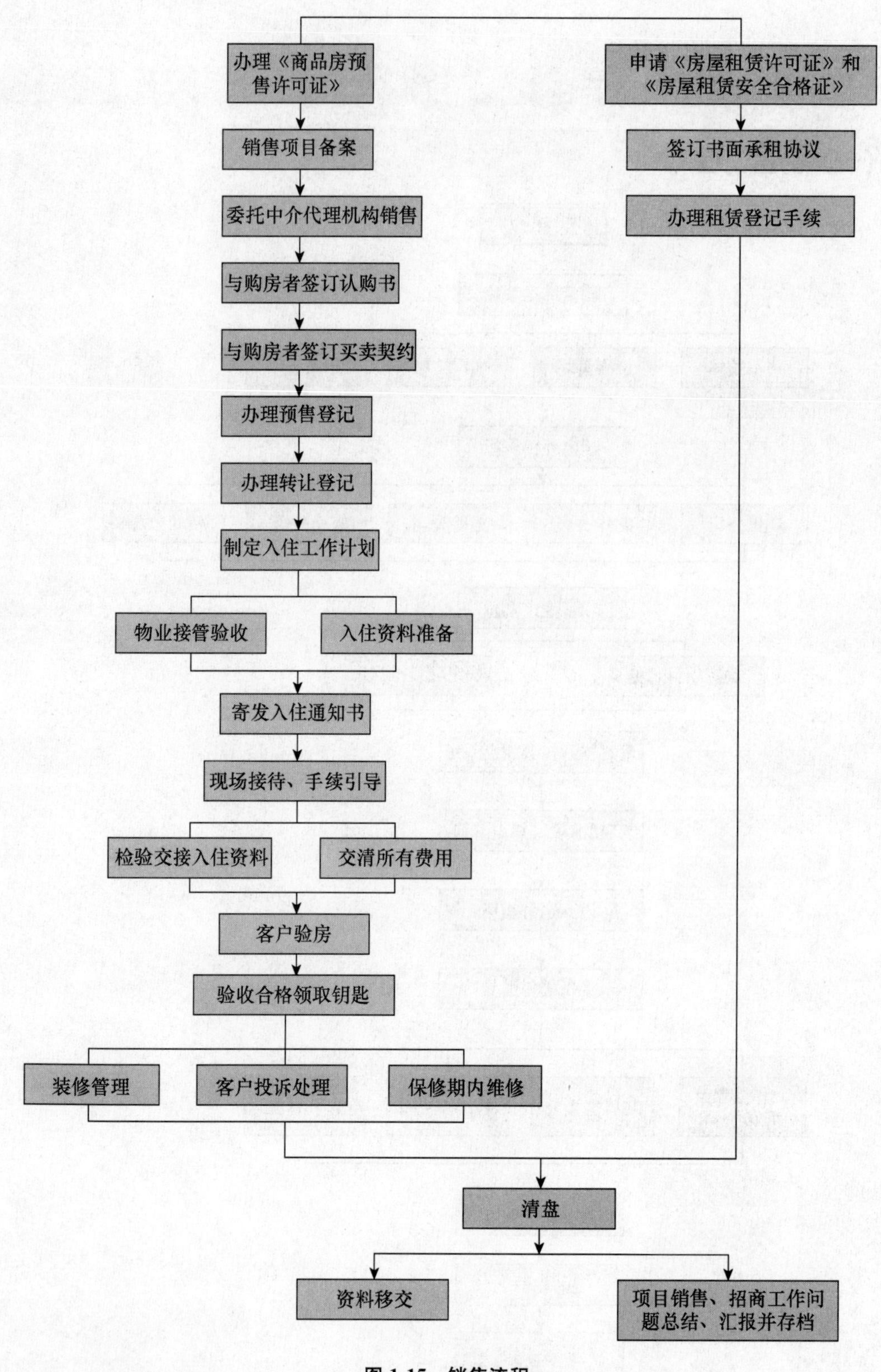
办理《商品房预售许可证》
销售项目备案
委托中介代理机构销售
与购房者签订认购书
与购房者签订买卖契约
办理预售登记
办理转让登记
制定入住工作计划
物业接管验收
入住资料准备
寄发入住通知书
现场接待、手续引导
检验交接入住资料
交清所有费用
客户验房
验收合格领取钥匙
装修管理
客户投诉处理
保修期内维修
申请《房屋租赁许可证》和《房屋租赁安全合格证》
签订书面承租协议
办理租赁登记手续
清盘
资料移交
项目销售、招商工作问题总结、汇报并存档

图 1-15　销售流程

（二）物业管理业务总流程

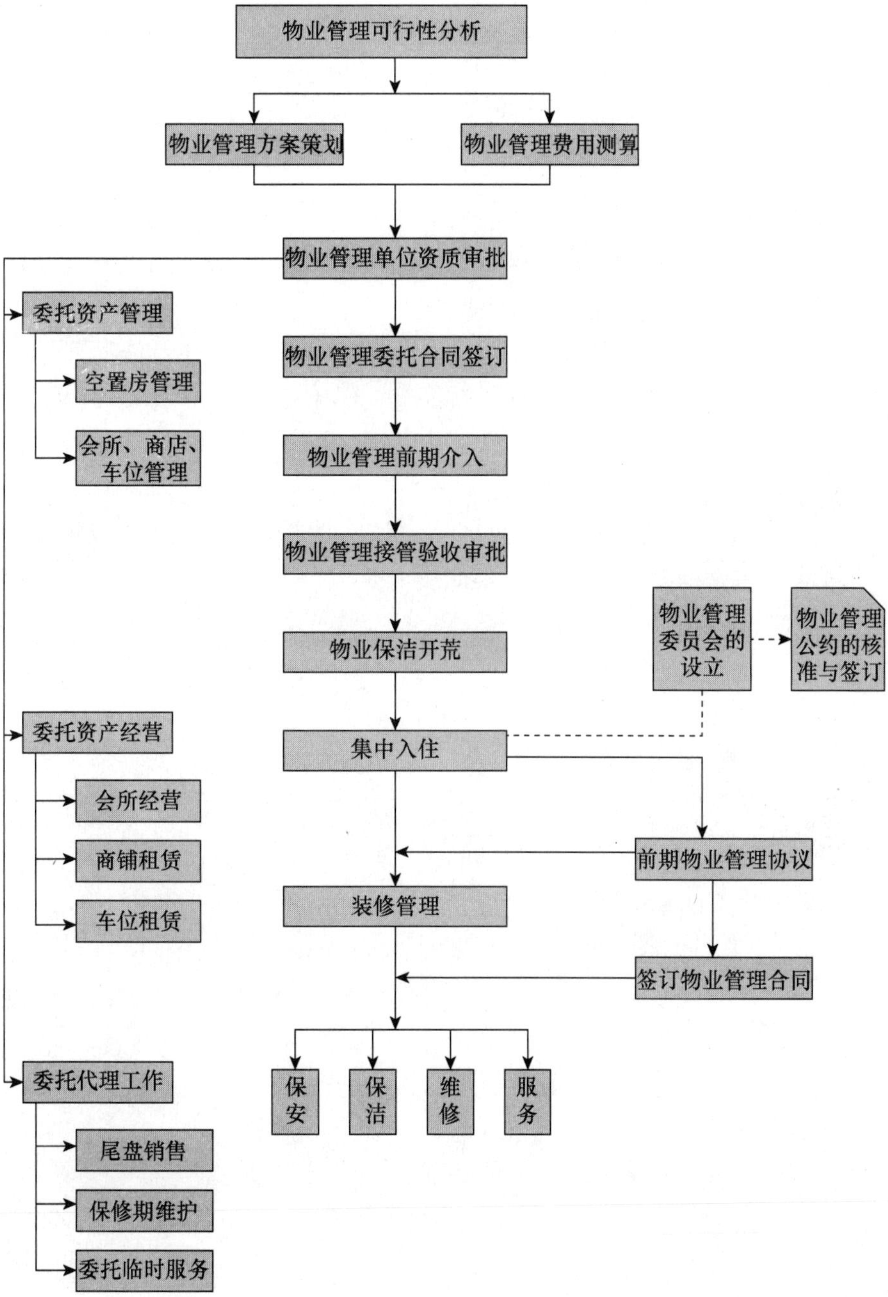

图 1-16　物业管理业务总流程

第二部分
房地产内部控制流程工具箱

一、内部控制程序

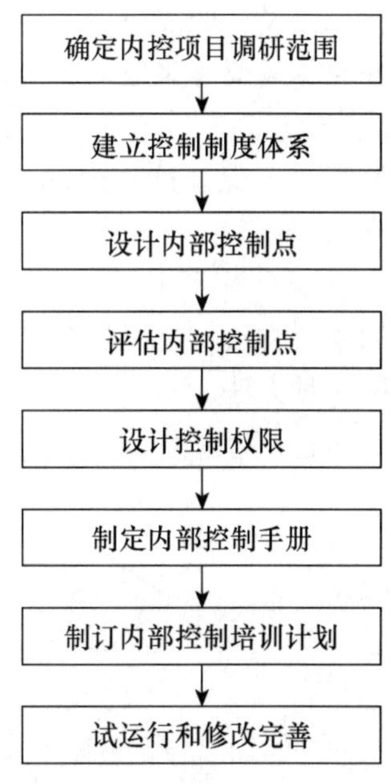

图 2-1　内部控制程序

二、说明

（一）使用说明

本手册适用于房地产有限公司及项目公司，为方便描述，以下简称为“公司”。

本手册的内部控制制度是关键的控制制度，不包括所有的运作流程，使用时应当根据手册提示的内部控制关键点建立完整的运作流程。

（二）内部控制的概念

内部控制是一个过程。是一种实现目标的手段，而不是结果；

内部控制是人为控制的，不仅仅包括制度和政策，同时包括公司各个部门的员工；

内部控制对董事会和管理层只能提供合理的保证，而非绝对保证；

内部控制是为了实现各个不同而又相互交错的企业目标而设计的。

（三）内部控制的目标

内部控制主要体现在对公司现金以及实物资产的保全以及被有效地利用，以合理保证公司短期和长期的营运目标能够实现。

（四）内部控制的描述

公司内部控制制度的描述和形式由以下三个方面组成：

（1）内部控制的目标

内部控制服务于公司的整体目标以及各职能目标，通过控制活动为目标的实现提供合理保证，并且能够有效识别公司面临的风险并采取应对策略；

（2）关键控制点

关键控制点指关键的内部控制行为，保证这些内部控制行为被正确采用并持续使用，就可以保证企业内部控制目标得到实现。

（3）流程图

流程图是描述内部控制行为的主要方法，是通过对经营活动整个过程用图表形式进行描述，并对关键控制点着重说明的一种方法。

（五）流程图图标说明

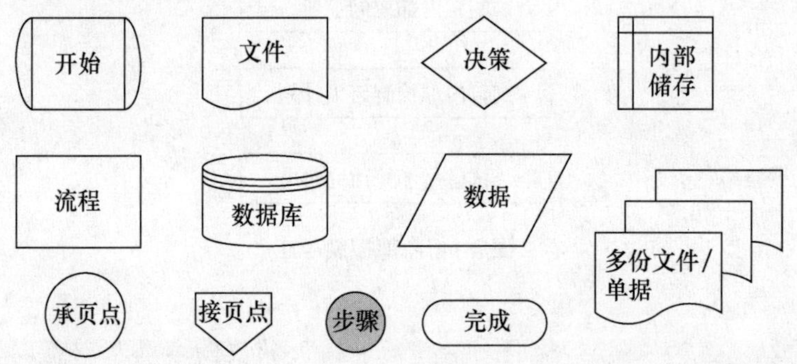

三、管理控制及内部控制自我评估

（一）职位分工

表 2-2　　职位分工表

职位	职责	不相容的职责
董事会	审批企业总体战略计划	制订企业总体战略规划
	审批部门之计划	内部控制的设计与评估
	审阅内部审计报告	
投资决策委员会	复核企业总体投资计划	制订总体投资计划
总经理/总经理办公会	制订企业总体战略计划	制订部门之计划/操作手册
	审批部门之计划	制订考核指标
	审批部门之操作手册	
	审批考核指标及考核结果	
	内部控制的设计与自我评估	

续表

职位	职责	不相容的职责
单位负责人/总工程师	商讨总体战略规划及进行讨论	审批企业总体战略规划
	复核部门之计划	制订考核指标
	复核部门之操作手册	
各部门经理/项目负责人	制订部门之计划	审批部门之计划/操作手册
	制订部门之操作手册	
运营部	审阅/协调部门计划的制订	审批部门之计划
	部门意见的汇总与协调	
	员工意见的汇总与反馈	
	部门绩效初步考核	

（二）总体战略计划的控制

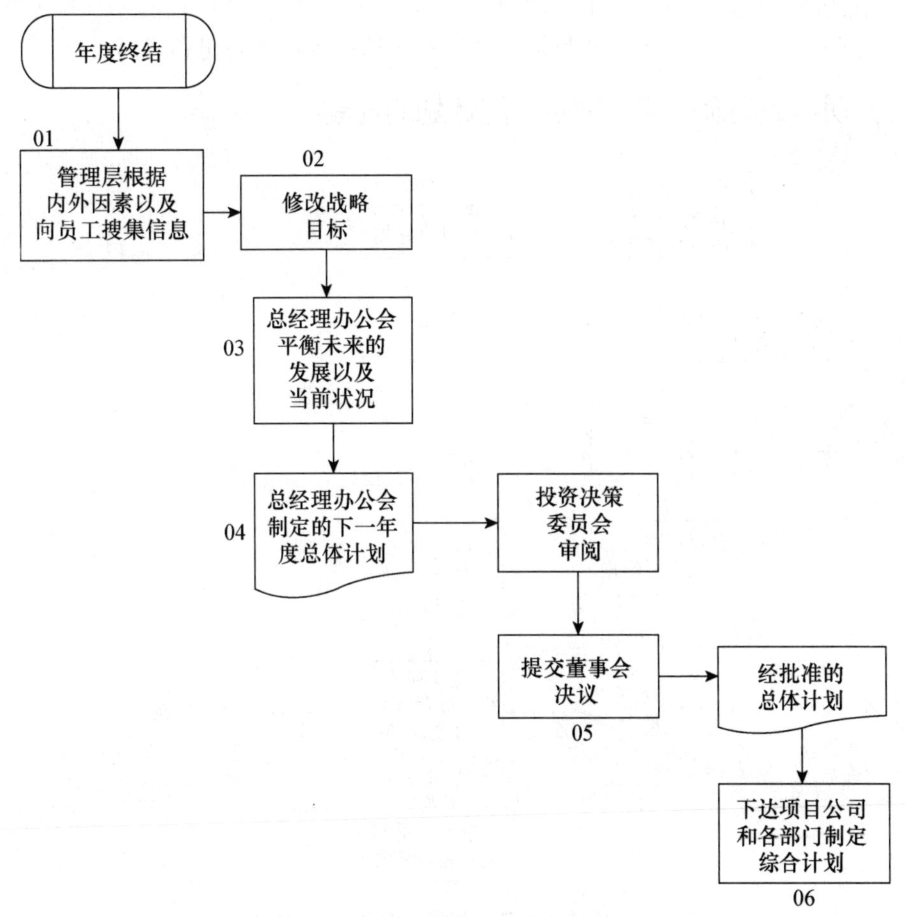

图 2-2　总体战略计划的控制

（1）管理目标

①总体战略计划是清晰、明确并且合法；

②总体战略计划是以未来发展为大前提；

③总体战略计划应得到员工的认同。

（2）关键控制点

①管理层应规划长期和短期目标；

②总体战略计划必须得到董事长的签字同意。

（3）注释

①年末管理层应该根据内外部因素，如经营环境、竞争对手、法律法规、消费者等因素的变化及时调整公司的战略目标，同时应该征求员工的意见。

②投资决策委员会根据因素的变化修改目标。

③总经理办公会应该平衡将来的发展要求以及目前的经营能力，制定可行的目标战略。

④战略应分为长期和短期，其中包括企业总体战略目标、企业架构、资金来源、财务目标以及市场需求等。

⑤所有的战略计划应得到董事会的同意。

⑥总经理办公会应将总体战略目标以及计划下达给各项目公司和部门员工。

（三）项目公司及各部门制定部门计划的控制

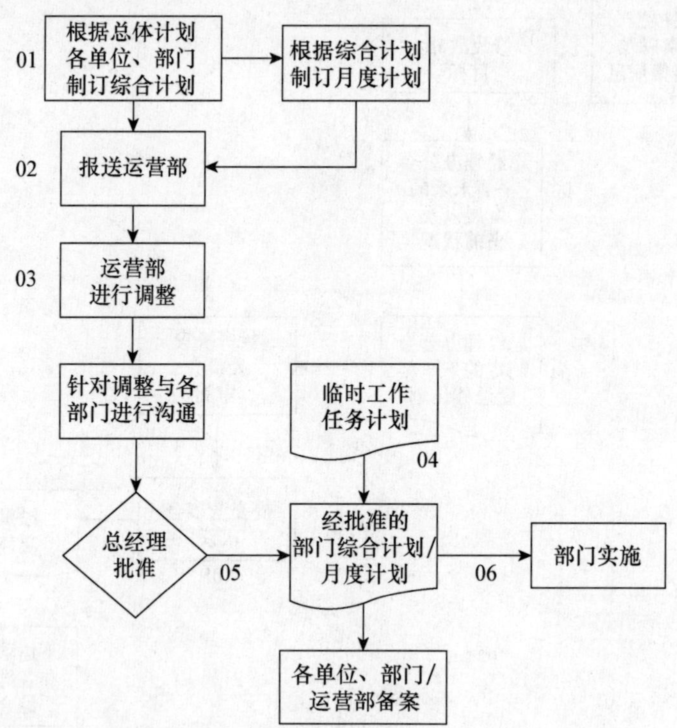

图 2-3 项目公司及各部门制定部门计划的控制

（1）管理目标

①所有综合计划与公司总体战略一致；

②计划的制定应当切合实际。

（2）关键控制点

①各单位、部门的综合计划应该以总体战略为基础制定；

②综合计划必须得到总经理的同意；

③各单位部门对运营部提出的计划调整进行充分的沟通。

（3）注释

①项目公司及各部门应考虑企业的总体战略目标来制定部门计划。

②所有综合计划应该预计各部门未来所需，然后制定计划，包括：销售、采购、费用、人力资源、固定资产等等。

③运营部根据公司总体的年度计划对各部门报送的计划进行调整。

④公司根据工作中出现的具体情况下达临时工作任务。

⑤由总经理审核通过所有部门计划。

⑥批准后的计划返还各部门及子公司实施，月末，季末，年度末作为部门考核的依据。

（四）部门月度绩效考评的控制

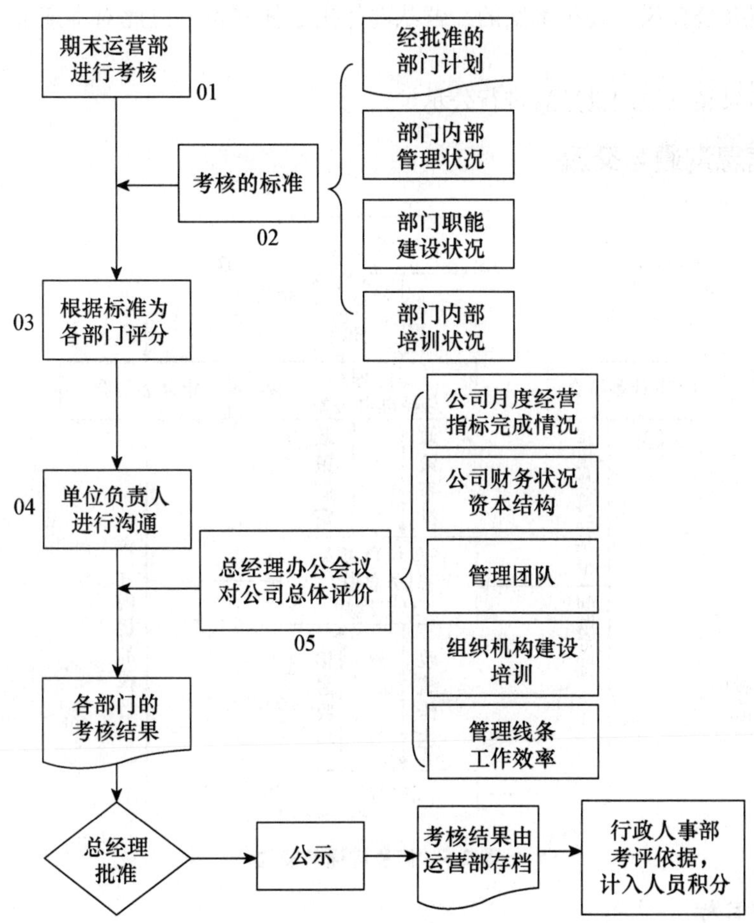

图 2-4　部门月度绩效考评的控制

（1）管理目标

①提高各部门的工作积极性，共同完成公司战略目标；

②考核标准应与总体战略计划一致。

（2）关键控制点

①考核标准的制定科学合理，并结合公司的实际状况；

②考核标准应得到总经理和董事长的签字同意；

③考核的结果与部门的绩效奖励相结合。

（3）注释

①运营部每月末、季度末以及年末根据公司的考核标准对各部门进行考核。

②考核标准的制定由四大部分组成，各部门制定的本期计划占主要的地位，并兼顾其他目标。

③运营部对各部门进行评分并排序。

④对评分的结果与部门总监进行沟通，尤其是对评分较低的部门，使其认识自身的不足之处。

⑤总经理办公会议对公司本期的经营状况作出总体评价，以此对本期部门总考核结果进行控制。

⑥考核结果经总经理批准后进行公示。

（五）信息沟通与交流

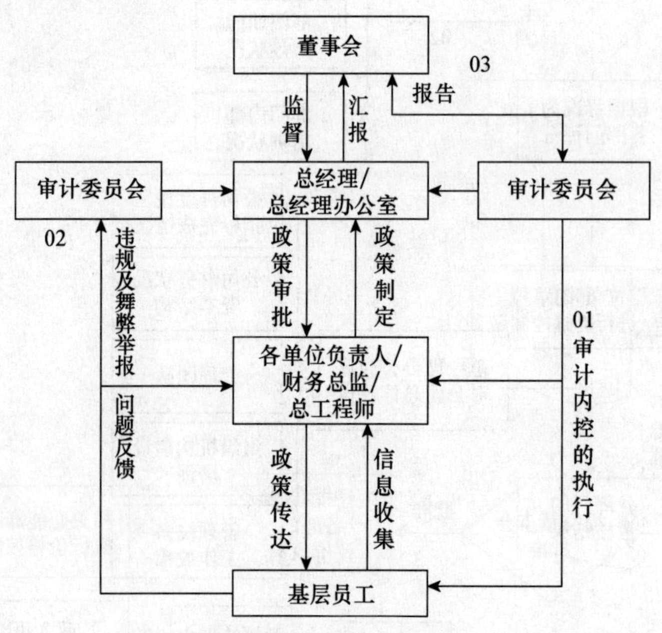

图 2-5　信息沟通与交流

（1）管理目标

①员工明确上级制定的政策和制度；

②部门总监和总经理/董事长获悉员工的建议和举报；

③管理活动的有效监督与汇报体系。

（2）关键控制点

①管理层政策与制度应该为基层员工所认知和接受；

②基层员工的建议和举报能够通过有效的途径传达。

（3）注释

①公司控制活动的监督很大程度上依赖于内部审计的有效进展。内审在实施审计时，其计划应该得到审计委员会和董事会的批准，并提前与被审计部门沟通；内审能够接触到所审计的资料、实物和人员。

②基层员工向单位负责人/财务总监/总工程师反馈实务操作所遇到的问题和提出建议，单位负责人/财务总监/总工程师应予以及时回复或开会讨论；舞弊或错误的举报可以直接向公司审计委员会进行反映，举报奖惩制度应由行政人事部门制定。

③内审报告应该直接向董事会汇报；报告所发现的问题可以先行与被审计部门沟通，但不影响最终报告内容。

（六）一般价格的控制（销售/采购/工程）

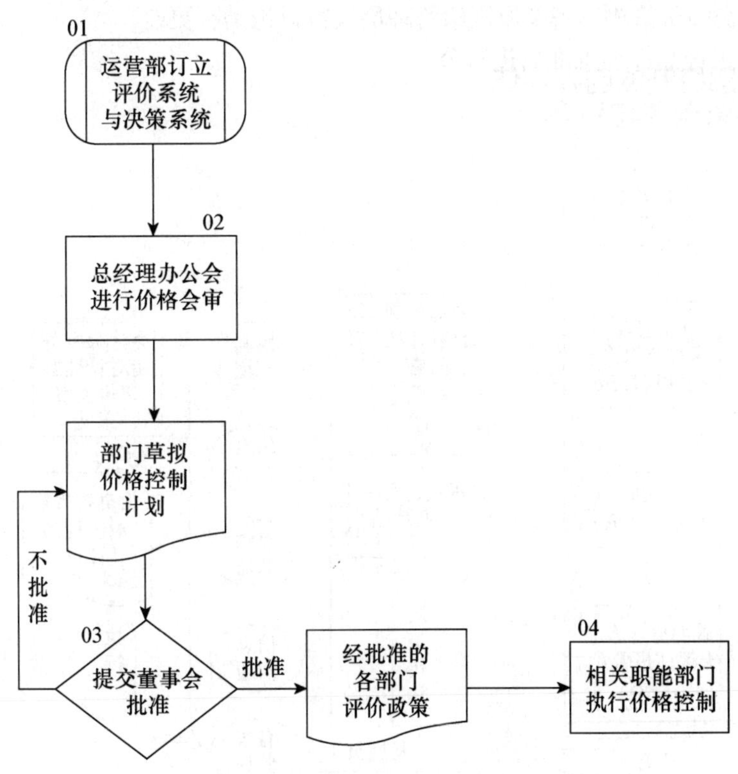

图 2-6　一般价格的控制（销售/采购/工程）

（1）管理目标

销售、购买价格和工程造价要反映当前市场情况，并且符合企业的战略目标和综合计划。

（2）关键控制点

①运营部应定期对销售/采购/工程等价格作审阅，价格的制定与变更与企业长期和短期价格战略一致。

②最终的评价政策以及价格调整方案应得到总经理办公会的讨论通过。

③工程物料和固定资产的购买、土地的竞标和工程的造价要在企业的预算范围内，并且经过价格的调查，如获取第三方提供的报价单。

④购货价格、土地竞标价格和工程价格应得到管理层的审批。

（3）注释

①运营部根据企业的总体战略计划订立评价系统与决策系统。

②总经理办公会制定评价系统与决策系统。例如：每年之销售价格、购买任何物品的查询程序、工程造价的预算等。

③各部门将政策草稿提交董事长审批；总经理应考虑政策是否能符合社会的经济状况以及反映公司的成本等。

④批准后的计划应发回各部门进行培训及实行。

⑤价格部门及财务总监/财务主管应每年复核系统的内容是否需要更改；如有需要，部门主管应提交一份修改草稿及原因给管理层进行讨论是否更改。

（七）内部控制的自我评估

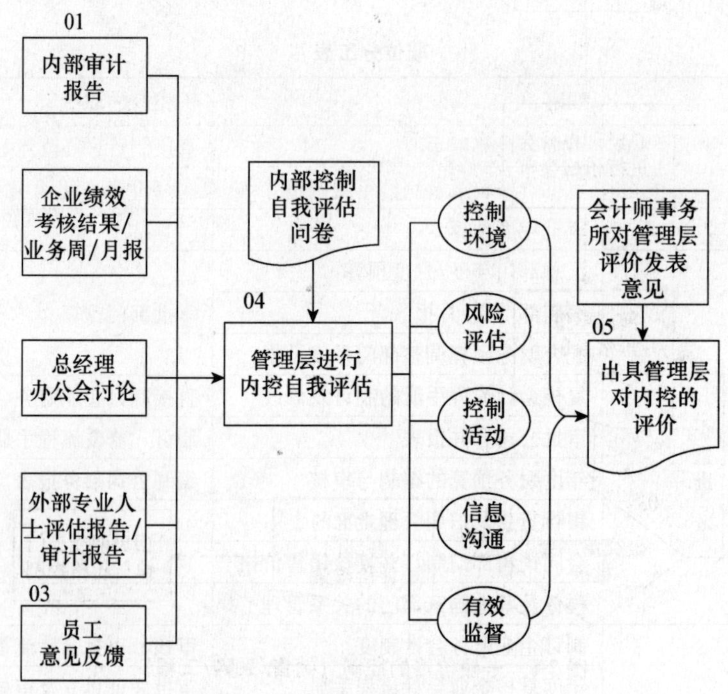

图 2-7 内部控制的自我评估

（1）管理目标

①公司管理层负责建立并维护完善的内部控制；

②管理层在财务报送时需就其内部控制的有效性进行评价。

(2) 关键控制点

①管理层负责建立完善的内部控制制度，并且确保得到有效实施；

②管理层定期进行内控评估；

③内部审计、专业机构以及员工应在完善内部控制中发挥作用。

(3) 注释

①内部审计职能应该涵盖公司经营、资金运作、财务报告、舞弊调查、法规调查等各个方面。

②总经理应该了解各部门运作情况，定期召开总经理办公会议进行讨论，发现问题及时纠正。

③公司应该建立完善的员工意见反馈机制，让管理层了解基层所发生的情况。

④按照COSO框架进行内控自我评估，一般通过自我评估问卷表的形式进行分析与归纳。

⑤在年度以及季度的财务报告中进行内部控制有效性的陈述。

四、财务会计控制

(一) 职位分工

表 2-2 职位分工表

职位	职责	不相容的职责
总经理	审批会计流程手册	直接制订、修改流程手册
	审批价格政策及制订年度调整	制订价格政策/年度预算
	审批年度预算	
单位负责人	汇总部门年度/月度预算	审批部门预算
	编制部门周/月报	
	配合财务预算调整部门月度计划	
财务总监	复核会计流程手册的制订及修改	直接制订企业财务会计制度
	审批公司合并报表	制订、修改流程手册
	年度财务预算的编制与审核	编制公司财务报表
	银行贷款及信用管理	
	会同销售部门制订并复核销售价格	
	税务及其他国家部门的关系管理	
财务部经理	制订企业财务会计制度	审核、审批会计流程手册
	年度复核企业会计流程手册	审批凭证订立及审核程序
	制订及年度复核凭证政策	制订、审批价格政策
	编制公司年末合并报表	

续表

职位	职责	不相容的职责
财务部工作小组（临时性）	制订会计流程操作手册	制定企业财务会计制度
	制订凭证审核程序	审核会计流程手册
	会同价格部门制定价格政策	审批凭证审核程序
财务部工作人员	执行上级制订的政策、程序	制订、审核政策程序
	凭证制作与账簿记录	制订、审核价格政策
	过账与汇总	

（二）一般会计控制

（1）管理目标

①会计制度的制定要符合法律法规的相关要求；

②各部门的业务操作应该符合财务操作手册的要求，配合财务部入账；

③凭证的记录与账册编制做到账实一致。

（2）关键控制点

①财务总监应详细审核财务制度以及业务操作手册的制定，并且经过总经理签字批准；

②财务操作流程应该得到各相关部门的认可并得到执行；

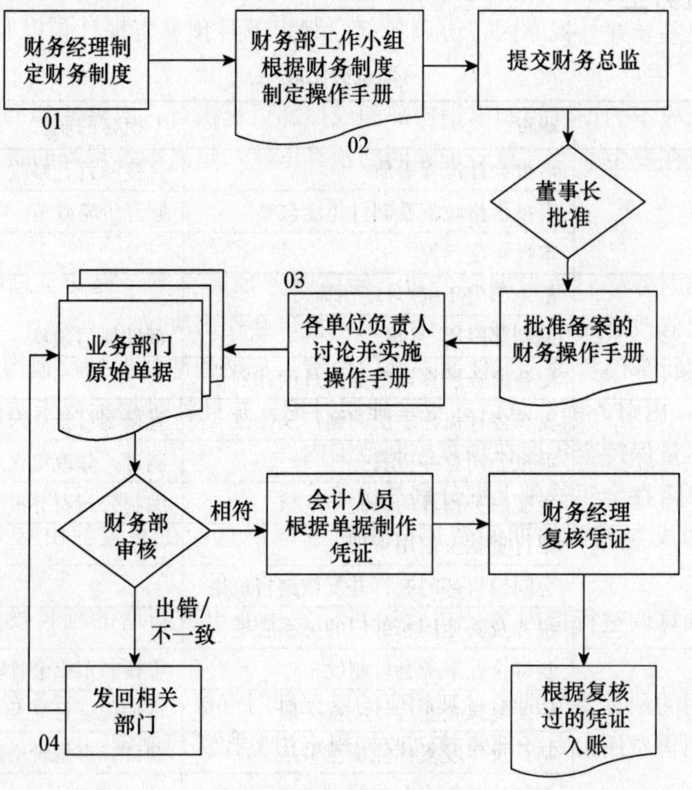

图 2-8　一般会计控制

③财务经理应该复核所有的记账凭证。

（3）注释

①财务制度必须符合中国相关法律法规以及企业会计制度的要求。

②财务部组织工作小组（可以是临时性质）进行具体操作手册的编制，包括单据的收集与复核、凭证的记录、过账与汇总、报表的编制、财务预算的编制、财务结果分析等。

③财务操作手册涉及各部门的业务流程，如销售收款、采购付款、费用报销等，必须与相关部门达成共识。

④所有不一致的单证，如发票与合同不符必须发回相关部门查找原因。

（三）财务预算控制

（1）管理目标

财务预算真实反映公司的年度财政目标，并且对公司的销售、成本以及相关费用起指导和控制作用。

（2）关键控制点

①财务部编制费用预算，必须结合各部门上年费用；对增幅、减幅较大的部门预算作出合理解释。

②财务预算进行动态预算控制，每月针对销售、成本以及各项费用的实际发生数与预算数比较，发现差异并寻找原因，协调各部门制定下月预算实现计划以及本月超标/未达标补救措施。

③销售以及成本的预算控制由销售部和成控部负责执行，向财务部汇总。其他部门发生的期间费用应在发生前经过总经理顾问的预算审核，超出本月预算的费用除特殊情况外不予批准。

（3）注释

①年度终结财务部门负责编制公司下年度财务预算草案，提交至总经理助理会议讨论，通过或提出修改意见，再向董事会汇报，董事会作出决议。

②各项目实行部门负责人责任制，部门负责人与财务部门保持反馈沟通，每月提交预算执行周/月报，由财务部汇总信息与管理层讨论；并且针对超标或未达标情况提供下月的补救措施，尽量保持全年度在预算控制范围内。

③财务预算需在全年基础上细分到月份。

④与销售和成本无关的期间费用应由财务部汇总，在发生前由财务总监进行预算审核。

⑤半年度预算调整特指因为公司营运目标发生变更或新增的项目投资而进行的预算变更。

⑥三项费用的预算要分别经过其相应的监控部门审核，其中，财务费用和管理费用经成控部审核、销售费用由财务部审核，监控规定由监控部门制定。

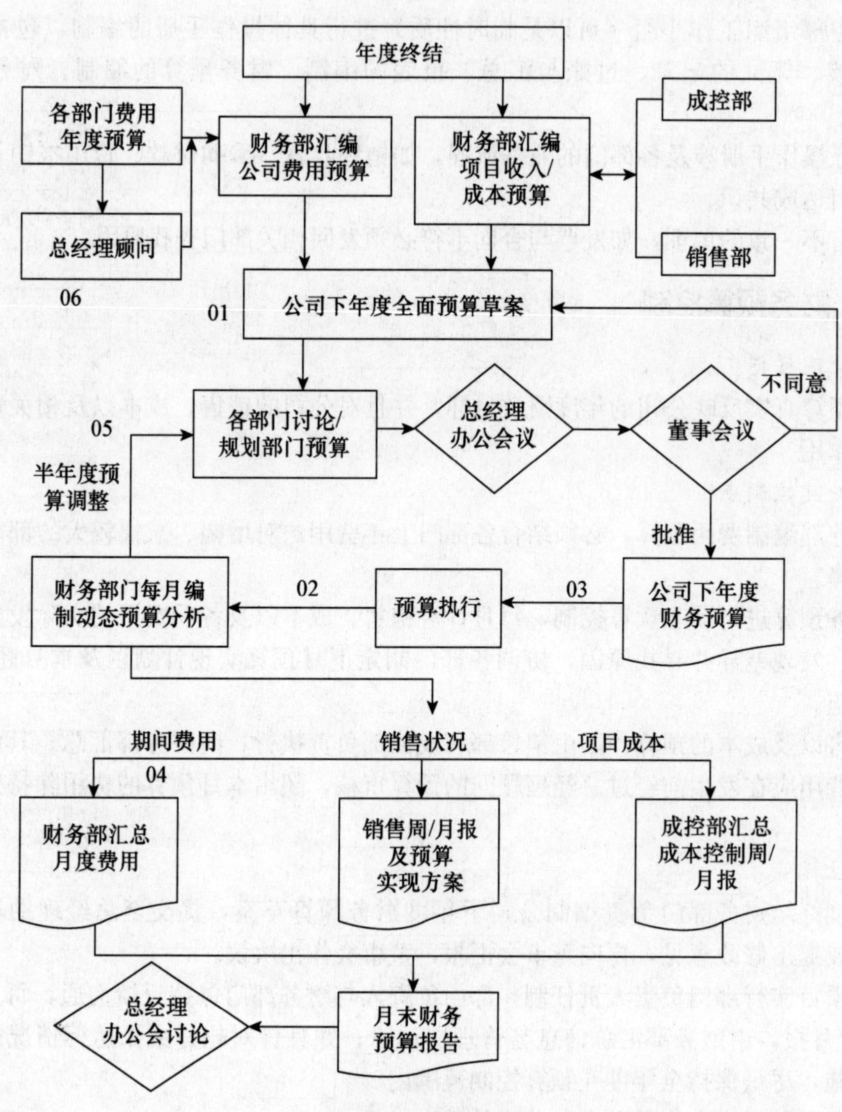
年度终结
各部门费用年度预算
财务部汇编公司费用预算
财务部汇编项目收入/成本预算
成控部
销售部
总经理顾问
06
01
公司下年度全面预算草案
不同意
05
各部门讨论/规划部门预算
总经理办公会议
董事会议
半年度预算调整
批准
财务部门每月编制动态预算分析
02
预算执行
03
公司下年度财务预算
期间费用
销售状况
项目成本
04
财务部汇总月度费用
销售周/月报及预算实现方案
成控部汇总成本控制周/月报
总经理办公会讨论
月末财务预算报告

图 2-9　财务预算控制

（四）预算变更流程

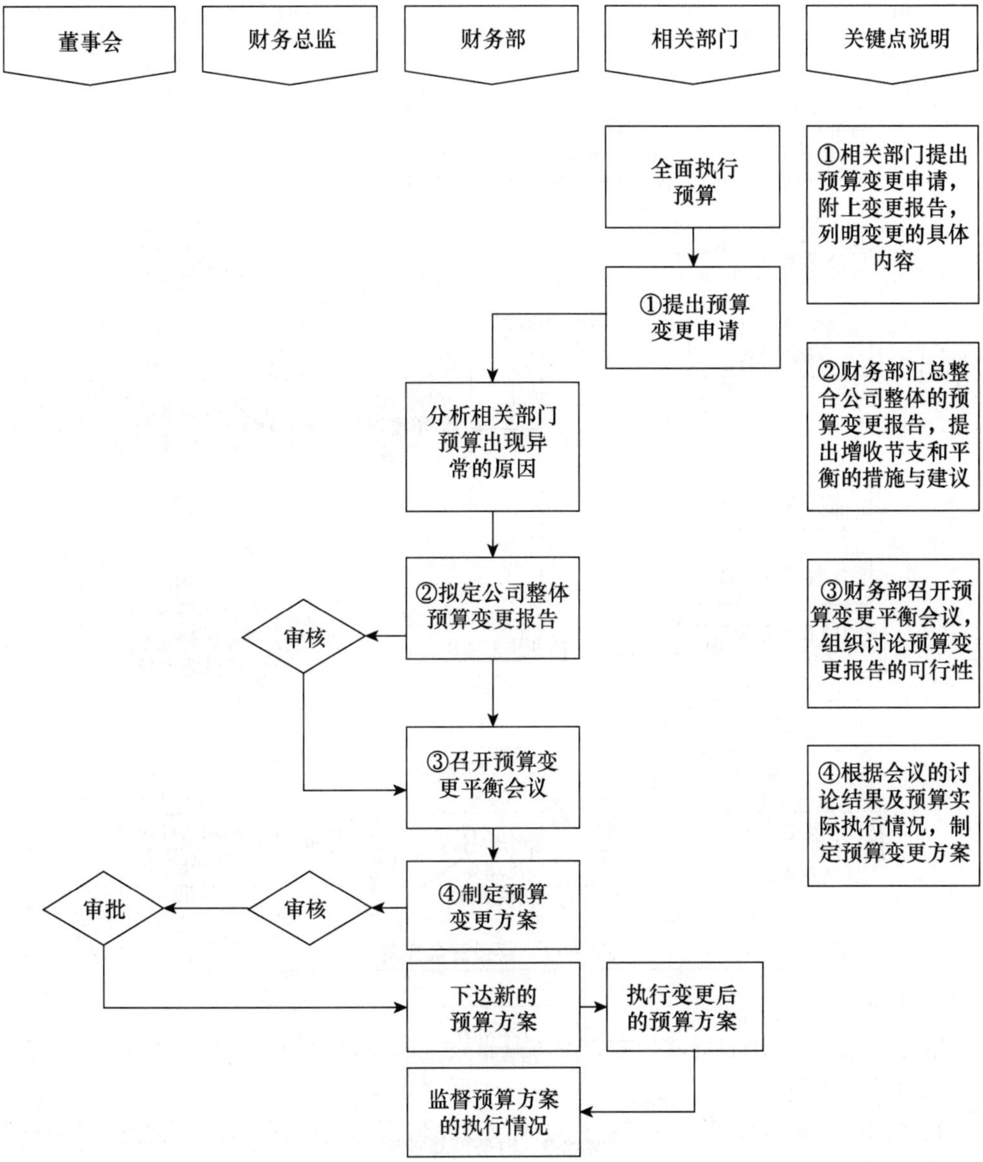

董事会　财务总监　财务部　相关部门　关键点说明

全面执行预算

①提出预算变更申请

分析相关部门预算出现异常的原因

②拟定公司整体预算变更报告

审核

③召开预算变更平衡会议

④制定预算变更方案

审核

审批

下达新的预算方案

执行变更后的预算方案

监督预算方案的执行情况

①相关部门提出预算变更申请，附上变更报告，列明变更的具体内容

②财务部汇总整合公司整体的预算变更报告，提出增收节支和平衡的措施与建议

③财务部召开预算变更平衡会议，组织讨论预算变更报告的可行性

④根据会议的讨论结果及预算实际执行情况，制定预算变更方案

图 2-10　预算变更流程

（五）营运资金控制

（1）管理目标

营运资金在管理层控制范围内，以保证偿付能力和资金的有效利用。

（2）关键控制点

①现金流的预计应以财务预算为基础，根据每月的实际情况作出准确预估；

②财务总监复核每月现金流汇总表，针对资金剩余或资金短缺情况告知管理层；

③对于不能由未来月份弥补的资金短缺，应及时调整部门计划以及财务预算。

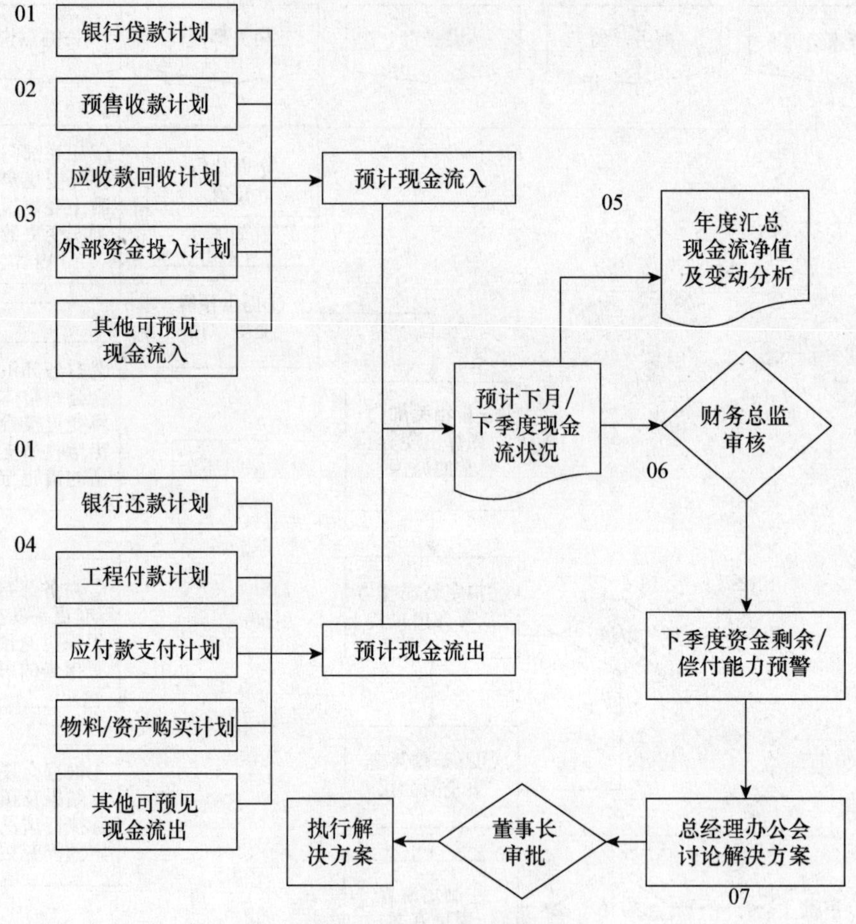

图 2-11　营运资金控制

（3）注释

①财务根据年/月初的贷款合同以及本月新发生的贷款合同，合理计算下月/下季度的资金流入以及流出值。

②财务部门根据成控部门的工程进度表以及销售部的销售预计，合理预估未来月份的现金销售流入。

③财务部门根据投资部的投资计划预估下月/季度的现金流。

④工程付款预计根据合同进度进行。

⑤年度终结汇总现金净流入/出状况，进行年度环比以及月份浮动分析，寻找差异明显的月份并寻找原因。

⑥财务总监负责监控下季度的现金余额，重点关注流动性隐患并提醒管理层注意。另外对资金将大量剩余的情况也应提请管理层关注。

⑦针对未来现金流出现的重大状况，由总经理组织总经理办公会议研讨对策。

（六）筹资业务管理流程

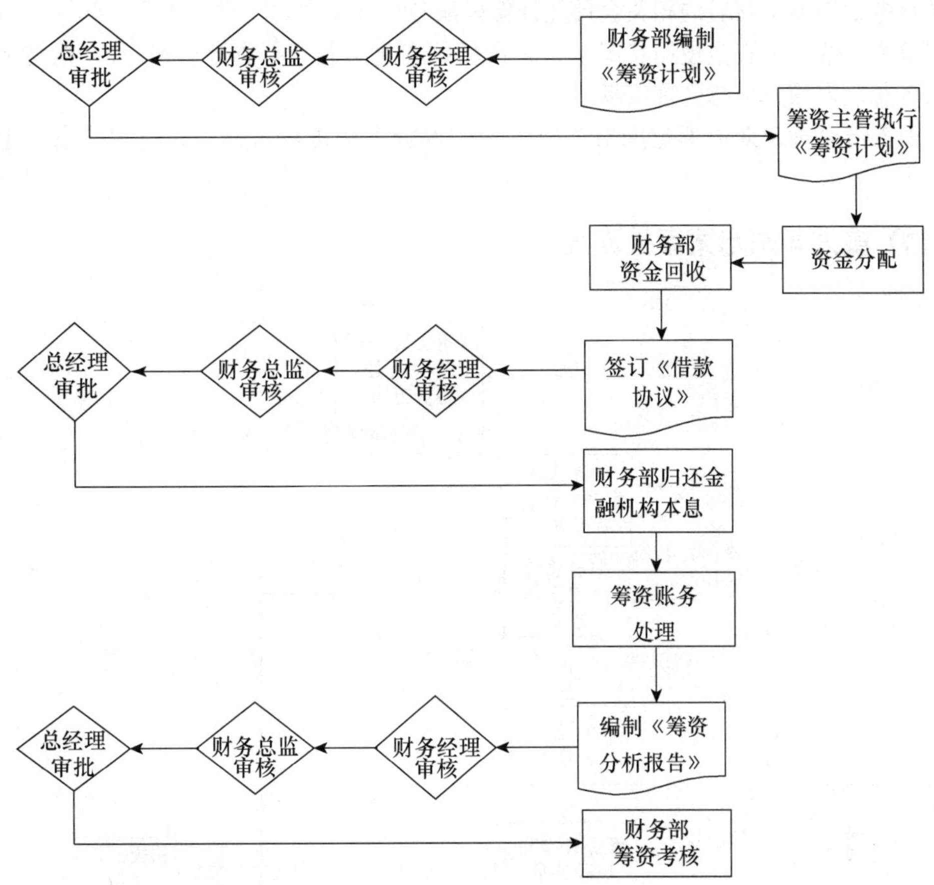

图 2-12　筹资业务管理流程

（1）管理目标

①保证筹资活动符合国家法律、法规；

②避免因债务过高、资金安排不当、不能按期偿债、资金管理不当等，造成资金流失或因筹资记录不真实，而使得账实不符、筹资成本信息不真实；

③保证《筹资分析报告》经过适当审核或授权审批。

（2）关键控制点

①财务部每年根据下年度初步资金预算及有关资金安排预测资金使用情况，编制筹资计划报财务部经理、财务总监审核并报总经理审批；

②筹资主管根据筹资计划办理与相关金融机构的借款或融资业务手续，借款合同或融资合同的签订必须经总经理审批；

③筹资主管根据投资计划或各所属单位的资金使用计划，做好内部资金分割使用管理工作，并签订《分割使用协议》；

④财务部根据内部资金《分割使用协议》做好各所属单位资金及利息的回收工作；

⑤财务部与金融机构签订《借款协议》，做好借款本息的核对与管理工作，报财务部经理、财务总监审核并由总经理审批通过后，归还金融机构的本息；

⑥财务部根据审核后的相关会计凭证做好账务处理工作；

⑦筹资主管根据资金使用状况及金融市场的变化编制《筹资分析报告》，报财务部经理、财务总监审核并报总经理审批；

⑧财务部经理定期或不定期对筹资主管的筹资工作进行考核，并将考核意见上报总经理。

（七）重大筹资方案审批流程

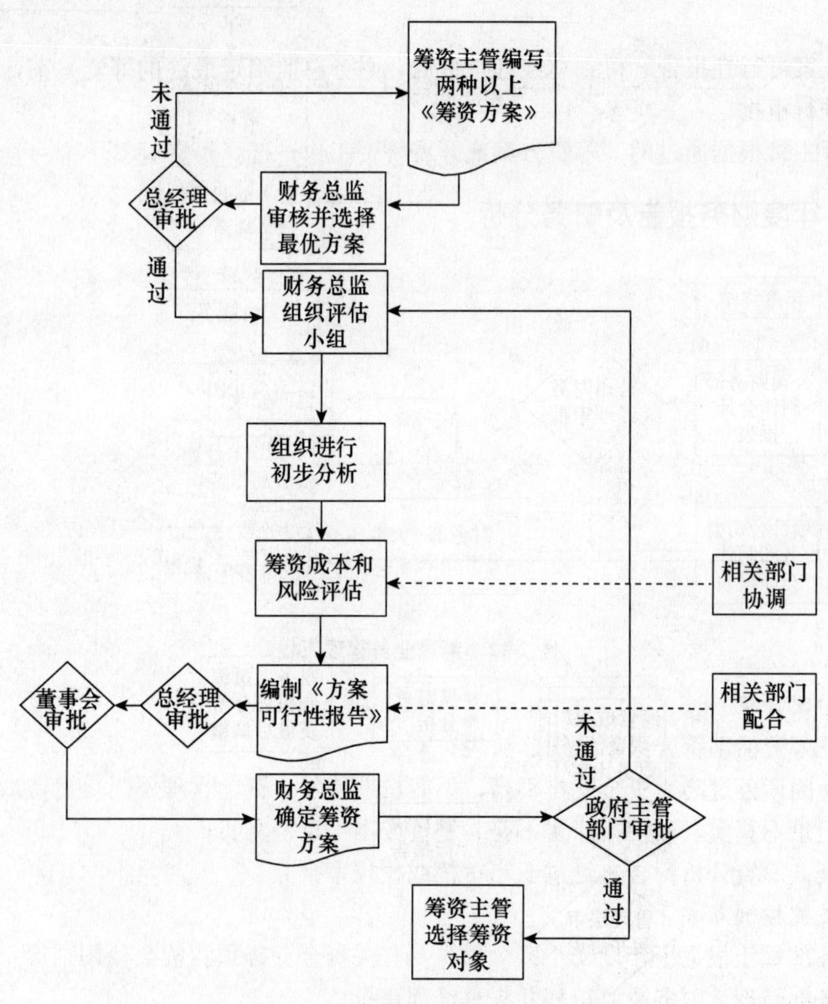

图 2-13 重大筹资方案审批流程

（1）管理目标

①保证筹资方案的选择充分考虑企业的经营需要；

②保证筹资充分考虑筹资成本和风险评估等因素；

③避免因筹资决策失误，可能造成企业资金不足、资金冗余或债务结构不合理。

（2）关键控制点

①筹资主管编写两种以上的《筹资方案》，并报财务总监审核。

②财务总监审核并选择最优方案，并将选出的最优方案报总经理审批；如果无法选出最优方案，则将《筹资方案》返回筹资主管，重新对《筹资方案》进行修改。

③《筹资方案》经总经理审批后，由财务总监组织评估小组对《筹资方案》进行评估。

④评估小组综合考虑筹资成本和风险评估等因素，编制《筹资方案风险评估报告》并对筹资方案进行比较分析。

⑤评估小组对筹资方案中的筹资成本和风险进行评估，相关部门进行协调。

⑥财务总监编制《方案可行性报告》，并报总经理审核、董事会审批，相关部门予以配合。

⑦《方案可行性报告》得到总经理审批后，财务总监确定最终的筹资方案，并报政府主管部门进行审批。

⑧筹资主管根据通过的《筹资方案》开展筹资工作，选择筹资对象。

（八）年度财务报告及财务分析

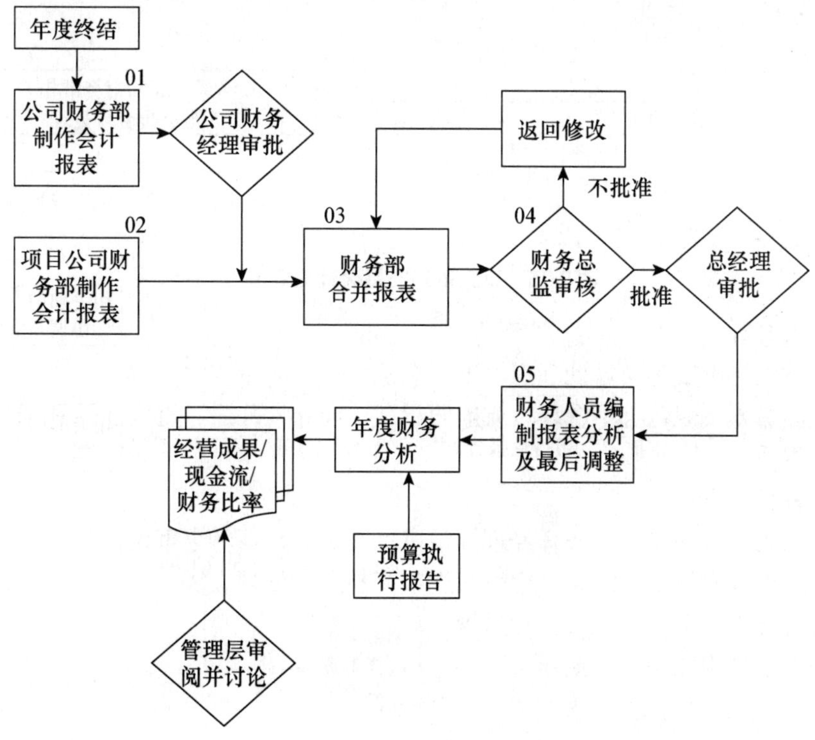

图 2-14　年度财务报告及财务分析

（1）管理目标

财务报表依据会计准则编制，在各方面公允的反映了公司的财务状况。

（2）关键控制点

财务总监对公司合并报表进行复核。

（3）注释

①财务总监制定报表提交的时间安排，项目公司根据公认会计准则提交真实合法的会计报表，项目公司报表的编制口径需与总公司一致；

②总公司由财务部经理编制公司报表；

③公司财务经理根据合并报表的要求合并财务报表；

④合并报表要经过财务总监的审核；

⑤财务经理及财务总监根据合并报表编制报表分析及对账册进行最后调整。

（九）重大影响交易会计处理流程

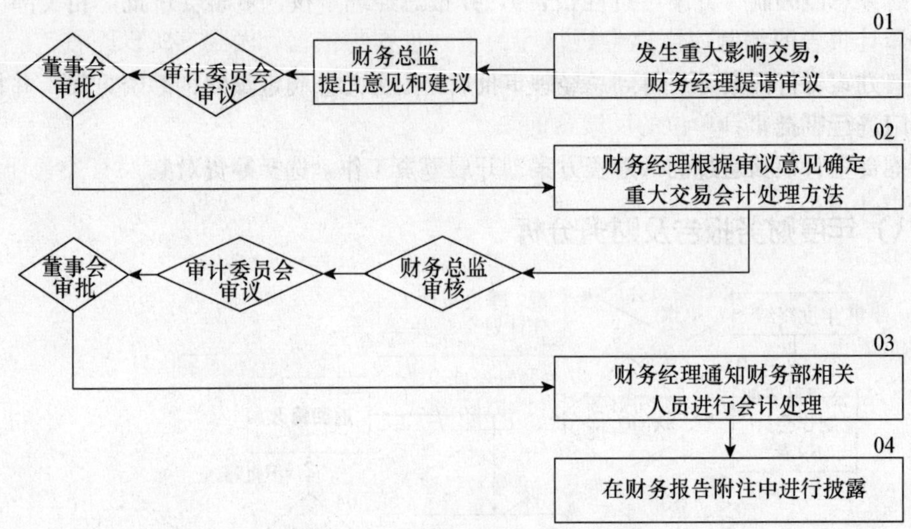

图 2-15 重大影响交易会计处理流程

（1）管理目标

①保证重大影响交易会计处理审议工作规范；

②避免因披露不规范、不合理，或虚假记载、误导性陈述、重大遗漏和未按规定及时披露而导致损失。

（2）关键控制点

①发生重大影响交易，财务部经理提请审计委员会和董事会审议；

②财务部经理根据审议意见确定重大影响交易会计处理方法；

③通知财务部相关人员进行会计处理；

④在财务报告附注中进行披露。

（十）内部审计流程

（1）管理目标

①保证审计工作计划和审计项目实施方案经过适当审核或授权审批；

②保证内部审计人员具备应有的知识、技能和经验，内部审计方法恰当，并且内部审计质量控制制度完善；

③保证开展后续审计，确保初次审计发现的问题得到及时整改。

（2）关键控制点

①审计小组的组成人员应由具备相应资格和业务能力的审计人员担任，并需要明确小组成员的职责和权限。审计小组的审计事项包括遵循性审计、风险审计、绩效审计、任期经济责任审计、建设项目审计、物资采购审计等专门审计以及法律、法规规定和本单位主要负责人或者权力机构要求办理的其他审计事项。

②内部审计人员可以运用审核、观察、监盘、询问、函证、计算和分析性复核等方法，获取充分、相关、可靠的审计证据，以支持审计结论和建议。

③内部审计人员应将审计程序的执行过程及收集和评价的审计证据，记录在审计工作底稿中。

④审计报告的编制应当以经过核实的审计证据为依据，做到客观、完整、清晰、及时、具有建设性，并体现重要性原则；审计报告应说明审计目的、范围，提出结论和建议，并应当包括被审计单位的反馈意见。

⑤内部审计人员应根据后续审计的执行过程和结果，向被审计单位及有关管理部门提交后续审计报告。

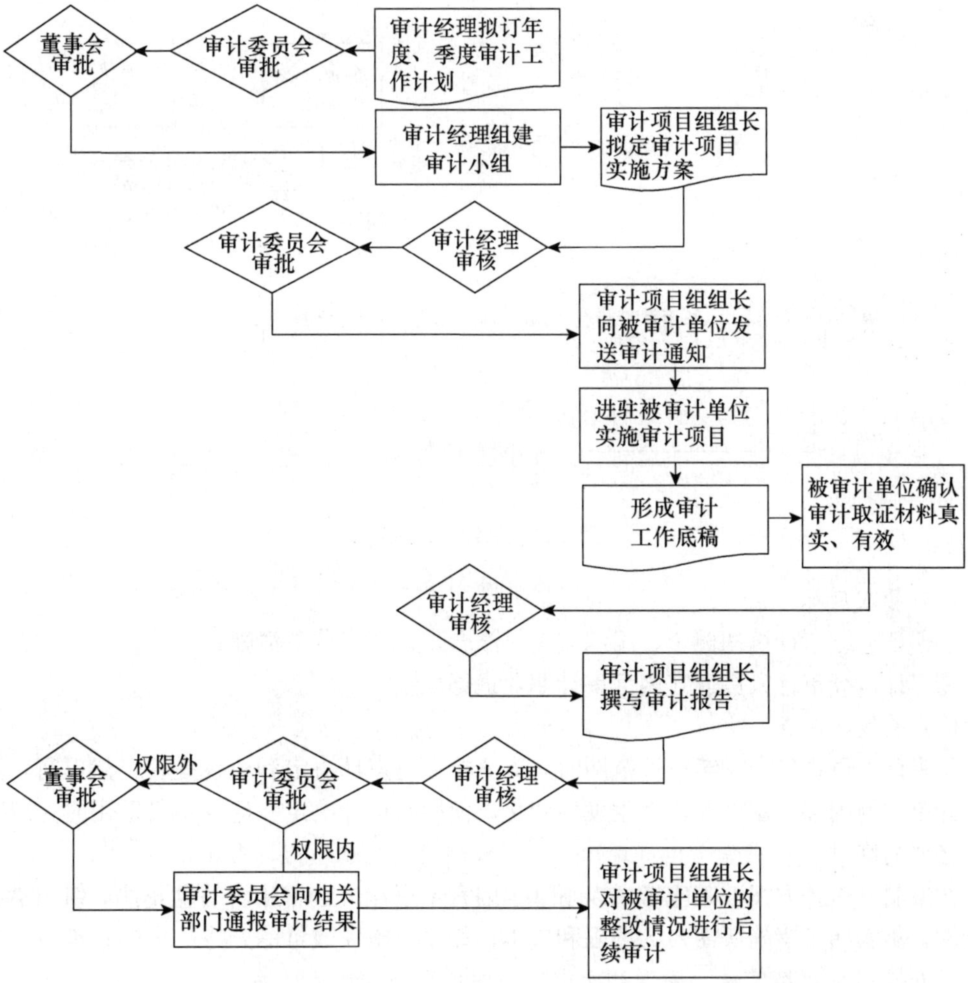

图 2-16　内部审计流程

（十一）后续审计流程

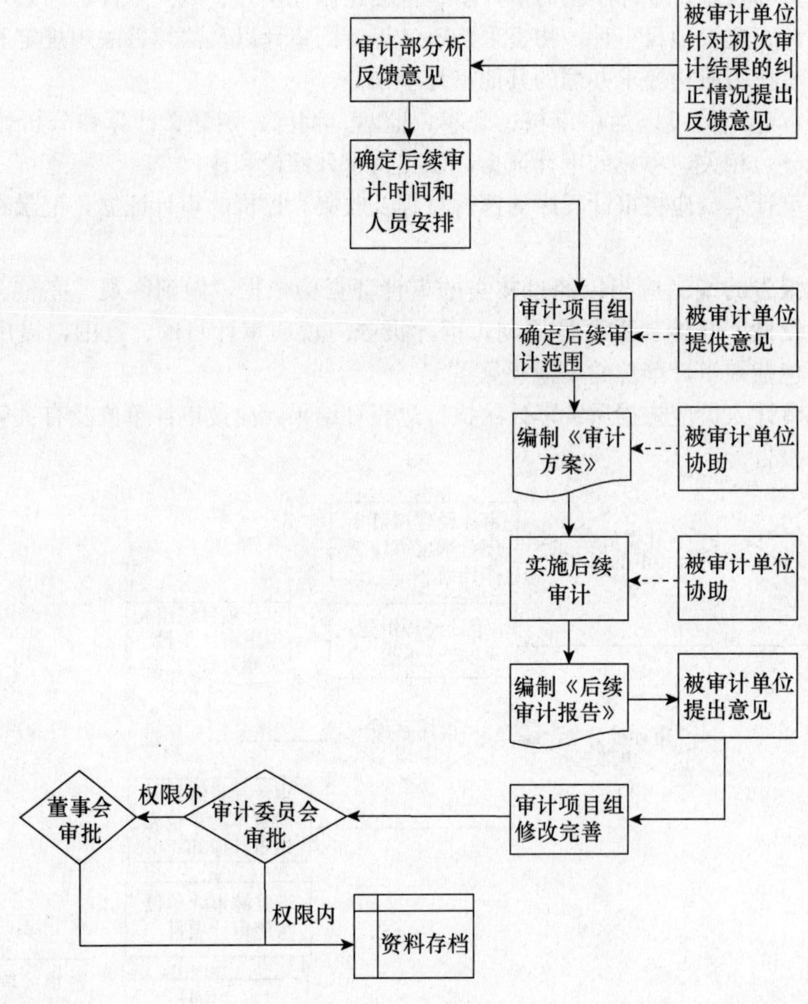

图 2-17　后续审计流程

（1）管理目标

①保证后续审计机构健全，组织架构科学合理，职责分工清晰；

②保证后续审计人员遵守内部审计职业道德规范。

（2）关键控制点

①审计人员在确定后续审计范围时，应分析原有审计决定和建议是否仍然可行。如果被审计单位的内部控制或其他因素发生变化，使原有审计决定和建议不再适用时，应对其进行必要的修订。

②编制《审计方案》时应考虑以下基本因素：审计决定和建议的重要性；纠正措施的复杂性；落实纠正措施所需要的期限和成本；纠正措施失败可能产生的影响；被审计单位的业务安排和时间要求。

③《后续审计报告》的内容一般包括后续审计目的、以前审计报告中的审计发现和建议、纠正措施、审查结果、被审计单位的审计回复、后续审计发现、后续审计评价等。

（十二）内部审计督导流程

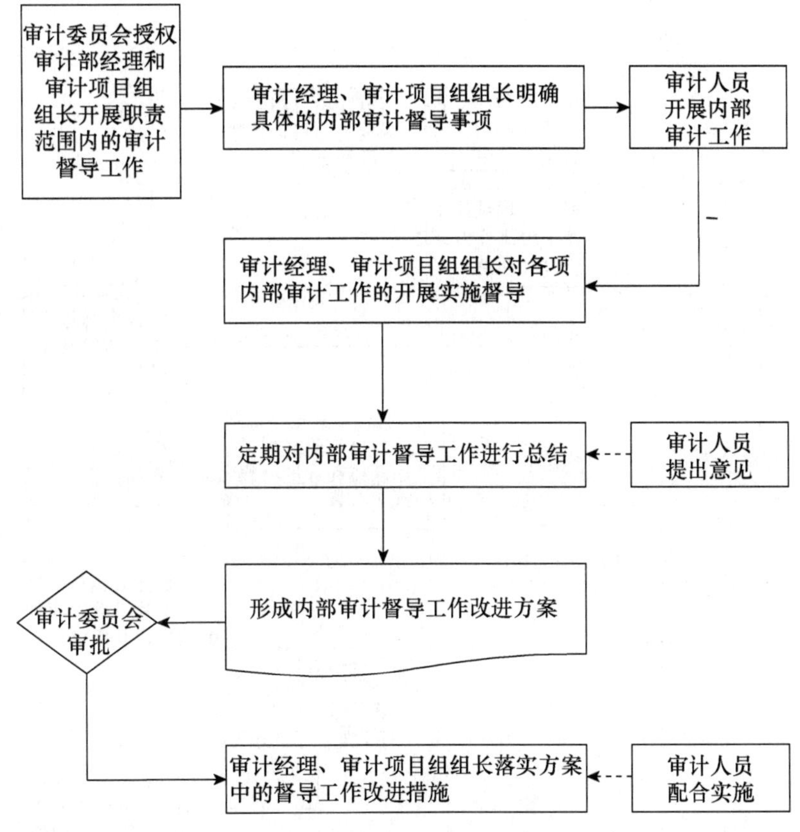

图 2-18　内部审计督导流程

（1）管理目标

①避免内部审计督导工作如果未经适当授权，可能因得不到有效支持而导致内部审计督导工作无法有效开展；

②保证内部审计督导工作进行定期总结和改进。

（2）关键控制点

①内部审计督导事项包括以下四个方面：确认审计报告的可靠性，审计建议的可行性；各级对被审计单位提出的异议，督导人员应进行核实、复查，并及时给予答复；各级督导人员应确认审计目标实现的情况，确定是否存在尚未解决的重要问题；各级督导人员应确认审计人员遵循内部审计工作程序和规范的情况。

②《内部审计督导工作改进方案》的主要内容包括督导工作存在的问题、实施中的难点、改进的具体措施、改进的效果分析等。

（十三）自我质量控制流程

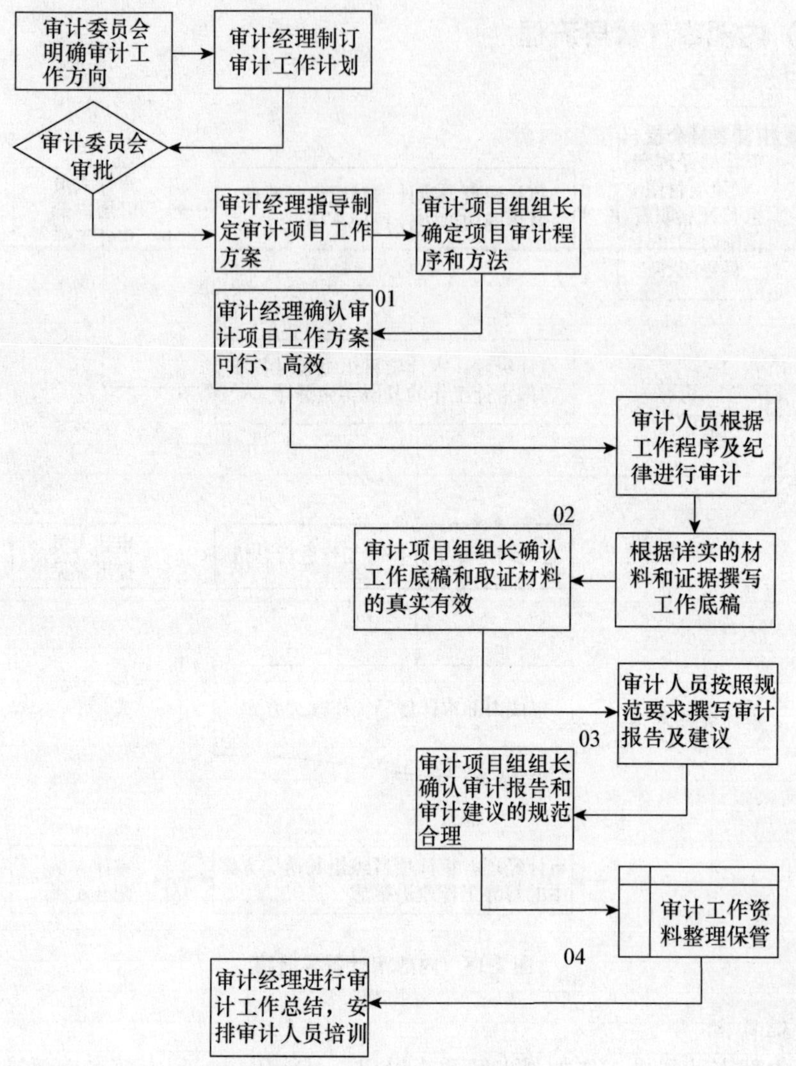

图 2-19　自我质量控制流程

（1）管理目标

①保证内部审计经过适当授权；

②保证内部审计人员具备应有的知识、技能和经验，内部审计方法恰当，并且内部审计质量控制制度完善；

③保证内部审计人员遵守内部审计职业道德规范。

（2）关键控制点

①审计委员会对审计项目工作方案的内容、格式等是否规范、可行进行审核；

②审计项目组组长确认工作底稿和取证材料的真实性和有效性，以确保真实反映审计结果；

③审计项目组组长确认审计报告和审计建议的规范、合理，以确保审计报告的质量和

审计建议的合理有效，符合实际；

④审计部经理组织进行审计工作总结和安排审计人员培训，以确保审计人员素质和能力不断提高。

附：相关表格

1. 年度预算编制表（按项目分）

表 2-3　　　　　　　　　　　　　　年度预算编制表

月份：　　类别：　　页次：

预算编号	预算科目	核算办法	专用申请预算			预算金额	核准预算	备注
			用途	文号	金额			

2. 年度资金预算表（按季度分）

表 2-4　　　　　　　　　　　　　　年度资金预算表

项目明细		第一季度	第二季度	第三季度	第四季度	合计
现金流入	投资收入					
	销售收入					
	其他收入					
	小计					
现金流入	总体规划设计费用支出					
	土地费用支出					
	资本性支出					
	前期工程费用支出					
	建筑安装工程费支出					
	公共配套设施建筑费支出					
	基础设施建筑费支出					
	项目管理费支出					
	销售费用支出					
	物业管理费支出					
	财务费用支出					
	用人费用支出					
	不可预见费支出					
	其他支出					
	小计					
期初现金	货币资金					
	应收账款					
	其他					
	小计					
现金流量净额						
期末现金	货币资金					
	应收账款					
	其他					
	小计					

3. 年度财务预算书

表 2-5　　年度财务预算书

<table>
<tr><td>名称</td><td>年度财务预算书</td><td>页数</td><td></td><td>版本</td><td></td><td>备注</td><td></td></tr>
<tr><td colspan="8">
一、预算说明
下面是______房地产开发公司______年的财务情况，以及______年度______房地产开发公司的财务预算编制情况。
二、截至______年 12 月 31 日，______房地产开发公司的财务情况
（1）重大挂账余额；开发成本共挂账______万元，广告费用共挂账______万元。
（2）欠付工程款约______万元，应付代收代缴款项约______万元。
（3）重大未处理事项：______工程项目维修基金，预计约______万元。
（4）少报少缴税金；流转税金、个人所得税等，共预计约______万元。
（5）税务风险：甲供材料未要求施工单位开具相应的工程发票，存在代替施工单位补交税金的责任风险。
（6）资产清理净损失（时间截止______年 11 月 30 日，金额约______万元）未报董事会审批，以进行相关账务处理。
（7）在未考虑上述事项的基础上，______～______年共实现税前利润总额______万元、缴纳所得税______万元、实现税后利润______万元。
三、______年______房地产开发公司财务预算
（1）在______年，若无新的开发项目，公司财务预算情况如下：
1）预计经营收入______万元。
2）预计核算净损益______万元。
3）预计审计调整后净损益______万元。
4）预计资金流入（含工程款抵房转账）______万元。
5）预计资金支出（未计维修基金）______万元。
6）预计资金溢缺______万元。
（2）若公司于______年内启动××项目，并部分发售，则在上述基础上，公司______年财务预算情况如下：
1）预计增加经营收入______万元。
2）预计增加税前利润______万元。
3）预计合计税前利润______万元。
4）预计增加资金流入（含工程款抵房转账）______万元。
5）预计增加资金支出______万元。
6）预计合计资金溢缺______万元。
四、附件
（1）______工程项目______年损益预算表。
（2）______年公司财务损益预算表。
（3）______年收支计划预算表。
（4）______年财务预测表。
</td></tr>
</table>

<table>
<tr><td>相关说明</td><td colspan="5"></td></tr>
<tr><td>编制人员</td><td></td><td>审核人员</td><td></td><td>批准人员</td><td></td></tr>
<tr><td>编制日期</td><td></td><td>审核日期</td><td></td><td>批准日期</td><td></td></tr>
</table>

4. 预算申请表

表 2-6　　预算申请表

单位：　　部门：　　日期：

预算编号	预算项目名称	上年度实际支出	本年度预申报金额	用途	说明
审核意见：					

5. 预算控制表

表 2-7　　预算控制表

预算编号：

预算科目：　　预算金额：

日期		凭证号码	摘要	支付金额	累计金额	超支余额	备注
月	日						

6. 预算变更申请单

表 2-8　　预算变更申请单

单位：　　部门：　　日期：

变更类别	□预算调整□预算增加□预算追减						
预算编号	预算科目	原核定预算	细则说明	拟变更内容	变更幅度	申请理由	批示
备注							

审核：申请人：

7. 预算统计表

表 2-9　　预算统计表

部门：　　月份：

预算编号	预算科目	预算金额	实际支出	差额	追加预算	说明

总经理：　　审核：　　填表：

8. 前期费用估算表

表 2-10 前期费用估算表

项目	分项	单价	工程量	总额
征地拆迁费	耕地			
	山地			
	拆迁安置费			
	征地管理费			
	合计			
土地使用费	土地出让金			
	土地使用税			
	合计			
勘测设计费	征地测绘费			
	土地规划设计费			
	勘察费			
	模型制作费			
	合计			
三通一平费	临时供水电费			
	场地平整费			
	临时道路费			
	合计			
项目可行性研究费				
施工单位管理费				
合计				

备注：

9. 管理费用预算表

表 2-11 管理费用预算表

项目明细		年度平均数	本年预算数	本期累计数	备注
不可控制费用	职工工资				
	职工福利费				
	职工教育经费				
	折旧费				
	劳动保险费				
	退休金				
	退职金				

10. 销售费用预算表

表 2-12　　　　　　　　　　　销售费用预算表

分类	项目		预定年度金额	比率	年度分配											
					1	2	3	4	5	6	7	8	9	10	11	12
固定费用	销售人员费用	工资														
		奖金														
		福利费														
		劳保费														
		其他														
		小计														
	固定经费	交通费														
		通信费														
		交际费														
		折旧费														
		修理费														
		保险费														
		其他														
		小计														
变动费用	销售佣金															
	广告宣传费															
	促销费															
	消费品费															
	其他															
	小计															
合计																

11. 营业费用预算表

表 2-13　　　　　　　　　　　营业费用预算表

项目明细	本年预算数	本月数	本期累计数	上年同期数
参展费				
广告宣传费				
市场调查费				
营销代理费				
人工费用				
差旅费				
注册办证费				
预售许可证费				
……				
合计				
制表人		审核人		
编制单位		编制时间		

12. 建筑安装费用估算表

表 2-14　　建筑安装费用估算表

费用项目		费用分项	单价	工程量	总额	备注
直接费用	直接工程费	人工费				
		材料费				
		施工机械使用费				
	措施费	环境保护费				
		文明施工				
		安全施工				
		临时设施				
		夜间施工				
		二次搬运				
		大型机械设备进出场及安拆				
		混凝土、钢筋混凝土模板及支架				
		脚手架				
		已完工程及设备保护				
		施工排水、降水				
间接费用	规费	工程排污费				
		工程定额测定费				
		社会保障费（养老、失业、医疗保险）				
		住房公积金				
		危险作业意外伤害保险				
	企业管理费	管理人员工资				
		办公费				
		差旅交通费				
		固定资产使用费				
		工具用具使用费				
		劳动保险费				
		工会经费				
		职工教育经费				
		财产保险费				
		财务费				
		税金				
		其他				
利润						
税金						

13. 宣传发布费用预算表

表 2-15　　宣传发布费用预算表

项目＼时间		月日	月日	月日	月日	月日	小计（元）
		星期	星期	星期	星期	星期	
日报	版面						
	规格						
	价格						
晚报	版面						
	规格						
	价格						
电视台	时段						
	时间						
	价格						
电台	时段						
	时间						
	价格						
其他							
总计（元）							

14. 现场包装费用预算表

表 2-16　　现场包装费用预算表

项目＼类别		数量	规格	材料	单价（元）	小计（元）
售楼处内部	展板					
	模型					
	效果图					
	促销广告牌					
售楼处外部	灯笼					
	花篮					
	拱门					
	空飘气球					
	彩旗					
	横幅					
项目现场	横幅					
	竖幅					
	彩旗					
	灯饰					
项目周边地区	指示牌					
	街边广告					
	彩旗					
	横幅					
总计（元）						

15. 销售资料费用预算表

表 2-17　　销售资料费用预算表

类别 项目	规格	材料	数量	单价（元）	小计（元）
楼书					
价目表					
付款方式					
平面图					
认购须知					
装修标准					
认购书					
按揭须知					
其他					
总计（元）					

16. 各项应缴税费估算表

表 2-18　　各项应缴税费估算表

序号	项目	单价	基数	总额
1	投资方向调节税			
2	市政建设费			
3	增加投资建设费			
4	市政污水集资费			
5	城市建设绿化管理费			
6	交通能源设备费			
7	供电用电负荷费			
8	供水管网补偿费			
9	教育事业配套费			
10	商品房营业税			
11	城市维护建设税			
12	综合开发管理费			
合计				

17. 所得税及销售成本估算表

表 2-19　　所得税及销售成本估算表

序号	项目	单价	基数	总额
1	所得税			
2	印花税			
3	售房合同公证费			
4	广告投放费			
合计				

制表人：　　　填表日期：　　年　　月　　日

18. 项目开发成本影响程度分析表

表 2-20　　项目开发成本影响程度分析表

开发成本增长幅度（%）	
开发成本（万元）	
实现利润（万元）	
上缴所得税（万元）	
税后利润（万元）	
投资利润率（%）	
投资利润下降幅度（%）	

制表人：　　　　填表日期：　　年　　月　　日

19. 项目开发工期影响程度分析表

表 2-21　　项目开发工期影响程度分析表

项目开发工期延长	半年	一年	一年半
偿还贷款本利（万元）			
所得税（万元）			
实现利润（万元）			
税后利润（万元）			
投资利润率（%）			
投资利润下降幅度（%）			

制表人：　　　　填表日期：　　年　　月　　日

20. 销售单价影响程度分析表

表 2-22　　销售单价影响程度分析表

销售单价下降幅度（%）			
销售收入（万元）			
实现利润（万元）			
所得税（万元）			
税后利润（万元）			
投资利润率（%）			
投资利润下降幅度（%）			

制表人：　　　　填表日期：　　年　　月　　日

21. 贷款分期偿还计划表

表 2-23 贷款分期偿还计划表

项目		普通住宅	别墅
单价（元/平方米）			
数量（平方米）			
分期销售收入	年 月 至 年 月		
	年 月 至 年 月		
	年 月 至 年 月		
	年 月 至 年 月		
	年 月 至 年 月		
合计			

制表人： 填表日期： 年 月 日

22. 财务费用预算表

表 2-24 财务费用预算表

年度：

编制单位： 财务管理中心 单位：万元

项目	1月	2月	3月	4月	5月	6月	7月	8月	9月	10月	11月	12月	全年合计
	金额	金额	金额	金额	金额	金额	金额	金额	金额	金额	金额	金额	金额
财务费用													
合计													

提交人： 审批人：

23. 年度利润预算表

表 2-25 年度利润预算表

季度 项目	第一季度	第二季度	第三季度	第四季度	合计
主营业务成本（减）					
主营业务税金附加（减）					
主营业务收入小计					
管理费用（减）					
销售费用（减）					
财务费用（减）					
主营业务利润小计					
投资收益（加）					
营业外收支净额（加）					
其他业务利润（加）					
营业外支出（减）					
营业利润小计					
所得税（减）					
利润总计					
净利润					
制表人		审核人		编制日期	

24. 预算报告

表 2-26　　预算报告表

<table>
<tr><td>文本名称</td><td>预算报告</td><td>执行部门</td></tr>
<tr><td>文本设计主要事项</td><td colspan="2">背景说明、经营预算、财务指标预算、资金预算</td></tr>
<tr><td>文本相关文件</td><td colspan="2">“利润表”、“现金流量表”、“资产负债表”、“所有者权益变动表”</td></tr>
<tr><td colspan="3">××房地产开发公司预算报告设计实例</td></tr>
<tr><td colspan="3">一、2××9 年度财务情况综述
2××9 年度，在公司董事会的领导下，公司认真贯彻 2××8 年度股东大会关于财务工作的决议，做了大量工作。公司按照 2××8 年度股东大会通过的预算，遵照国家有关法律法规的规定，做到统筹安排、合理使用、量入为出、留有余地。
2××9 年度，经董事和监事集体讨论，最后董事会决定，公司与××投资集团公司合作开发××工程项目，该工程项目由××会所、××公寓等分项目构成。公司坚持严格的经费审查和审批制度、以保证该项目的财务工作正常、有序地进行。
2××9 年度各项经费的收支概况如下，其他数据可查阅本报告的附件。
（一）经费收支总体情况
1. 收入情况
2××9 年度公司总收入为______万元。
其中：营业收入为______万元、营业外收入为______万元、投资收益为______万元。
2. 支出情况
2××9 年度公司总支出______万元。主要用于以下______个方面。
（1）材料设备采购成本______万元。
（2）管理费用______万元。
（3）财务费用______万元。
（4）销售费用______万元。
（5）投资支出______万元。
……
2××9 年度公司共实现盈利______万元。
（二）职工困难补助费使用情况（略）
（三）劳动保险费用使用情况（略）
（四）重大事项说明
1. 欠付工程款及应付代收代缴款
欠付工程款______万元，应付代收代缴款项______万元。
2. 重大未处理事项
“××工程项目”维修基金，预计约______万元。应付开发成本金额______万元，应付广告费______万元。</td></tr>
</table>

五、销售和应收账款

（一）销售价格的制定与变更

（1）管理目标

①保证公司目标利润的实现；

②保证公司对销售价格的控制。

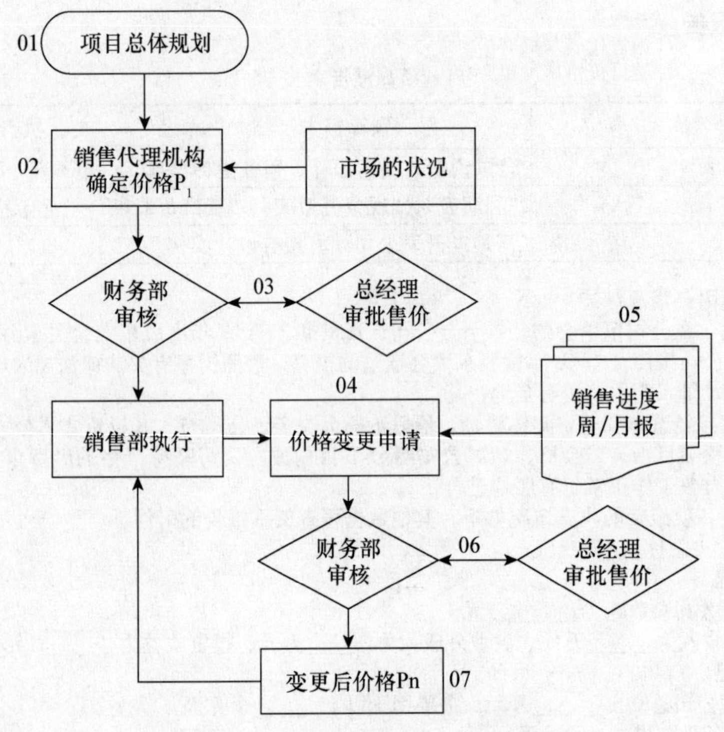

图 2-20 销售价格的制定与变更

（2）关键控制点

①价格的确定和变更应得到相关人员的审核；

②销售代理机构负责销售，对于价格有提出变更的权利，不拥有确定权；

③销售价格的变动要与销售的状况和进度相协调。

（3）注释

①销售代理机构根据目前周边市场上其他楼盘的销售状况，分品种分别确定销售均价；

②财务部根据项目总体规划，测算商品房成本，确定成本价；

③销售价格先由财务部审核是否合理，并能保证销售目标实现，并报总经理签字认可；

④由财务部提出价格变更的申请，同时附具体的价格表；

⑤销售代理机构根据销售状况或进度提出价格变更申请，当销售状况按进度进行时按照进度提出，同时参考销售状况；

⑥价格变更的申请由财务部进行审核，并报总经理签字认可；

⑦根据楼盘的大小，价格的变更会分多阶段进行，会有多次变更，每次变更均按照上述程序进行。

（二）销售流程的控制

（1）管理目标

①销售流程的制定要与国家法律法规的要求相一致；

②销售流程的制定要确保交易的安全性；

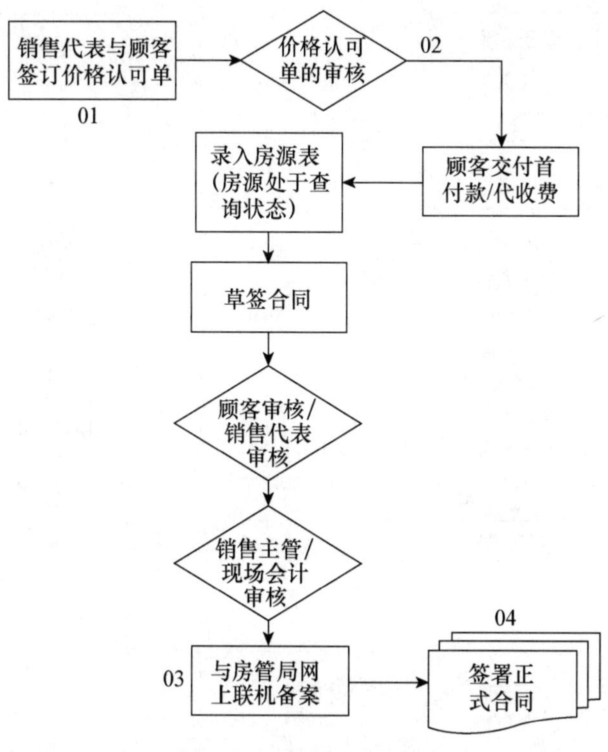

图 2-21　销售流程的控制

③在销售过程中，销售价格及销售策略得到良好的执行。

（2）关键控制点

①总经理及销售总监应对销售流程的制定负责；

②销售部应关注国家政策的变化，使销售流程符合国家法律法规的要求；

③相关的审核程序得以执行；

④电脑系统的使用经过授权，并符合国家的相关政策。

（3）注释

①销售代表与顾客之间进行良好的沟通，使顾客充分了解产品的销售流程，以减少销售过程中出现的摩擦；

②各部门经理，销售主管，销售代表具有适当的授权，各自在价格认可单上签字；

③定期对交易进行随机抽查评测，以确保销售流程的执行过程不存在偏差；

④正式合同的格式是由政府制定，公司在网上签订完毕后打印。

（三）销售审核的控制

（1）管理目标

①销售部门对顾客的订单依据企业的授权标准进行审核；

②确保已达成的价格在公司产品价格范围之内，以减少价格纠纷；

③公司产品定价策略得以有效执行；

④规避不良客户造成的未来销售风险

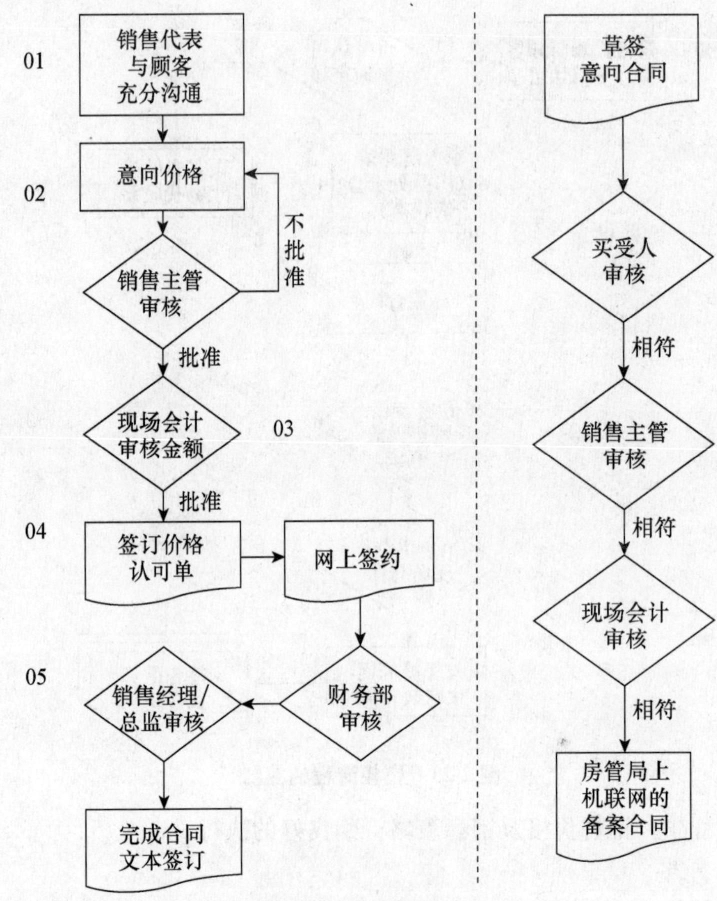

图 2-22 销售审核的控制

(2) 关键控制点

①制定不同级别的销售人员所具有的价格控制权限；

②价格认可单的批准由销售主管总控；

③草签合同的内容与价格认可单保持一致。

(3) 注释

①特殊的销售状况，如团购价格的审批应由销售总监和总经理进行控制并备案；

②总经理会同财务部、销售部确定销售价格折扣底线，销售部负责制定价格的浮动幅度，财务部负责审批产品销售价格；

③价格认可单签订后由现场的会计、销售主管在上面签字认可，作为签订合同的依据；

④严格审核价格认可单上注明的价格、面积、折扣、买受人、房源位置和付款方式等内容，合同内容应与价格认可单相符，认可单一联保存在财务部，一联保存在销售部；

⑤销售主管对销售的折扣进行审批，超过销售主管权限的折扣逐级上报到销售经理，销售总监审核。

（四）销售收款与财务对账

（1）管理目标

①销售收款制度符合相关法律法规要求；

②销售部门的收款操作符合财务操作手册的要求，配合财务部入账；

③凭证的记录与账册编制做到账实一致。

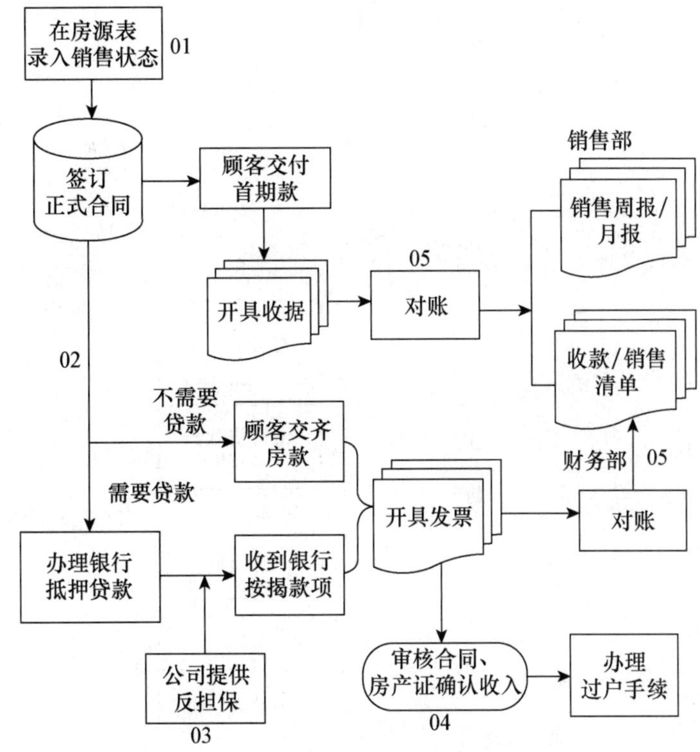

图 2-23　销售收款与财务对账

（2）关键控制点

①公司管理层会同财务部、销售部制定销售收款的流程；

②收取款项及时入账，以保证资金的安全性；

③确保账实相符；

④对分期付款顾客进行跟踪，以保证后续款项及时入账；

⑤发票开具时间与收入入账时间相符。

（3）注释

①销售代表只负责产品的销售，价格认可单经审核后，顾客直接将款项交与销售现场出纳，以保证销售人员不经手现金；

②销售现场应每天将现金及时交存银行，以保证资金的安全；

③财务总监在反担保合同上签字；

④财务部门销售会计根据顾客付款总额，审核合同金额，确认销售收入，最终由财务

经理审核；

⑤每周/月终结，由财务部销售会计与销售部进行销售收款对账，财务部编制销售收款对账调节表，及时调整账实差异。

（五）销售合同的控制

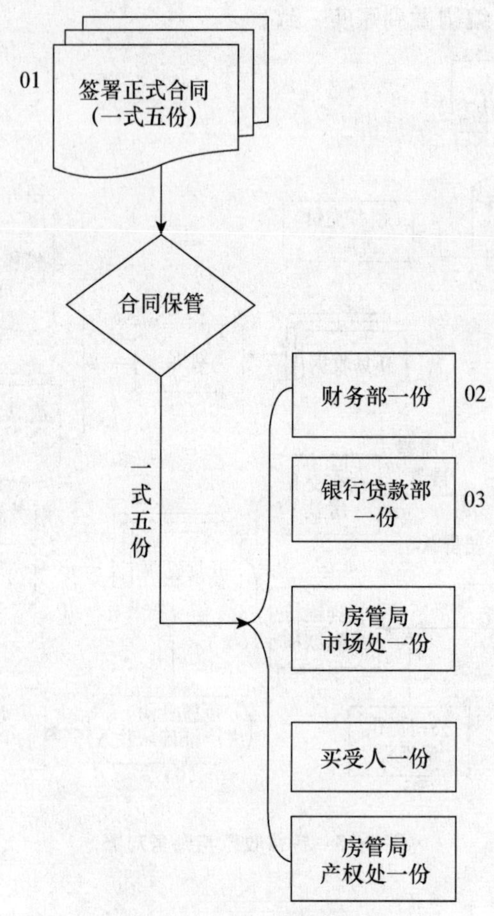

图 2-24　销售合同的控制

（1）管理目标

①销售合同的格式和内容采用国家标准合同文本；

②安全保管销售合同。

（2）关键控制点

①房产合同与政府联机备案系统中的合同保持一致；

②合同中涉及的房屋价格、位置、房屋状态等基本情况与价格认购单保持一致；

③按揭贷款合同及反担保合同与销售合同保持一致并存档；

④及时对销售合同及其对应的发票进行整理。

（3）注释

①按照国家要求，在政府的联机备案系统中填写电子合同，电子合同经审核无误后打

印，签署正式合同，及时整理销售合同与发票，并由专人负责保管；

②需要将房产进行抵押以获得抵押贷款的合同，由财务部保管一份合同，同时销售部进行复印备份；

③无需银行贷款的情况下，则此份合同原件由销售部保管。

六、采购和应付账款

（一）采购计划的订立及审批

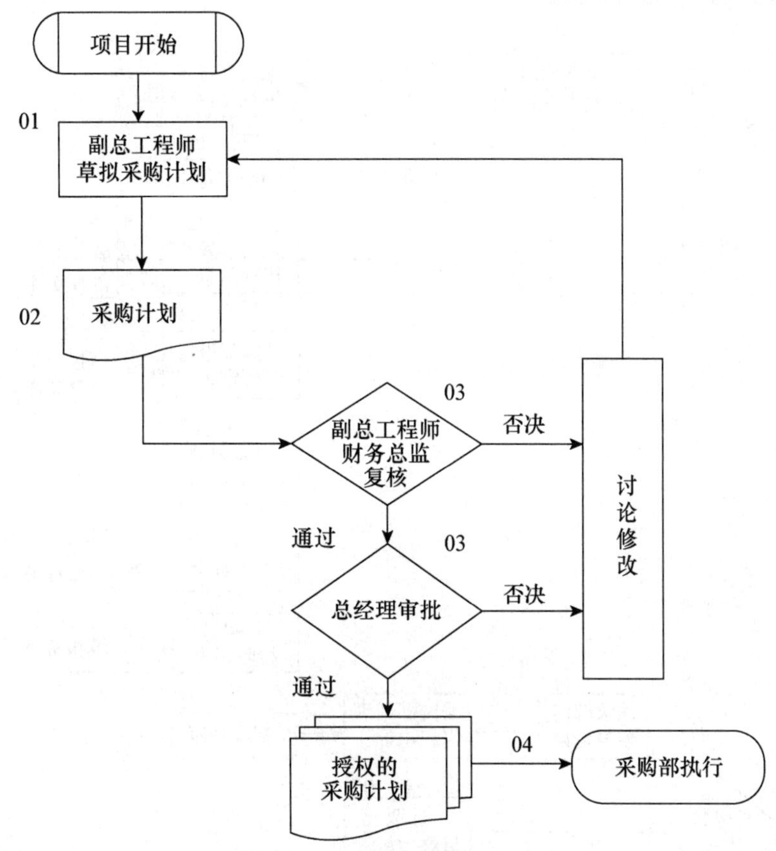

图 2-25　采购计划的订立及审批

（1）管理目标

①为所有采购行为编制计划，计划符合开发进程；

②公司的采购计划符合法规；

③按需采购，使公司的资金得到有计划的运作；

④采购计划受到现金流以及预算计划的控制，保证公司的现金流量，避免现金流出现短缺。

（2）关键控制点

①工程部门应根据存货情况来订立采购计划；

②财务部参与编制采购计划，调节资金需求与购货紧迫性之间的关系；

③采购计划经过适当的复核及管理层审批，才可以进入正式的购货程序；

④计划的修改都要有相应依据，所有变化的需求都反映在计划的修改中。

（3）注释

①根据工程合同和存货情况汇总需求量，依据公司规定的计划格式填写；

②采购计划应包括：采购的数量、价格、质量要求、供应商选择以及购入进度表；

③财务总监负责复核采购是否在预算范围之内，以及对未来现金流的影响，副总工程师复核以保证成控部对项目的成本控制；

④批准后的采购计划送至采购部执行，并送至财务部、工程部、成控部存档备查。

（二）采购业务招标流程

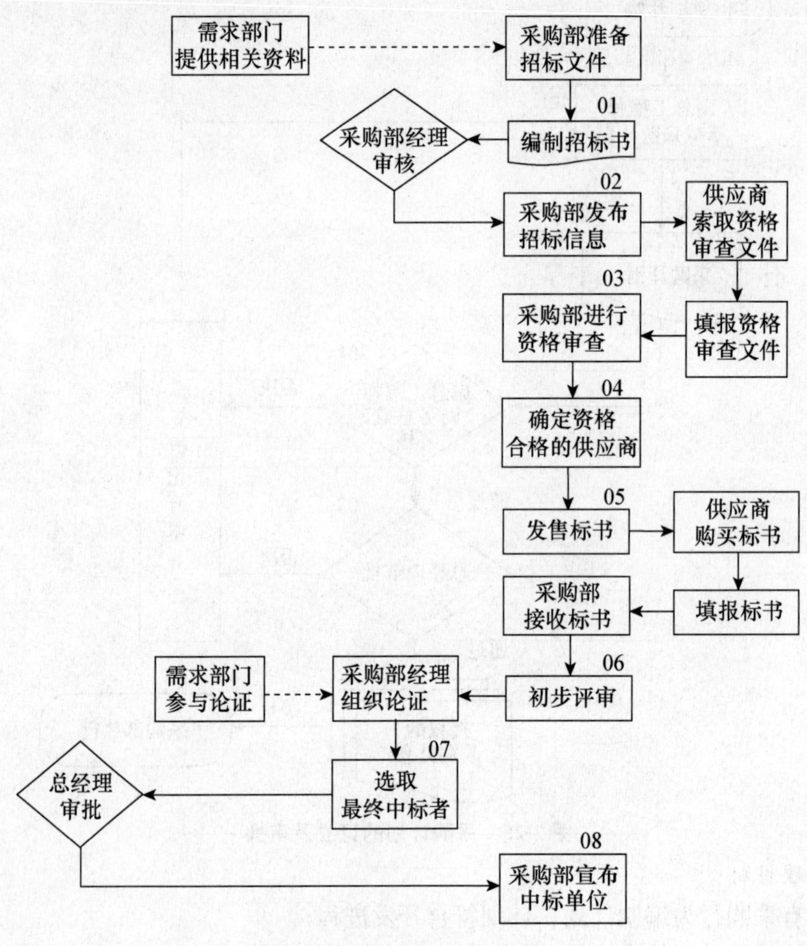

图 2-26　采购业务招标流程

（1）管理目标

①保证采购招标工作符合国家法律、法规；

②保证采购招标过程符合企业规章制度的规定；

③保证采购招标评审规范，选择合格的供应商并签订符合国家相关法律、法规的合同。

（2）关键控制点

①对需要进行招标的采购业务，采购部准备采购招标文件，编制《采购招标书》，报采购部经理审核；

②采购部发布招标信息，包括招标方式、招标项目（含名称、用途、规格、质量要求及数量或规模）、履行合同期限与地点、投标保证金、投标截止时间及投标书投递地点、开标的时间与地点、投标单位的资质要求以及其他必要的内容；

③采购部收到供应商的资格审查文件后，对供应商资质、信誉等方面进行审查；

④采购部通过审查供应商各方面指标确定合格的供应商；

⑤采购部向合格的供应商发售标书，供应商填写完毕后递交到采购部；

⑥采购部对供应商的投标书进行初步审核，淘汰明显不符合要求的供应商；

⑦采购部经理组织需求部门、技术部门、财务部门等相关人员或专家对筛选通过的投标书进行论证，选出最终的中标者；

⑧最终中标者经总经理签字确认后，由采购部相关人员宣布中标单位。

（三）采购合同的签订

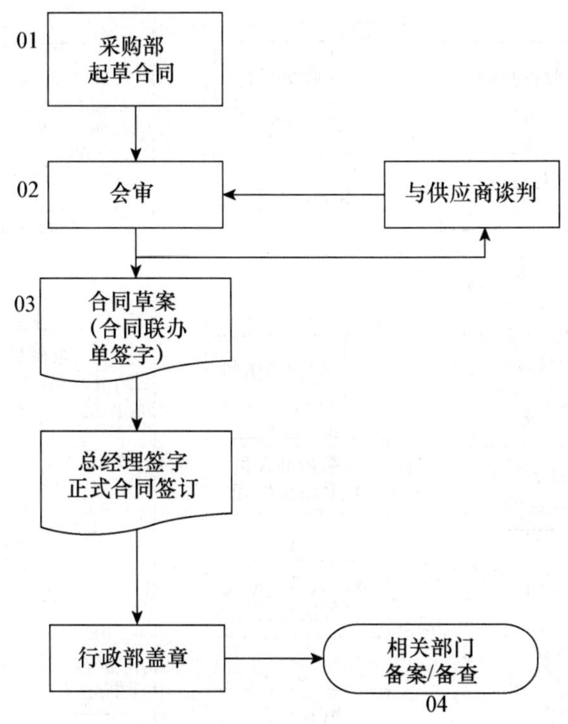

图 2-27　采购合同的签订

（1）管理目标

①采购行为由经济合同进行规范保护；

②合同符合国家法律和法规；

③合同内容足够详细，保护企业的利益。

（2）关键控制点

①企业建立一套规范的订立采购合同机制，并以书面形式确定；

②采购合同必须根据企业订立的机制来订立；

③大额的合同内容经过公司法律顾问的复核，才可以正式签订合同；

④只有具有授权的人员才能与供应商签订购货合同；

⑤签订合同的授权由总经理决定；

⑥采购合同递交相关部门备案（如：工程部，采购部，财务部，法律顾问等）；

⑦需要用印的文件应该在合同联办单签字前备齐。

（3）注释

①签订合同前，采购员与供应商协商，讨论，达成一致；

②合同的会审部门包括工程部，财务部，成控部，法律顾问和总经理；

③如合同金额超过××万元，应由法律顾问对合同的合法、合规性进行审查；

④合同副本送交相关部门备查。

（四）收货、发票以及应付账款的入账

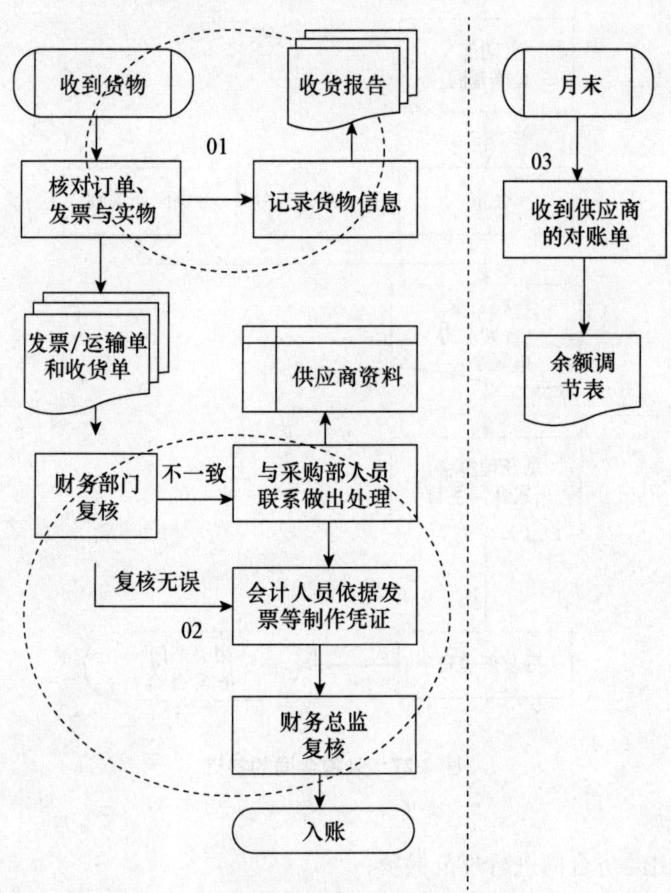

图 2-28 收货、发票以及应付账款的入账

（1）管理目标

①收到货物的记录准确反映真实情况；

②货物质量达到企业规定标准；

③货物都有发票且真实有效；

④保证入账记录的正确性，符合企业会计制度要求。

（2）关键控制点

①及时处理收到的货物，记录货物信息；

②工程部每月编制收货报告，与财务部、采购部核对；

③购货发票入账前，入账人员对发票的真伪做出验证；

④收到原始凭证及时处理，避免造成截止性差异；

⑤与供应商进行定期对账，并有专人负责核对，调查差异的原因并归档。

（3）注释

①工程配套采购部负责物料验收，核对合同以及发票，签发收货单，及时记录货物信息，编制月度报告；

②财务部门应付账款会计根据采购订单、收货单、采购合同、发票确定入账金额，由财务经理审核后入账；

③核对供应商对账单，及时做出调整。

（五）付款及入账的控制

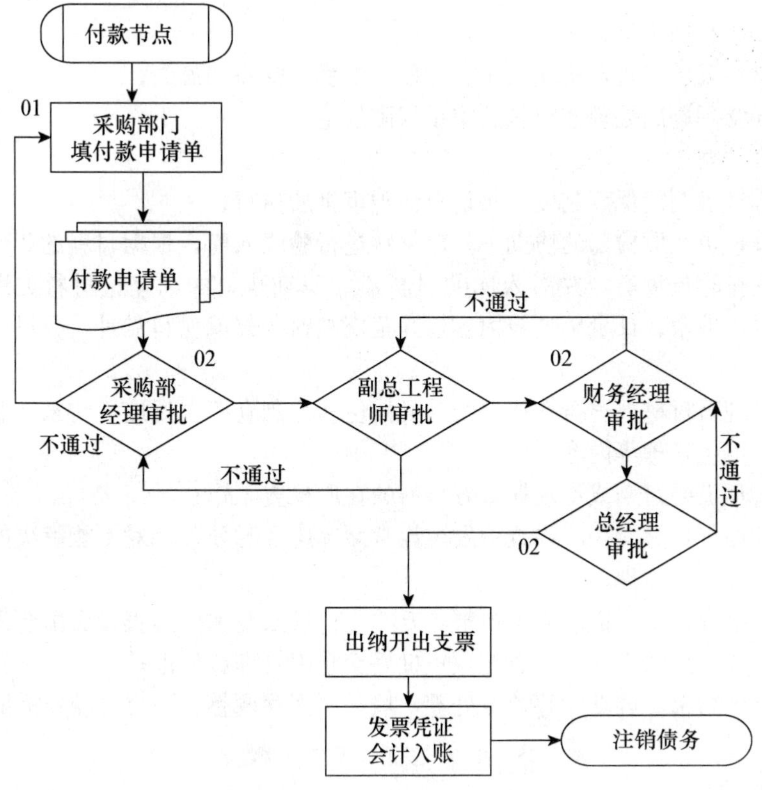

图 2-29　付款及入账的控制

（1）管理目标

①付款符合公司的规章制度规定；

②付款依照合同规定的节点、金额和付款方式进行；

③保证入账的准确性。

（2）关键控制点

①付款申请需经审批后才能付款；

②不准签发空白支票；

③支票及时送交收款人；

④已经支付的发票应及时标注付款时间等标记，防止重复付款；

⑤付款凭证、付款申请等表单需事先连续编号；

⑥入账前要由独立人复核正确，复核后签章。

（3）注释

①经办人填列付款申请单；

②采购部经理、工程部经理审批后，财务部经理受理审批（复核是否在付款信用期内等），总经理作最终审批；

③批准的付款单交由出纳开具支票，同时对于应付账款，会计上作相应的处理。

（六）存放管理流程

（1）管理目标

①保证验收程序规范；

②保证材料妥善保管，防止损坏、变质、浪费、被盗和流失；

③保证异常问题的处理或审核、审批权限规范。

（2）关键控制点

①仓储部经理制定保管制度，报请总经理审批后执行；

②仓库管理员在质检部的协助下，对材料进行验收入库，根据材料的属性、包装、尺寸等的不同安排存放场所，并对入库的材料建立明细账，详细登记材料类别、编号、名称、规格型号、数量、计量单位等内容，并定期与财务部就材料品种、数量、金额等进行核对；

③仓库管理员对材料进行在库保管，具体包括控制仓库温湿度、防霉防腐、防锈、防虫害、安全、卫生管理等内容；

④仓库管理员要定期或不定期做好材料的在库检查工作；

⑤仓库管理员在材料在库检查中发现异常情况应及时处理，对不能解决的问题要及时报请仓储部经理进行处理；

⑥仓储部经理根据分析结果提出解决方案，在权限范围内的直接交由仓库管理员进行处理，需总经理审批的方案，经总经理审批后交仓库管理员处理；

⑦根据分析结果，调整库存盈亏处理，填写“库存调整表”交总经理审批。

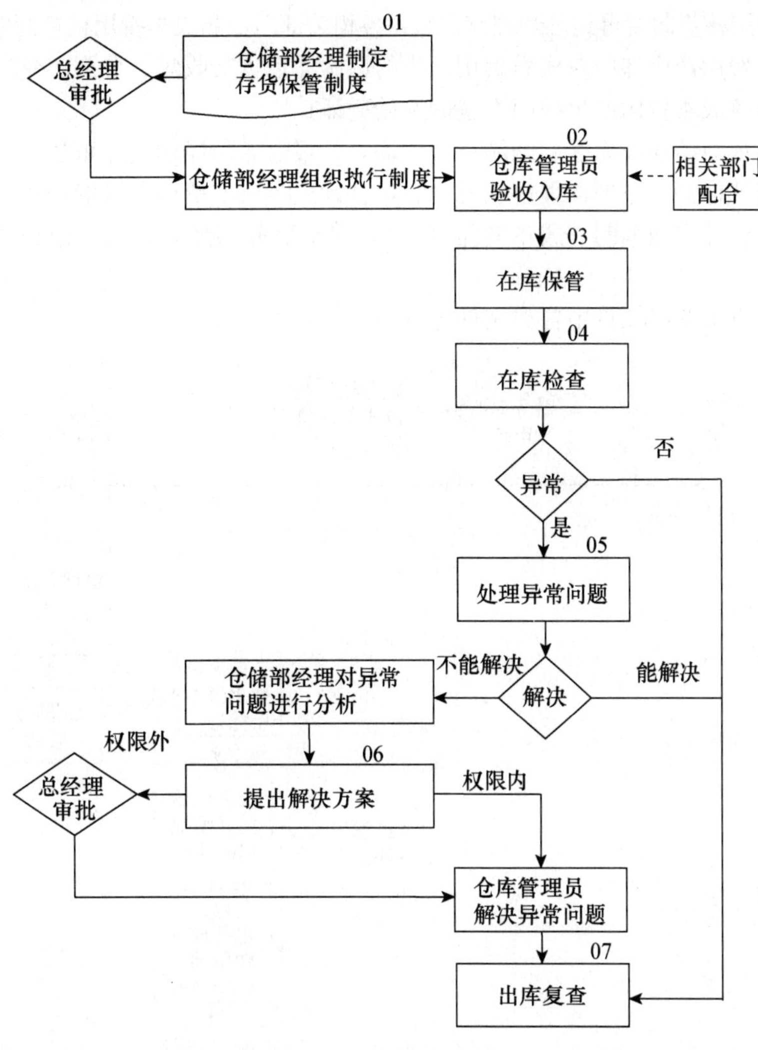

图 2-30　存放管理流程

七、成本费用支出控制

（一）成本费用核算流程

（1）管理目标

①保证成本费用的确认和计量符合国家会计准则制度的规定；

②保证成本费用支出经过适当审核或授权审批；

③避免因成本费用核算与客观经济事项不符，产生人为降低成本的现象，导致企业的权益受损。

（2）关键控制点

①财务部经理制定成本费用核算制度，并报财务总监审核、总经理审批；

②成本费用核算制度得到总经理审批后，各相关部门依照成本费用核算制度严格执行；

③各成本费用产生部门对成本费用产生的原始凭证进行收集、分类、整理并汇总；

④会计审核成本费用产生部门上报的原始凭证；

⑤会计审核原始凭证无误后编制记账凭证，并报财务部经理进行审核；

⑥记账凭证得到财务部经理审核通过后，会计进行成本费用项目的归集和分配；

⑦财务部会计定期编制“成本费用报表”，并报财务部经理和财务总监审核、总经理审批；

⑧会计对成本费用核算中各类文件进行整理、归档。

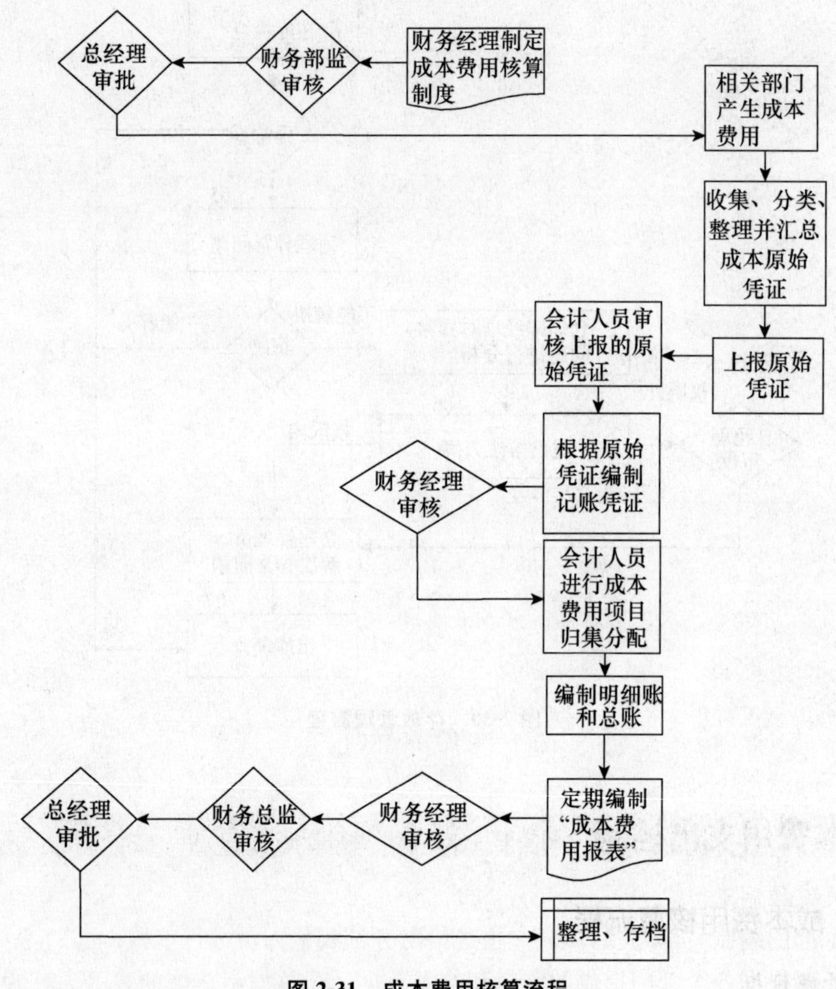

图 2-31　成本费用核算流程

（二）成本费用控制流程

（1）管理目标

①保证成本费用预测科学、合理；

②保证成本费用的核算和相关会计信息合法、真实、完整；

③保证成本费用支出经过适当审核或授权审批。

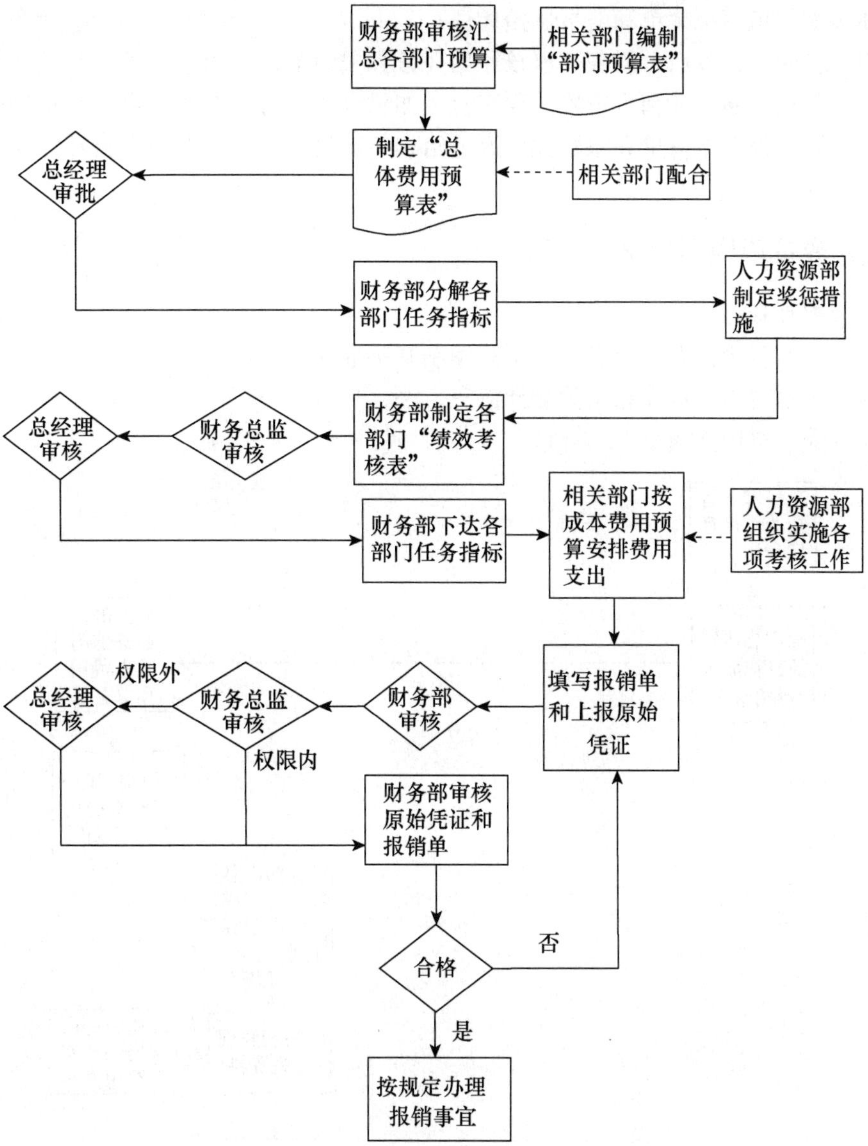

图 2-32　成本费用控制流程

（2）关键控制点

①各个部门编制“部门预算表”，报送给财务部相关人员进行审核；

②财务部根据各个部门提供的资料和各类数据，汇总编制总体的费用预算表，报送总经理审批；

③公司“总体费用预算表”得到总经理审批后，财务部负责分解各部门任务指标；

④人力资源部根据公司“总体费用预算表”制定奖惩措施；

⑤财务部比较各部门经营成果和各部门任务指标，制定各部门“绩效考核表”；

⑥财务部下达各部门的任务指标；

⑦相关部门按成本费用预算安排费用支出，人力资源部组织实施各项考核工作；

⑧相关部门填写报销单和上报原始凭证；

⑨申请得到审批以后，财务部审核原始凭证和报销单；

⑩财务部对原始凭证和报销单进行审核，如果合格，财务部按规定办理报销事宜；如果不合格，则将报销申请单和原始凭证返还给相关部门，让相关部门重新补办相关手续和递交相关凭证。

（三）成本费用目标确定流程

（1）管理目标

①保证成本费用预算符合实际，预算编制基础准确；

②保证成本费用的核算和相关会计信息合法、真实；

③保证成本费用预测科学、合理。

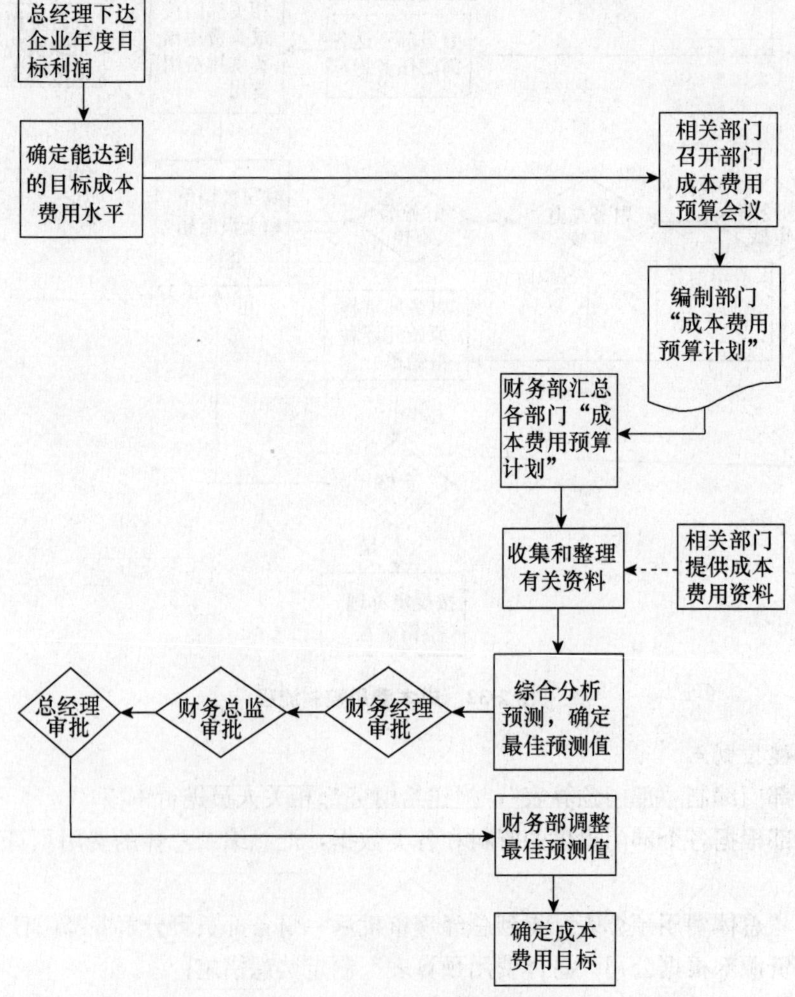

图 2-33　成本费用目标确定流程

（2）关键控制点

①总经理依据企业目标利润，结合未来可能出现的变化因素，测算企业在现有条件下

的成本费用目标。

②各部门根据成本费用预测的目标召开部门成本费用预算会。

③财务部汇总各部门的“成本费用预算计划”。

④财务部负责收集以往的成本费用资料和企业外部的成本费用资料。

⑤财务部根据预测目标、内容、要求和所掌握的资料选择相应的预测方法，分别对数据进行定量和定性分析，并确定最佳的预测值，报送财务部经理、财务总监和总经理进行审核、审批。

⑥财务部根据财务总监和总经理的审议意见，将推算的目标成本费用和按指标数据测算的成本费用目标进行比较和分析，确定最为合理的预测值。

⑦财务部根据调整后的预测值，编制“成本费用目标实施表”。

（四）成本费用预测方案制定流程

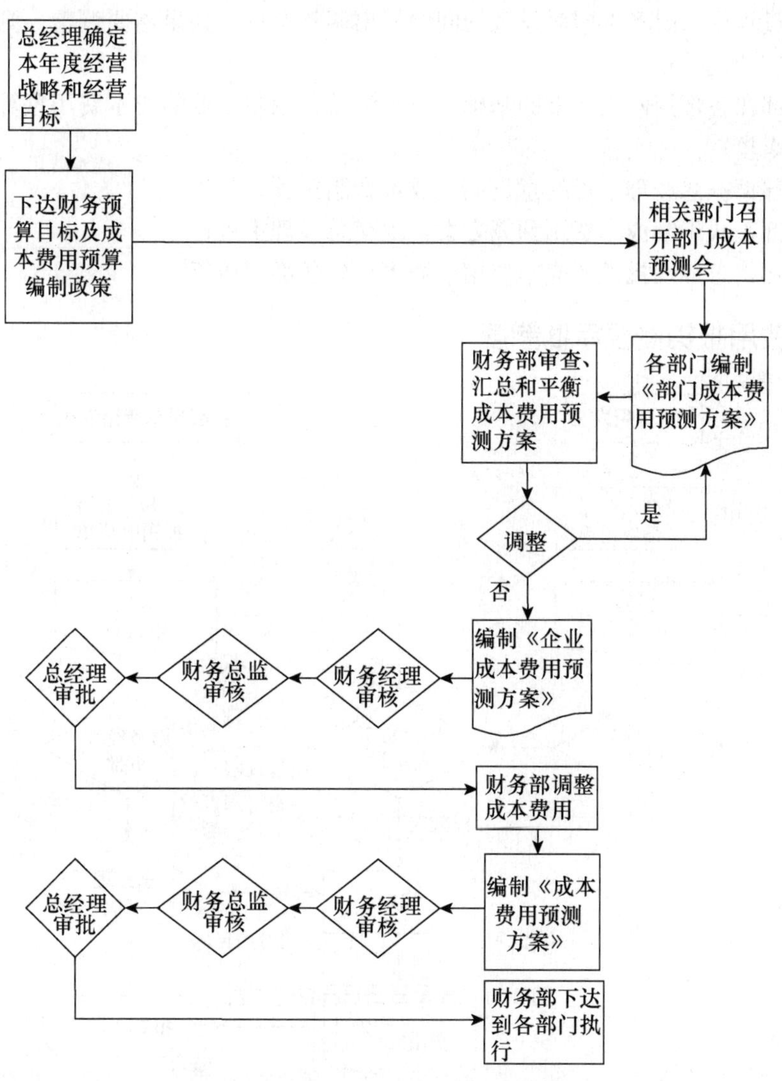

图 2-34　成本费用预测方案制定流程

（1）管理目标

①保证成本费用预算符合实际，预算采集的编制基础准确；

②保证成本费用的核算和相关会计信息合法、真实；

③避免因成本费用执行中存在费用支出超预算或者预算外支出，导致企业资源浪费或资产流失。

（2）关键控制点

①总经理根据上一年度经营情况及本年度市场环境发展趋势确定本年度的经营战略和经营目标；

②总经理将财务预算目标及成本费用预算编制的政策下达到各部门；

③各部门按照公司下达的财务预算目标和政策，编制本部门详细的成本费用预算方案，并上报公司财务部；

④财务部对各部门上报的成本费用预算方案进行审查、汇总和平衡；

⑤审查过程中，财务部门对发现的问题提出调整意见，如果需要调整，则反馈给相应部门进行相应的调整；

⑥财务部在各部门修正调整的基础上重新汇总，编制企业的成本费用预算方案，上报公司总经理审核；

⑦财务部根据总经理审批的意见调整成本费用预算；

⑧财务部正式编制成本费用预算方案，提交总经理审批；

⑨财务部将总经理批准的成本费用预算下达到各部门执行。

（五）费用报销授权审批制度

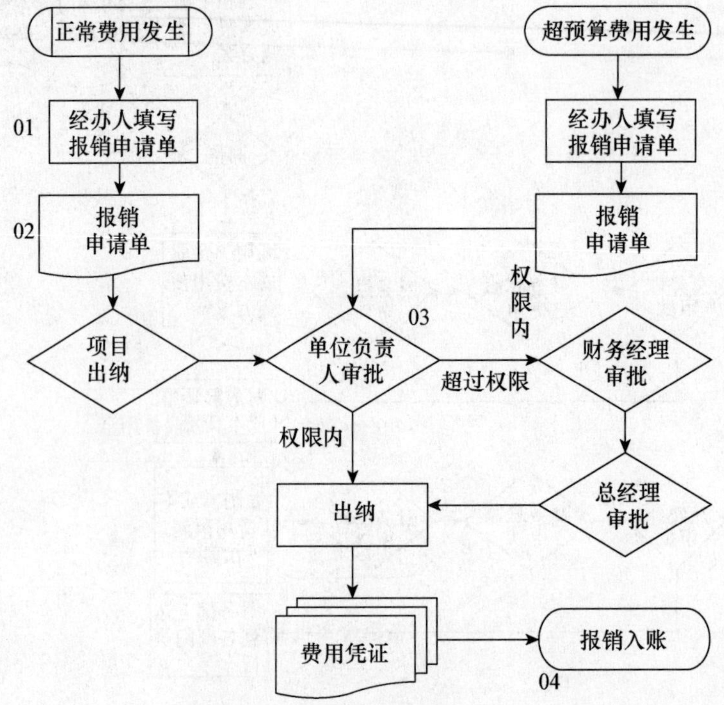

图 2-35　费用报销授权审批制度

（1）管理目标

①保证费用报销流程符合公司相关政策；

②保证费用审批在授权范围内。

（2）关键控制点

①经办人在授权范围内填写申请单应包括费用发生时间、金额、事由等详情；

②各级审批需在授权范围内，不得超越权限审批；

③对于费用报销，公司管理层应注意费用支出的合理性，审查是否有舞弊行为。

（3）注释

①授权经办人填写报销申请单；

②报销申请单需包括详细事由、发生时间、金额等相关原始凭证；

③各级在自己授权范围内审批，超越权限应上报上一级，不得超越权限审批；

④审批后申请单交至相关部门执行报销。

（六）备用金审批制度

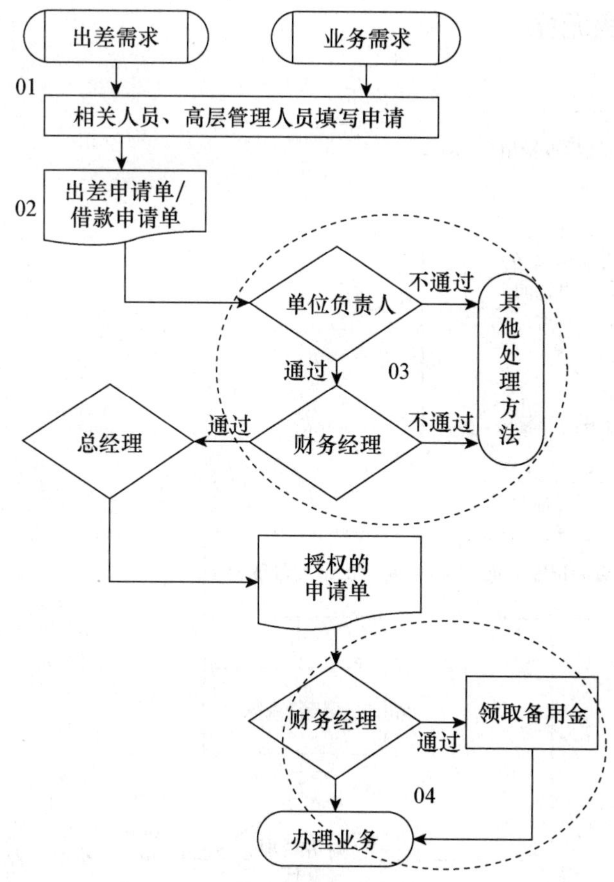

图 2-36　备用金审批制度

（1）管理目标

①保证公司管理层对出差的管理监督；

②保证出差备用金的审批符合公司相关制度。

（2）关键控制点

①相关人员填写出差申请，应出于实际需要；

②单位负责人、总经理根据重要程度、时间缓急等真实情况作出是否批准出差，或者有可替代的方法；

③财务经理根据实际情况作出是否提取备用金的批准。

（3）注释

①根据实际情况，相关人员填写出差申请；

②申请单填列包括出差地点、时间、事由等；

③部门负责人、总经理各级审批；

④财务经理根据出差地点、时间、业务等因素结合相关人员的备用金限额，批准提取备用金。

（七）费用报销流程

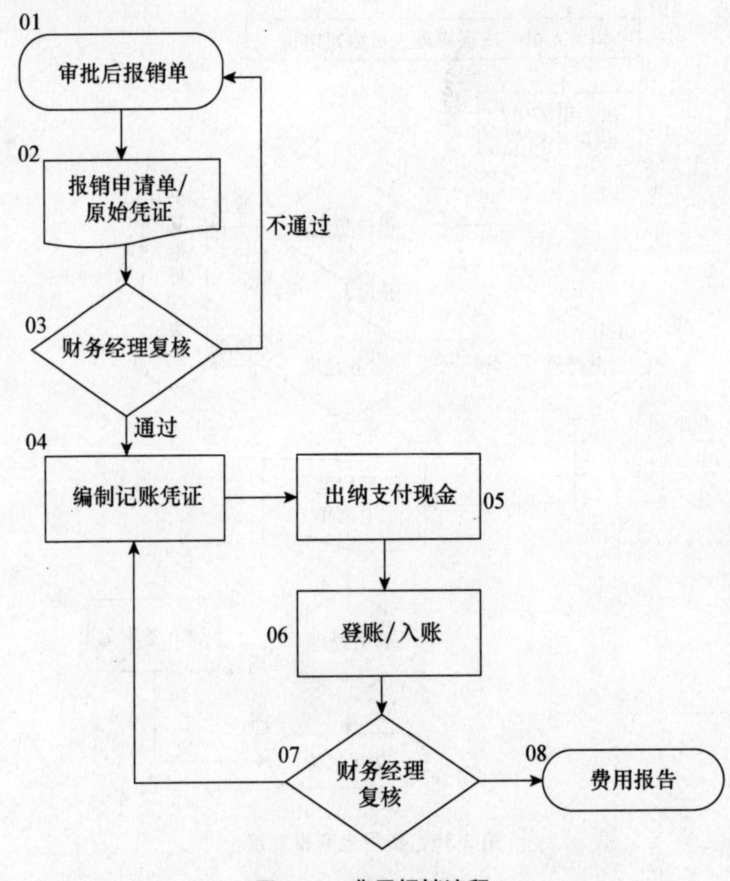

图 2-37 费用报销流程

（1）管理目标

①费用的报销符合公司的规章制度；

②控制公司的费用支出，保证用于公司经营管理。

（2）关键控制点

①对于长期出差人员，财务部门要催促相关人员及时上报费用；

②财务经理应核查会计分录，定期向管理层上报费用分析报告；

③原始凭证应经过复核，并且由复核人员签章；

④出纳应按照记账凭证来支付现金。

（3）注释

①审批后报销单要及时交至财务部门处理；

②报销申请单需附上相关详尽的原始凭证；

③财务经理负责审查申请单与原始凭证是否相符，并签章；

④相关人员根据以上凭证编制记账凭证；

⑤出纳人员按照记账凭证支付现金，并盖上“付讫”戳记；

⑥各会计人员及时进行登记账簿，及数据录入；

⑦财务总监复核原始凭证、记账凭证以及账簿数据；

⑧定期向管理层提交费用报告。

附：相关表格

1. 损益计划实绩报告表

表 2-27 损益计划实绩报告表

主要科目		月		月		月	
		月计	累计	月计	累计	月计	累计
必要纯利益	计划						
	实绩						
容许营业外损失	计划						
	实绩						
必要经营外收益	计划						
	实绩						
必要营业利益	计划						
	实绩						
容许营销费用	计划						
	实绩						
容许管理费用	计划						
	实绩						
必要销售利益	计划						
	实绩						
容许销售成本	计划						
	实绩						
必要销售额	计划						
	实绩						

2. 项目现场预控成本测算表

表 2-28　　　　　　　　　　项目现场预控成本测算表

工程名称：本表编号：

费用名称		报价金额（元）	预控成本（元）	差额（元）
土建工程	人工费			
	材料费			
	机械费			
	其他直接费			
	合计			
安装工程	设备费			
	安装费			
	合计			
暂估工程费				
临时设施费				
现场管理费				
其他				
总计				

编制人/日期：　　　　　　审核人/日期：

3. 材料成本核算统计表

表 2-29　　　　　　　　　　材料成本核算统计表

班组：　　　年　月　日至　年　月　日

材料类别	材料名称及规格	单位	控制数量（金额）	领用数量（金额）	节超量（+，-）	备注
主材						
零星材料						

审核人：　　　制表人：　　　审批人：

说明：若无其他临时加工调令和材料限额单，仓库严格按此表控制发料。

4. 现场成本考核情况评分表

表 2-30　　　　　　　　　　现场成本考核情况评分表

序号	考核评分项	标准分	得分	排名	整改措施
一	材料节约				
	1. 4%以上	100			
	2. 2%～4%	80			
	3. 1%～2%	60			
	4. 超指标	0			
	5. 超2%以上	-5			分析原因，提出整改措施
二	材料再利用				
	好	10			

续表

序号	考核评分项	标准分	得分	排名	整改措施
	一般	5			
	未利用	0			
三	质量				
	合格	10			
	优良	20			
四	材料、成品堆放整齐，有正确标志，环境清洁	5～10			
五	有成本台账和考核记录	2～5			

5. 开发成本核算一览表

表 2-31　　开发成本核算一览表

实际成本							计划		控制情况（占预算百分比，＋表示费用增加，－表示费用减少）	备注
项目类别		计量单位	工程量	单价或费率	造价或费用	楼面造价（元/平方米）	费用标准	费用或造价		
前期工程费用	勘察招标									
	施工招标									
	监理招标									
	施工接水									
	施工接电									
	三通一平费									
	其他设施									
	交通管理费									
	地质勘察费									
	地形图测绘									
	图纸审查费									
	红线规划									
	试放线费									
	基础检验									
	竣工测量									
	验线费									
	人防配套									
	工程质量监督									
	办证费									
	施工许可证									
	建设工程规划许可证									
	白蚁预防费									
土地征用及拆迁补偿费	土地使用出让金									
	征地费									
	城市配套建设									
	拆迁安置补偿									
	拆迁许可证办证费									
	土地登记办证费									
	其他有关税费									

续表

<table>
<tr><th colspan="2" rowspan="2">项目类别</th><th colspan="5">实际成本</th><th colspan="2">计划</th><th rowspan="2">控制情况（占预算百分比，＋表示费用增加，－表示费用减少）</th><th rowspan="2">备注</th></tr>
<tr><th>计量单位</th><th>工程量</th><th>单价或费率</th><th>造价或费用</th><th>楼面造价（元/平方米）</th><th>费用标准</th><th>费用或造价</th></tr>
<tr><td colspan="2">公告配套设施费</td><td></td><td></td><td></td><td></td><td></td><td></td><td></td><td></td><td></td></tr>
<tr><td rowspan="8">基础设施建设费</td><td>自来水</td><td></td><td></td><td></td><td></td><td></td><td></td><td></td><td></td><td></td></tr>
<tr><td>污水处理</td><td></td><td></td><td></td><td></td><td></td><td></td><td></td><td></td><td></td></tr>
<tr><td>煤气费</td><td></td><td></td><td></td><td></td><td></td><td></td><td></td><td></td><td></td></tr>
<tr><td>电费</td><td></td><td></td><td></td><td></td><td></td><td></td><td></td><td></td><td></td></tr>
<tr><td>通信费</td><td></td><td></td><td></td><td></td><td></td><td></td><td></td><td></td><td></td></tr>
<tr><td>道路及路牌</td><td></td><td></td><td></td><td></td><td></td><td></td><td></td><td></td><td></td></tr>
<tr><td>绿化与环卫</td><td></td><td></td><td></td><td></td><td></td><td></td><td></td><td></td><td></td></tr>
<tr><td>室外照明</td><td></td><td></td><td></td><td></td><td></td><td></td><td></td><td></td><td></td></tr>
<tr><td rowspan="9">建安工程费</td><td>材料设备</td><td></td><td></td><td></td><td></td><td></td><td></td><td></td><td></td><td></td></tr>
<tr><td>室内装饰及配置</td><td></td><td></td><td></td><td></td><td></td><td></td><td></td><td></td><td></td></tr>
<tr><td>设备安装</td><td></td><td></td><td></td><td></td><td></td><td></td><td></td><td></td><td></td></tr>
<tr><td>勘察费</td><td></td><td></td><td></td><td></td><td></td><td></td><td></td><td></td><td></td></tr>
<tr><td>工程监理费</td><td></td><td></td><td></td><td></td><td></td><td></td><td></td><td></td><td></td></tr>
<tr><td>水增容费</td><td></td><td></td><td></td><td></td><td></td><td></td><td></td><td></td><td></td></tr>
<tr><td>煤气开户及安装</td><td></td><td></td><td></td><td></td><td></td><td></td><td></td><td></td><td></td></tr>
<tr><td>电开户及安装</td><td></td><td></td><td></td><td></td><td></td><td></td><td></td><td></td><td></td></tr>
<tr><td>桩基费</td><td></td><td></td><td></td><td></td><td></td><td></td><td></td><td></td><td></td></tr>
<tr><td rowspan="7">开发间接成本</td><td>办公行政</td><td></td><td></td><td></td><td></td><td></td><td></td><td></td><td></td><td></td></tr>
<tr><td>车辆维护</td><td></td><td></td><td></td><td></td><td></td><td></td><td></td><td></td><td></td></tr>
<tr><td>业务招待</td><td></td><td></td><td></td><td></td><td></td><td></td><td></td><td></td><td></td></tr>
<tr><td>噪声费</td><td></td><td></td><td></td><td></td><td></td><td></td><td></td><td></td><td></td></tr>
<tr><td>排污费</td><td></td><td></td><td></td><td></td><td></td><td></td><td></td><td></td><td></td></tr>
<tr><td>项目用人费</td><td></td><td></td><td></td><td></td><td></td><td></td><td></td><td></td><td></td></tr>
<tr><td>其他</td><td></td><td></td><td></td><td></td><td></td><td></td><td></td><td></td><td></td></tr>
</table>

续表

实际成本							计划		控制情况（占预算百分比，＋表示费用增加，－表示费用减少）	备注
项目类别		计量单位	工程量	单价或费率	造价或费用	楼面造价（元/平方米）	费用标准	费用或造价		
物业管理成本	未销售的商品房									
	地产公司办公费									
	职工宿舍租赁费									
	样板间管理费									
	物业管理费亏损（含环境维护费）									
	取暖费亏损									
	水电费亏损（含差额部分）									
销售费用	营销方案									
	销售代理									
	销售推广									
	现场销售人工费									
	现场销售器具									
	卖场现场包装									
	销售模型费用									
	宣传资料及礼品费									
	展销费									
	样板房装修									
管理费用	开办和管理费									
	前期物业管理									
	通信费用									
	交际费用									
	车辆交通费用									
	其他办公用品									
财务费用	利息支出									
	手续费									
不可预见费用										
总计										

八、货币资金管理

（一）货币资金授权审批制度

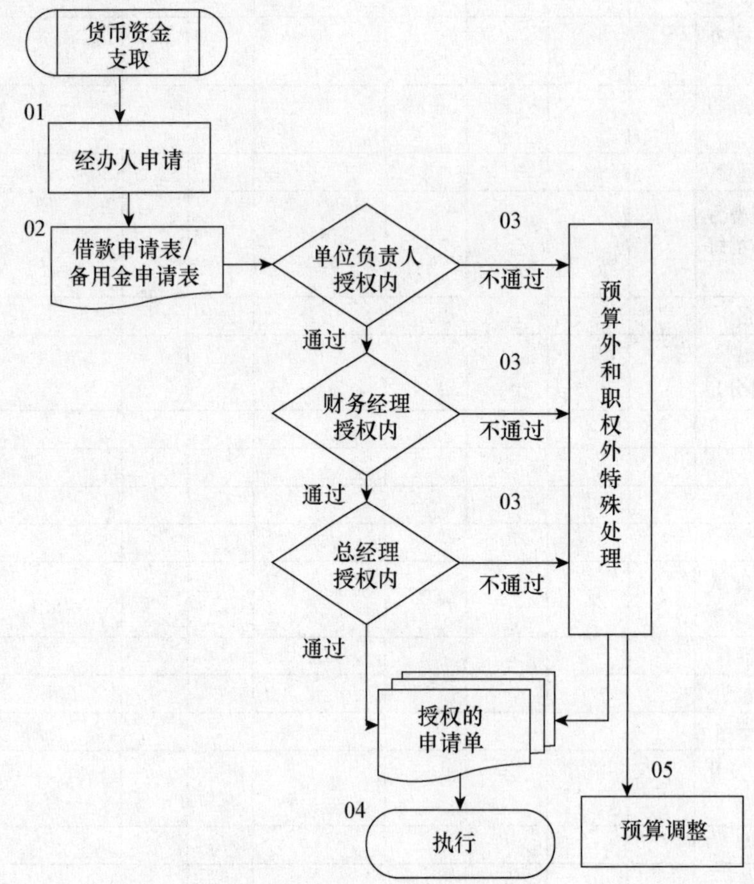

图 2-38　货币资金授权审批制度

（1）管理目标

①保证货币资金的支取符合公司有关制度；

②明确审批人对货币资金业务的授权批准方式、权限、程序、责任等；

③保证公司货币资金管理符合国家法律法规的要求；

④保证货币资金实行预算管理。

（2）关键控制点

①明确货币资金支取的职责分工；

②明确审批人对货币资金业务的授权批准方式、权限、程序、责任等，并使之书面化；

③定期核对年度预算情况。

（3）注释

①根据实际情况，业务经办人提出资金支取；

②借款申请表/备用金申请表填列支取事由，金额，时间，经办人签字；

③预算内经单位负责人、财务经理、总经理授权范围内审批；预算外以及授权范围外，经特殊授权处理；

④批准后的申请单交有关部门及时执行；

⑤根据预算外情况，及时对预算进行调整。

（二）现金收支控制程序

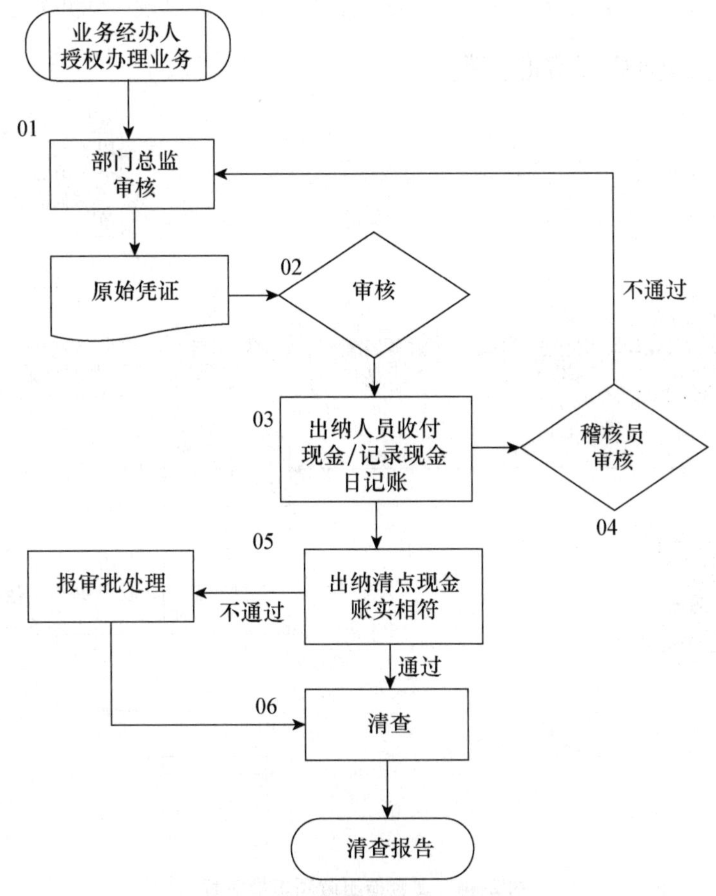

图 2-39　现金收支控制程序

（1）管理目标

①保证现金收支正确，符合国家安全会计制度的规定，现金结算及时适当；

②保证现金存储安全完整，现金核算真实合规。

（2）关键控制点

①业务经办人办理现金收支业务，须得到授权；

②会计部指定人员审查现金收支原始凭证；

③出纳人员复核现金收支记账凭证及所附原始凭证；

④稽核员审核现金收支记账凭证及所附原始凭证；

⑤出纳员每日清点库存现金，并与日记账余额进行核对；

⑥由财务部经理、审计人员、稽核员组成清查小组，定期或不定期清查库存现金。

（3）注释

①经办人以及部门总监审核原始凭证并签字盖章；

②会计部指定人员审查现金收支原始凭证，编制记账凭证；

③出纳按照凭证所列数额，收付现金，并在凭证上加盖“收讫”或“付讫”戳记及私章；

④稽核员审核现金收支记账凭证及所附原始凭证，并签字盖章；

⑤出纳每日清点现金，发现短缺或盈余，及时查明原因，报批后处理，保证账实相符；

⑥清查时，需有出纳人员在场，核对账实，根据结果编制现金盘点报告单。

（三）现金借出款项审批流程

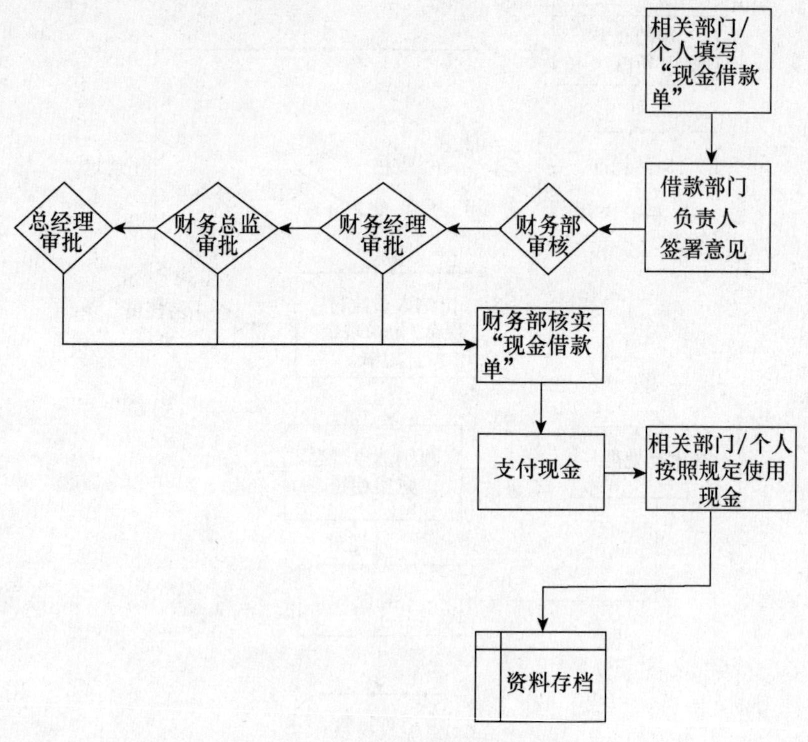

图 2-40　现金借出款项审批流程

（1）管理目标

①保证现金借出款项经过适当审核或授权审批；

②保证“现金借款单”填写完整、清楚。

（2）关键控制点

①借款人按照规定填写“现金借款单”，并签名、盖章；

②借款人所在部门负责人在借款单上签署意见，并签名、盖章；

③财务部经理在其审批额度内审批，借款数额在　　元内，财务部经理具有审批权限；

④财务总监在其审批额度内审批，借款数额在　　元～　　元，财务总监具有审批权限；

⑤总经理在其审批额度内审批，借款数额在　　元以上　　元以内的，总经理具有审批权限；

⑥借款人应根据签字手续齐全的“现金借款单”到财务部办理借款，经审核人员审核后交由出纳支付现金。

（四）银行存款收支控制程序

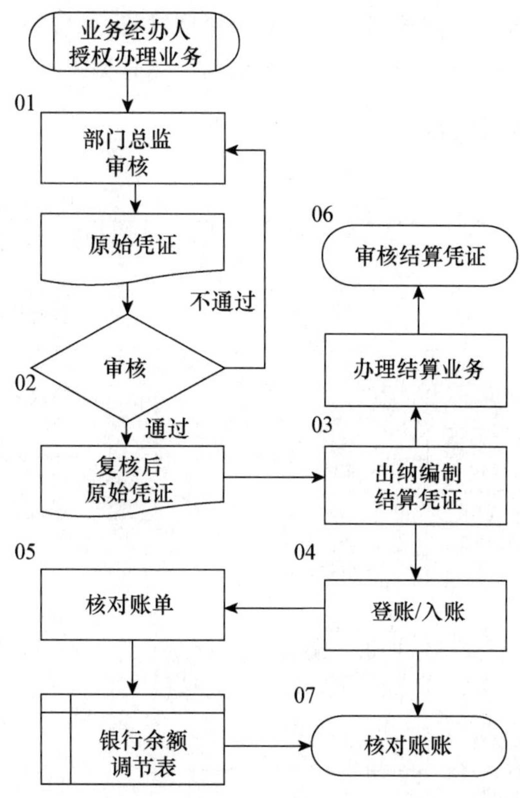

图 2-41　银行存款收支控制程序

（1）管理目标

①保证银行存款收付正确合法、结算适当及时；

②保证银行存款安全完整，记录真实可靠。

（2）关键控制点

①业务经办人办理银行存款相关业务，须得到一般授权或特殊授权。

②银行相关业务需由财务部主管人员审核。

③财务专用章、签发章、财务负责人印章由总监和出纳分别保管，转账支票和结算凭证必须编号连续使用；作废的转账支票应加盖“作废”戳记；收付款项后应在凭证上加盖“收讫”或“付讫”戳记。

④稽核人员复核，签章有效。

⑤出纳、收付凭证记账、总账记账等人员分工明确。

⑥由非出纳人员编制银行余额调节表。

（3）注释

①经办人以及部门总监审核原始凭证并签字盖章；

②会计部指定人员审查原始凭证，有差错及时更正处理；

③出纳按照原始凭证，编制结算凭证，办理结算业务；

④各会计人员根据审签的记账凭证，登账入账；

⑤由非出纳人员逐笔核对银行存款日记账和银行对账单，查清未达账项；

⑥财务经理审核结算凭证回单联，并同原始凭证进行核对；

⑦由非记账人员核对银行日记账和有关明细账、总分类账。

（五）银行账户核对流程

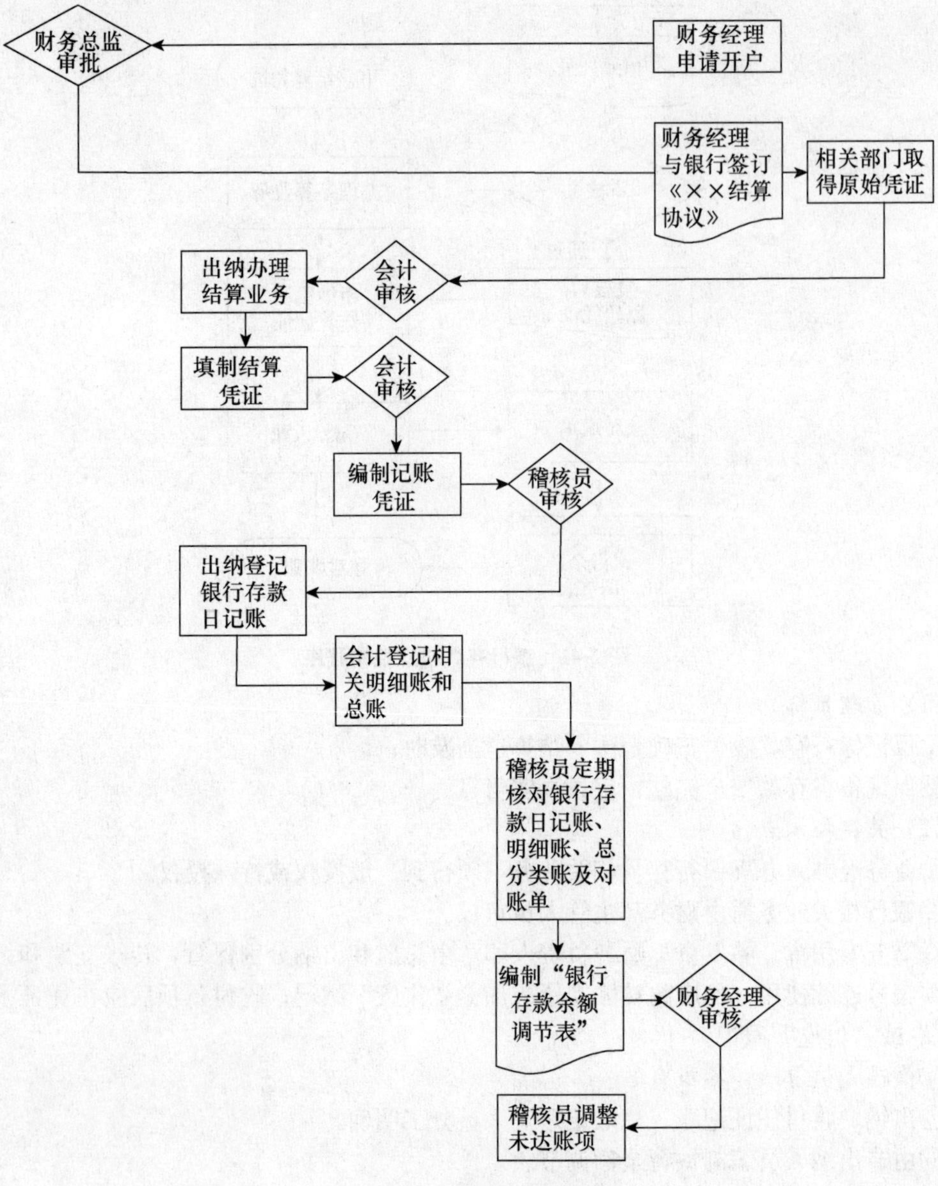

图 2-42　银行账户核对流程

（1）管理目标

①保证银行账户的开立符合国家有关法律、法规要求；

②保证资金记录准确完整；

③保证按照相关规定进行银行账户的核对。

（2）关键控制点

①由财务总监授权财务部经理与银行签订《××结算协议》；

②会计根据收付凭证登记相关明细账；总会计登记总分类账银行存款科目，并在记账凭证上签章；

③稽核员应定期核对银行账户，每月至少核对一次，并应签字盖章；

④稽核员编制"银行存款余额调节表"，并调整未达账项；

⑤财务部经理指派对账人员以外的其他人员进行审核，确定银行存款账面余额与银行对账单余额是否调节相符。如调节不符，应当查明原因，及时处理。

（六）贷款审批流程

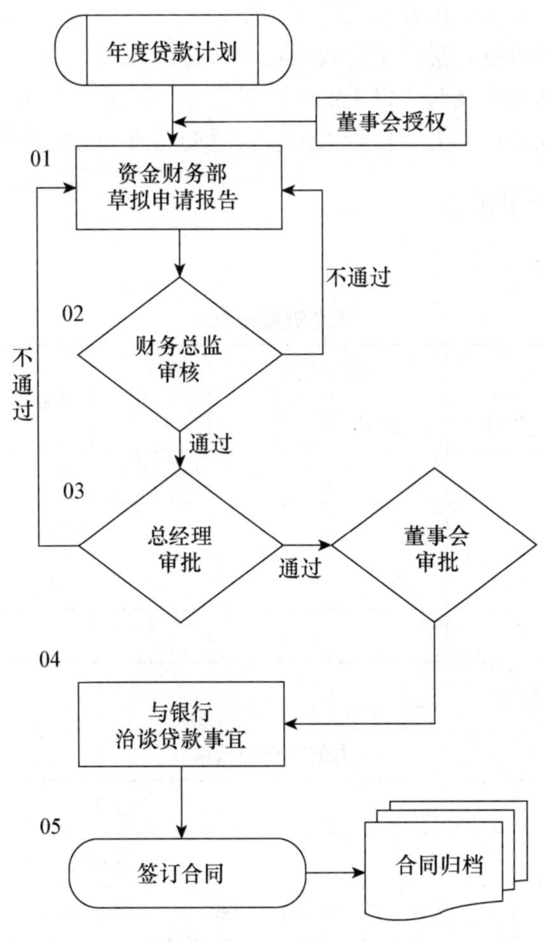

图 2-43　贷款审批流程

（1）管理目标

①保证公司贷款流程符合公司有关制度；

②保证公司贷款符合国家法律法规的要求；

③保证贷款安排合理，不影响公司其他经营业务；

④保证公司贷款按计划使用。

（2）关键控制点

①每年年初制定年度贷款计划；

②贷款申请报告需经财务总监审批（针对借款期限、金额、利率等合同条例以及公司资金情况作出判断）；

③总经理在授权范围内审批，超出授权范围提交至董事会审批；

④与银行谈判需两名公司职员同时出席；

⑤做好贷款合同的归档处理，备查。

（3）注释

①财务部根据年度贷款计划草拟申请报告，包括贷款相关内容以及还款计划；

②财务总监根据公司资金运营情况作出判断；

③总经理作出初步审批，最终审批权由董事长行使；

④与银行谈判，需两人及两人以上同时出席；

⑤签订合同，法人盖章，公司负责人盖章，并交至有关部门归档。

附：日常现金管理表格

1. 现金流量分析表

表 2-32 现金流量分析表 年 月 日

付款期	现金收入		现金支出		差额	现金结存	周转金额	处理方式
	已收票	预计	已发票	预计				

2. 内部现金存款单

表 2-33 内部现金存款单 年 月 日

存款单位		账户	
款项来源		人民币（大写）	
备注	本存款单金额内部银行全部收讫	盖收讫章	

3. 现金收支预计表

表 2-34　　　　现金收支预计表

日期		收支类别	摘要	收入	支出
月	日				
月	日				
月	日				
月	日				
月	日				
月	日				
月	日				

经理：　　　　审核：　　　　填表：

4. 现金盘点报告表

表 2-35　　　　现金盘点报告表

单位：　　　　年　月　日

<table>
<tr><td>现金及周转金</td><td>面值</td><td>数量</td><td>金额</td><td rowspan="3">盘点结果即要点报告：</td><td rowspan="15">主管批示</td><td rowspan="2">总经理</td></tr>
<tr><td></td><td></td><td></td><td></td></tr>
<tr><td></td><td></td><td></td><td></td><td rowspan="4">经理：</td></tr>
<tr><td>合计</td><td></td><td></td><td></td><td rowspan="12">异常及建议事项：</td></tr>
<tr><td>其他项目：未报销费用</td><td></td><td></td><td></td></tr>
<tr><td>借支</td><td></td><td></td><td></td></tr>
<tr><td>总计</td><td></td><td></td><td></td><td rowspan="3">出纳部门主管：</td></tr>
<tr><td>账面数</td><td></td><td></td><td></td></tr>
<tr><td>盘点（盈亏）</td><td></td><td></td><td></td></tr>
<tr><td>项目</td><td></td><td></td><td></td><td rowspan="6">处长：</td></tr>
<tr><td>应收票据：代收</td><td></td><td></td><td></td></tr>
<tr><td>库存</td><td></td><td></td><td></td></tr>
<tr><td>应收保证票据</td><td></td><td></td><td></td></tr>
<tr><td>合计</td><td></td><td></td><td></td></tr>
<tr><td>上列款项于月日时盘点时本人在场，并如数归还无误。
保管人__________
主管__________
盘点人______</td><td></td><td></td><td></td></tr>
</table>

5. 零用金记账表

表 2-36 **零用金记账表**

月份：

日期		摘要	收入	支出项目										结存
月	日			借支	燃料费	差旅费	误餐费	文具	消耗费	修缮费	杂项费	医药费	其他	

6. 出纳日报表

表 2-37 **出纳日报表** 年 月 日

银行名称	存入张数	存入金额	支出张数	支付金额	备注
合计					

银行名称	前日结存	本日存入	本日支付	本日结存	现金结存		
					面额	数量	金额
					合计		
应付本票、保证本票、票据记录：							

总经理： 经理： 科长： 出纳：

7. 收支日报表

表 2-38 **收支日报表** 年 月 日

收入					支出				
凭单号码	摘要	现金	支票日期	金额	凭单号码	摘要	现金	支票日期	金额

8. 付款登记表

表 2-39 **付款登记表**

付款期：页次：

验收单号	公司名称	摘要	支付金额	领款日期	领款章	备注	公司领款章

9. 未来七日现金预测表

表 2-40　　　　未来七日现金预测表

	本日	未来 1 日	未来 2 日	未来 3 日	未来 4 日	未来 5 日	未来 6 日	未来 7 日
本日银行存款								
将到期应付票据								
将入账应收票据								
推算银行存款								

10. 银行业务调研表

表 2-41　　　　银行业务调研表

公司：　　　　日期：　　　　文档号：

银行存款种类	
银行结算方式	
业务处理：	
1. 对现金、银行账表的处理	
2. 现金流量表的编制处理	
3. 银行对账的业务处理	
4. 对支付审批流程的控制	
5. 网上银行业务	
6. 票据业务的管理	
7. 外币存贷款业务的处理	
8. 其他特殊处理	

预计需求：
如：
1. 对现金预测的处理
2. 大额支付的审批控制
3. 赤字预警等

九、固定资产管理

（一）固定资产采购控制

（1）管理目标

①企业采购严格按照规定的流程进行；

②采购的货品规格和质量达到企业规定标准；

③采购过程符合法规，并保证企业的财务安全；

④采购记录真实并完整地反映现实采购行为；

⑤发出的采购订单、合同是正确完整的。

（2）关键控制点

①采购订单全公司统一管理，连续编号并连续使用；

②只有被批准的采购计划才可填列订单，填列订单需有被批准的申请附于其后；
③采购订单发出后留一份在行政部，核对物品规格；
④订单发出前须经非填列人员复核；
⑤复核后需签章，以明确责任；
⑥财务部定期和行政部核对采购记录。

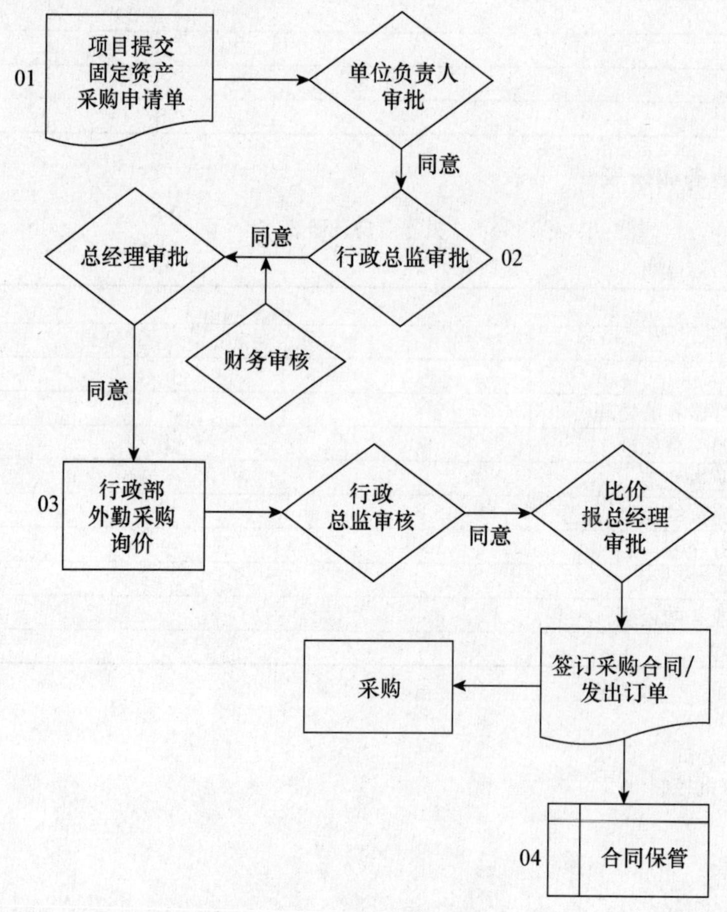

图 2-44　固定资产采购控制

（3）注释
①采购申请表由部门经理签字；
②行政总监根据公司实际情况，确定审批；
③采购人员根据采购单进行询价，大额采购的比价单报总经理审批；
④采购人员根据审批后价格代表公司签订合同（文件柜、单件打印机等没有签订采购合同），发出订单由行政总监审核，并由行政部专人保管相关合同。

（二）资产验收及入账控制

（1）管理目标
①货品入库的记录准确反映真实情况；

②各相关部门充分了解收货时情况以便沟通；

③入库的货物质量达到企业规定标准；

④入库的货物都有发票，且发票是真实有效的。

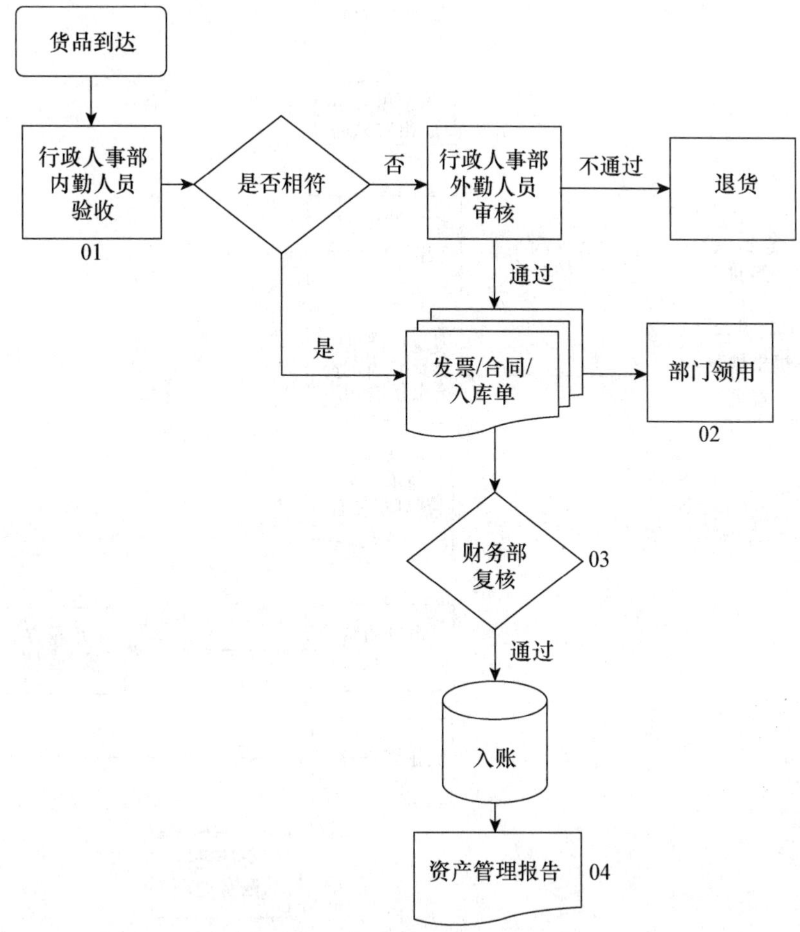

图 2-45 资产验收及入账控制

（2）关键控制点

①及时处理收入的货物，记录有关的信息（数量、质量和对货物的描述），审核信息是否与采购单一致；

②行政部门每月制作采购报告，与财务部核对；

③购货发票入账前，须对发票的真伪做出验证；

④财务部审核发票金额是否与采购单一致。

（3）注释

①行政人事部门对入库资产验收，核对数量以及质量，保证发票与合同相符；

②行政部门通知领用，领用部门填写领用单，领用人签字；

③财务部门固定资产会计根据发票、采购合同核对入账金额，由财务经理审核；

④行政部核对入库单和出库单，以确保资产的领用手续完备。

（三）固定资产租赁流程

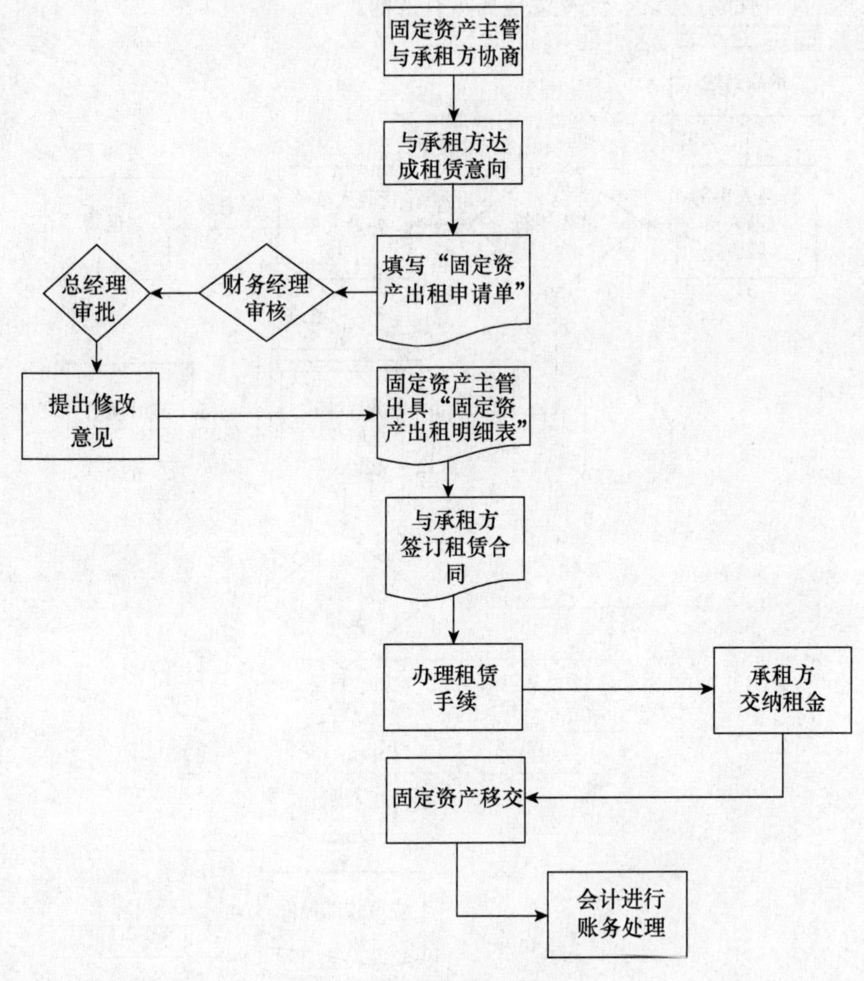

图 2-46　固定资产租赁流程

（1）管理目标

①保证固定资产租赁期间的相关事项约定恰当；

②保证审批程序规范、正确；

③保证固定资产租赁合同签订规范。

（2）关键控制点

①由财务部固定资产主管与承租人就固定资产出租期间的维护保养责任、租金、归还期限等相关事项进行协商；

②总经理根据企业发展方向、固定资产使用频率、出租方式等因素对固定资产出租申请提出修改意见；

③财务部固定资产主管与承租方签订固定资产出租合同，应明确租赁方式、租金金额及租金收取方式、归还方式和归还时间等事项；

④会计进行账务处理：对于融资租赁，收到的租金应确认为租赁收入；对于经营租赁，收到的租金应确认为收益。

（四）固定资产计提折旧审批流程

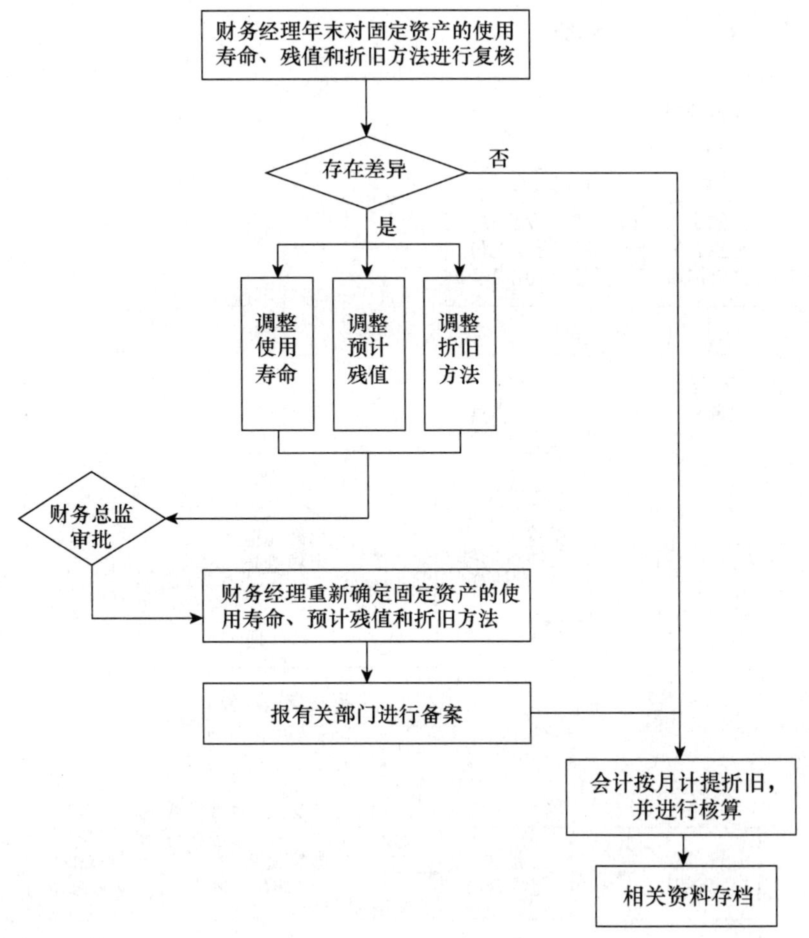

图 2-47　固定资产计提折旧审批流程

（1）管理目标

①保证复核规范；

②保证固定资产的使用寿命、预计残值和折旧方法调整合理；

③保证固定资产计提折旧账务处理规范。

（2）关键控制点

①在固定资产使用过程中，其所处经济环境、技术环境有可能对固定资产使用寿命和预计残值产生较大影响，企业应当于每年年度终了，对固定资产的使用寿命、预计残值和折旧方法进行复核。

②固定资产使用寿命、预计净残值和折旧方法的改变按照《企业会计准则第 28 号——会计政策、会计估计变更和差错变更》处理。

③企业应按照法律、行政法规等的规定报送有关各方备案，包括备置于企业所在地税务机关，以供投资者等有关各方查阅。

④固定资产应当按月计提折旧，计提的折旧应通过“累计折旧”科目核算，并根据用途计入相关资产的成本或当期损益。

（五）固定资产盘点控制

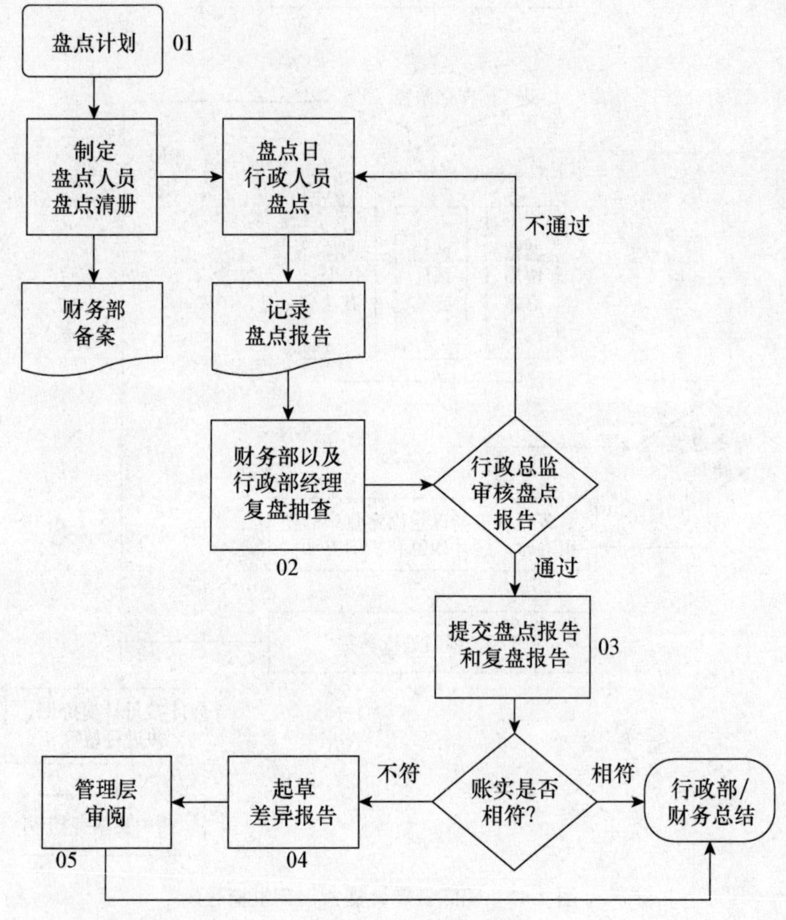

图 2-48　固定资产盘点控制

（1）管理目标

①企业的固定资产盘点符合国家会计制度规定；

②所有的固定资产状况完好，并能正常使用；

③管理人员应清楚资产的位置及目前的状态。

（2）关键控制点

①企业应当制定书面的固定资产管理制度；

②固定资产管理人员定期对资产进行盘点，并撰写盘点差异报告，与资产台账、卡片相核对；

③盘点如发现资产损坏或丢失应及时上报主管进行处理，并落实相关责任人员；

④财务部应协同行政部人员进行盘点；

⑤盘点后需签章，以明确责任。

（3）注释

①公司应制定资产盘点流程，盘点计划，包括参与人员，盘点时间和盘点范围等；

②除了年末审计时，财务部以及行政部经理应视具体情况不定期进行复盘或抽查；

③盘点完毕，由参与盘点的人员起草盘点报告，由财务部和固定资产管理人员复核签字；

④若有账实不符情况，应分析差异原因，起草差异原因报告；

⑤由管理层审阅盘点报告，分析具体部门或人员责任，考虑奖罚措施。

（六）固定资产处置管理流程

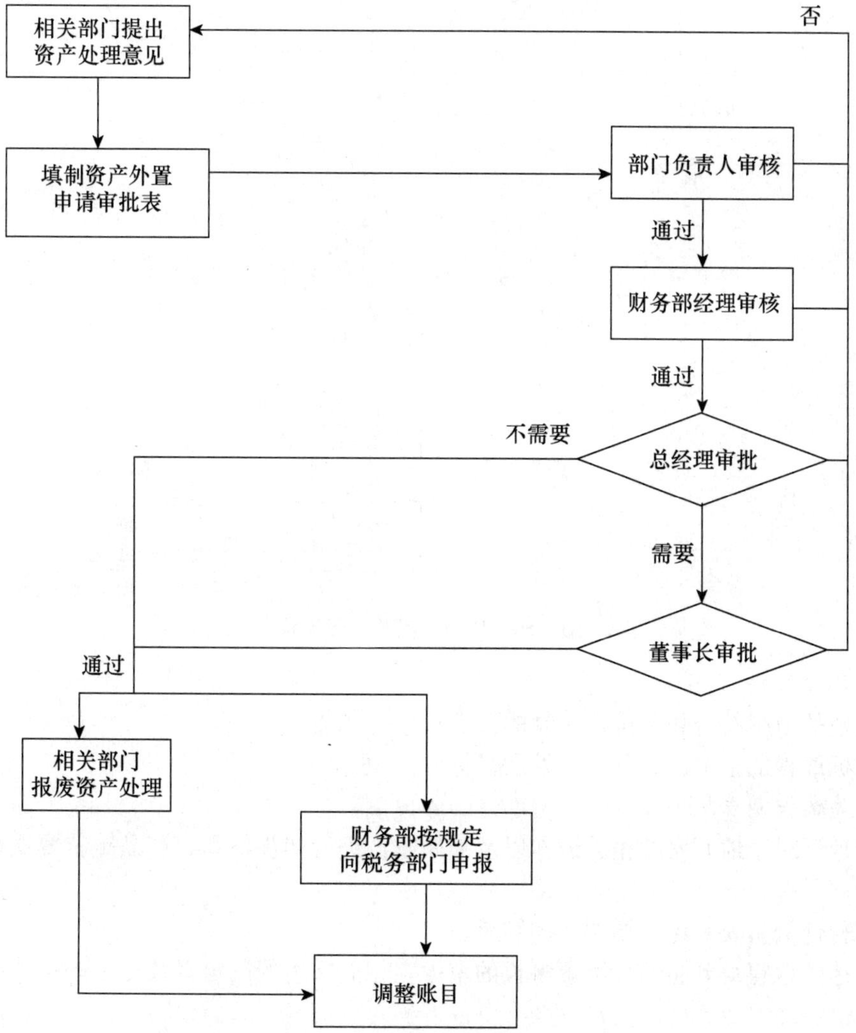

图 2-49　固定资产处置管理流程

十、项目开发与总控

（一）项目决策的一般流程

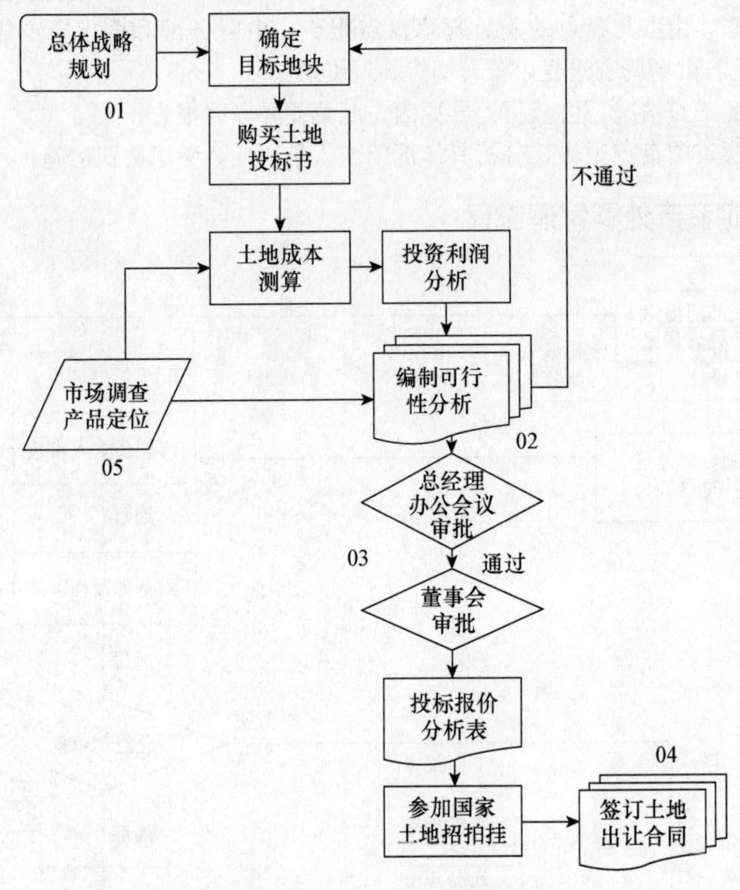

图 2-50　项目决策的一般流程

（1）管理目标

①土地的取得符合相关法律法规的要求；

②竞标取得的土地符合公司的发展目标。

（2）关键控制点

①管理层对土地开发的相关成本以及未来收益进行初步估算，产品定位要明确，符合公司的发展目标；

②可行性分析要参考市场调研的结果；

③土地的取得得到总经理和董事长的审批，相关文本的制定以及竞标的操作符合法规的要求。

（3）注释

①年度总体目标规划由管理层于上年度终结时制定，新取得的土地包括在年度的总体

规划范围内；

②成控部在前期调研以及产品定位的基础上负责项目的可行性报告编制，包括土地取得成本、前期开发成本、楼盘设计及建筑成本、材料成本以及预计销售价格和销售额等；

③项目开发的可行性报告必须得到总经理和董事长的审批；

④土地的招标及合同的签订应符合国家法律的要求，同时公司法律顾问要对合同内容进行审核；

⑤产品定位与市场调查报告由公司销售部门提供。

（二）工程项目的成本控制（规划设计阶段）

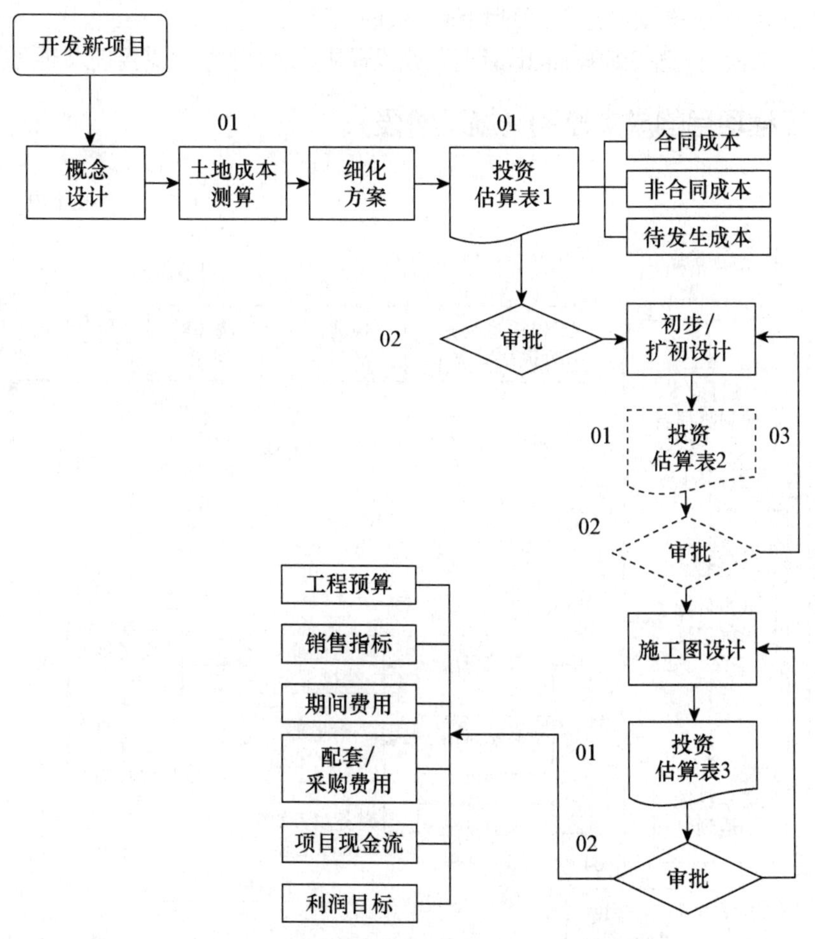

图 2-51　工程项目的成本控制（规划设计阶段）

（1）管理目标

确保项目成本控制在目标成本范围之内。

（2）关键控制点

①规划设计依据项目的市场定位、楼盘位置、土地测量等因素制定；设计施工图必须在招标之前完成并且经管理层审批，不得随意更改。

②投资估算需对项目成本归集成“合同成本”、“非合同成本”以及“待发生成本”。其中要合理预估除合同成本以外的成本发生金额，根据以往工程项目的变更情况作出分析，估算其发生概率；工程造价以及相关期间费用必须严格比照估算表进行计算。

③施工图与投资估算的不断更改是互动的、不断细化的过程，施工图一旦确定，最终的投资估算应该严格按照施工图设计进行概算，而且不得随意改动。

(3) 注释

①投资估算表 1 是后续设计必须遵循的经济指标，设计应尽可能详细，如果投资估算表 2 的指标超过投资估算表的指标，则需返回进行初步、扩初设计的调整；如果投资估算表 3 的指标超过投资估算表 1 以及投资估算表 2 的指标，则需返回进行施工图的调整。

②投资估算表 1～3 要经过总经理和董事会的批准。

③如果从方案阶段直接到施工图设计时，则投资估算表 2 取消，直接进入到投资估算表 3。

(三) 工程项目的成本控制（施工阶段）

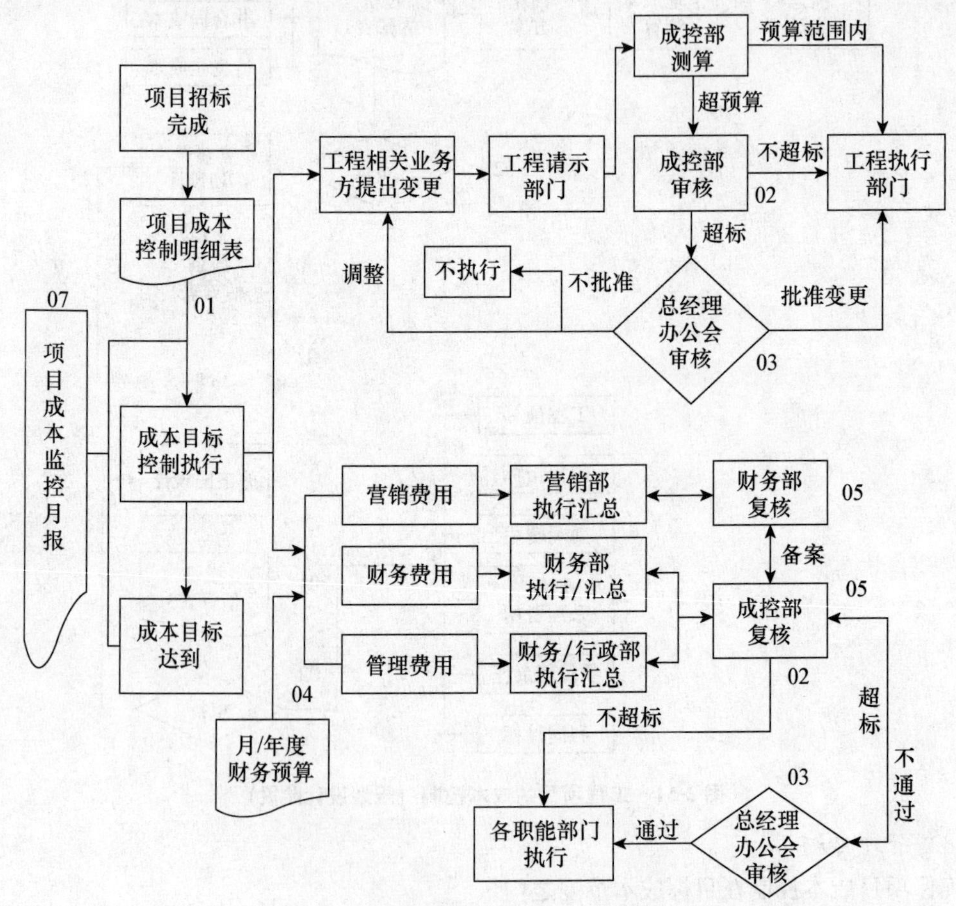

图 2-52 工程项目的成本控制（施工阶段）

(1) 管理目标

确保项目成本控制在目标成本范围之内。

(2) 关键控制点

①项目进展过程采用动态成本分析，结合项目进度计划表随时监控总成本的发生比例；工程变更超出预算的一般不予批准。

②与工程项目相关的期间费用由财务部与成控部进行复核，超出项目费用预算的一般不予批准。

(3) 注释

①成控部在项目主体招标完成后编制成本控制明细表用以控制动态成本，显示成本的发生金额、该金额占预算浮动范围的百分比、各控制指标的具体责任部门，落实到具体的部门及个人。

②成控部根据项目成本控制明细表分析，判断成本的变更以及费用的超标是否在控制范围之内。

③总经理办公会议审批超成本预算的变更合理性并予以审批，经批准的变更由成控部汇总超标额度，并及时在成本监控报告中调整下月成本预算，预测变更对总成本的影响。

④除工程造价外的费用项目，应结合财务全面预算合理分配项目的各项目期间费用。

⑤地产与财务部负责审核各部门汇总的相应费用计划是否在预算范围之内，超出预算的一般不予审批。

⑥成本监控月报反映项目成本实际变动情况，包括项目动态成本控制表、销售进度表、项目现金流量表、项目成本控制阶段性结论。以月报形式发送董事会、总经理、审计部、运营部、财务部，重大情况时随时分析处理。

⑦工程成本控制月报由工程成控部编制，费用控制月报由财务部编制，然后汇总至前期部，由前期部负责编制项目的成本监控月报。

(四) 工程项目的进度控制

(1) 管理目标

管理层对工程项目的进展实施有效的控制，保证项目按时完成。

(2) 关键控制点

①项目进度表按照工程实际进展每个星期进行更新，并且根据实际情况及时预估未来各个阶段的完成时间；

②进度表经过参与项目协调会的各部门人员一致通过。

(3) 注释

①前期部在取得土地开发证明后，进行项目进度表的编制，包括前期开发、工程设计、工程建设及验收、项目销售安排等内容，在项目开发前期每周更新。

②前期的开发包括土地证、建设用地规划许可证、建筑工程规划许可证、施工许可证的办理，土地“七通一平”、地勘、文勘、前期临时工程的建造，达到可施工状态。

③项目销售计划主要在开盘、主体结顶、工程竣工等各节点有相应的销售节奏，根据销售计划，销售部安排具体的楼栋销售和节点销售费用，并根据工程进度调整。

④施工节点要和销售节点紧密结合，保证销售进度。主要节点分开盘、主体结顶、工程竣工，项目交付。施工与安装时间表按照合同时间计划，并且与工程部门进行沟通，对

建筑单位的时间变更及时地反映在进度表上。

⑤工程验收由工程部门负责进行，验收结果除了向总经理和董事长报告外，同时通知前期部以及销售部。

⑥项目协调会对进度表进行总控，发现工程进展的重大问题及时调查并调整，每周协调会议发布备忘录。

⑦各部门执行过程中遇到问题马上反馈给协调会。

⑧在项目的进度计划表确定后，前期部编制项目的现金流，并纳入公司总体的现金流中。

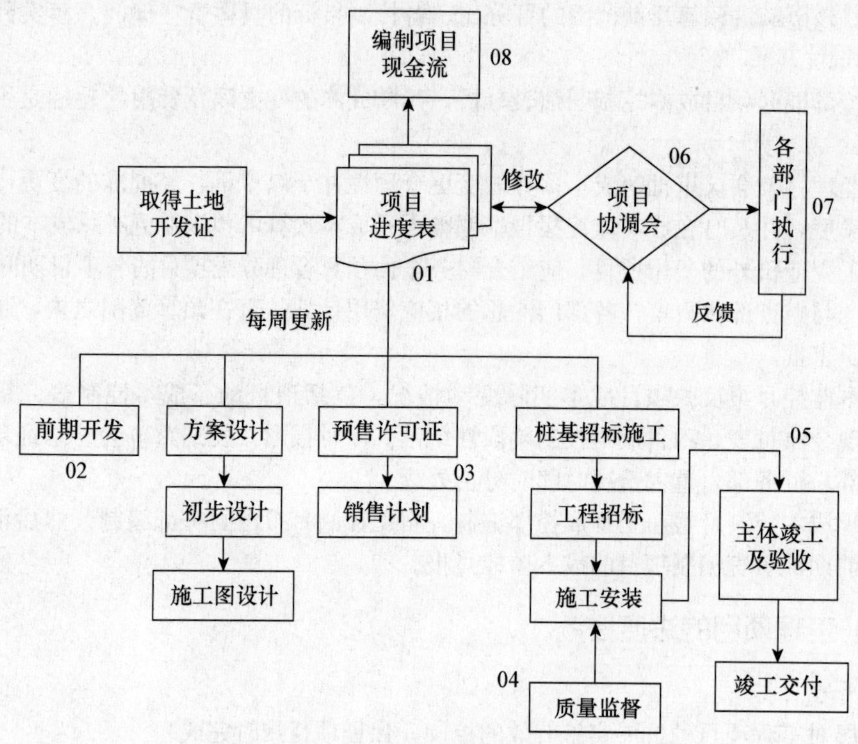

图 2-53 工程项目的进度控制

十一、产品研发与设计

（一）项目设计各阶段的控制

（1）管理目标

①产品的设计与项目的市场定位一致；

②产品的设计符合国家的相关设计规范；

③产品设计要满足公司成本控制计划的要求。

（2）关键控制点

①产品的设计应建立在对市场信息的准确把握之上；

②严格产品图纸的审核，确保图纸的质量；

③做好项目设计的外包；

④针对市场状况，做好产品的研发工作。

（3）注释

①成控部提供详细的经设计总监批准的市场调研报告和产品定位报告，成控部提供设计限额标准和规划设计条件；

②设计总监要审核相关部门提供的设计条件是否能够满足产品设计的需要；

③项目设计任务书的制定要参考现有的成熟的经验和做法；

④在项目外包之前进行邀标。对于零星工程设计不再进行外包；

⑤规划设计方案、初步设计的审批为公司管理层，施工图设计文件的审批为副总工程师；

⑥设计文件的深度要满足国家有关设计文件深度的要求，及时归档。

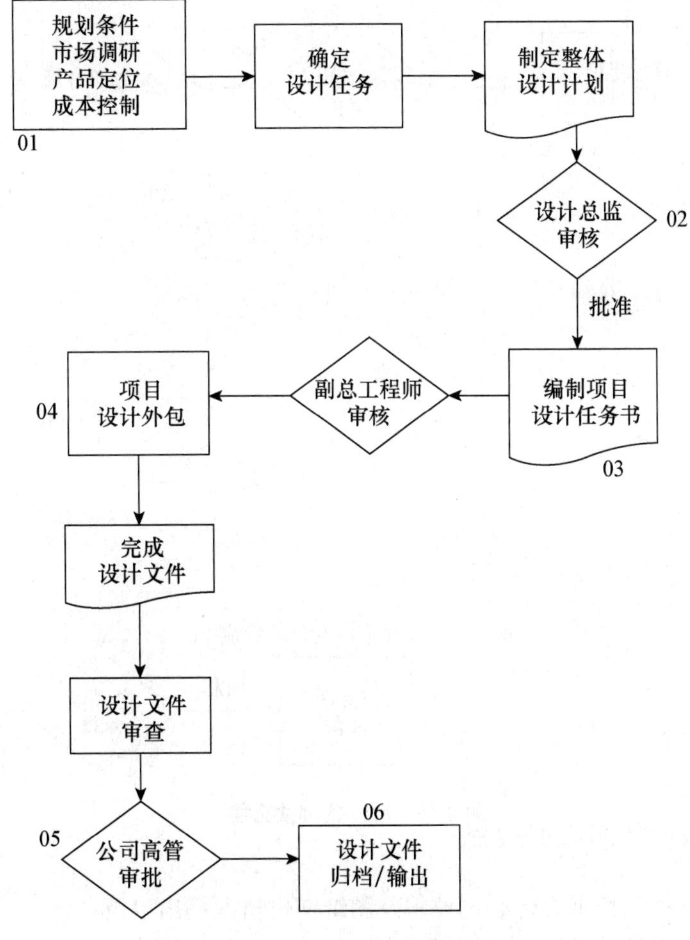

图 2-54　项目设计各阶段的控制

（二）设计费付款流程

（1）管理目标

①保证图纸质量达到合同的要求；

②付款符合企业的规章制度；

③保证付款的及时性与准确性；

④保证付款的安全性，避免窜改记录给企业造成损失。

（2）关键控制点

①付款前由项目负责人、设计部经理、设计总监对付款进行审查，项目负责人、设计部经理，设计总监、财务总监、总经理均签字认可后方可以付款；

②对预付款的办理要及时索要发票。

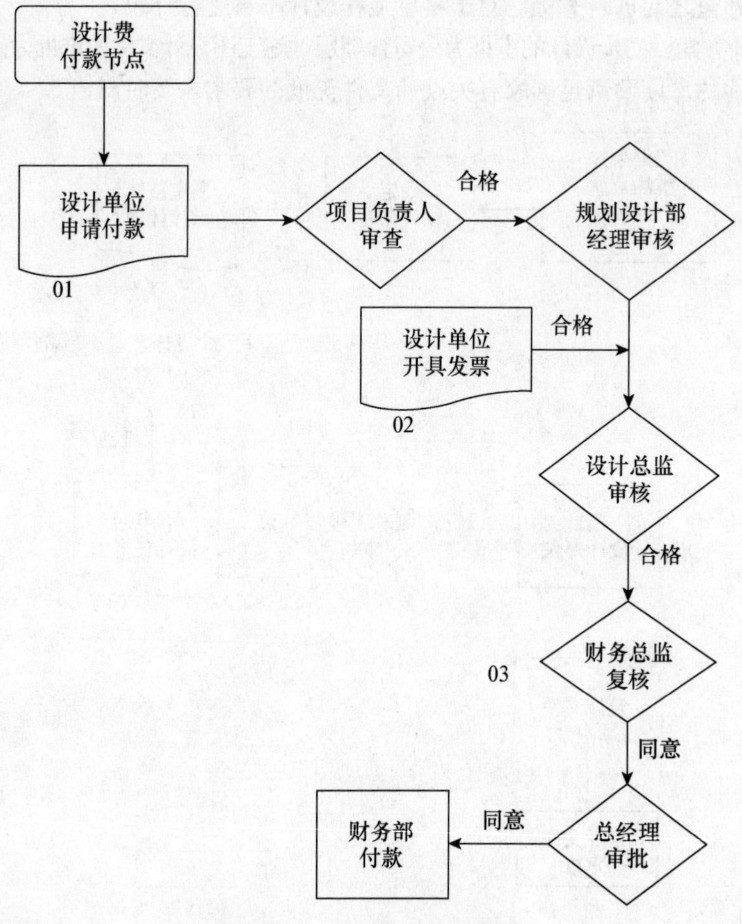

图 2-55　设计费付款流程

（3）注释

①付款由设计单位根据设计合同要求及图纸交付情况提出申请；

②对市政相关设计院根据实际情况可先以付款申请单的形式申请付款，索要发票后再签字冲账；

③规划设计部审核付款申请后，由财务部进行复核，由总经理，董事长最终审批付款申请。

十二、工程招标与预算

（一）工程项目开发流程

（1）管理目标

①工程的全过程得到有效控制；

②工程的成本保持在公司成本控制计划之内；

③工程的质量得到有效控制，符合国家质量标准和合同的要求；

④施工过程顺利，时间节点控制在项目开发计划之内。

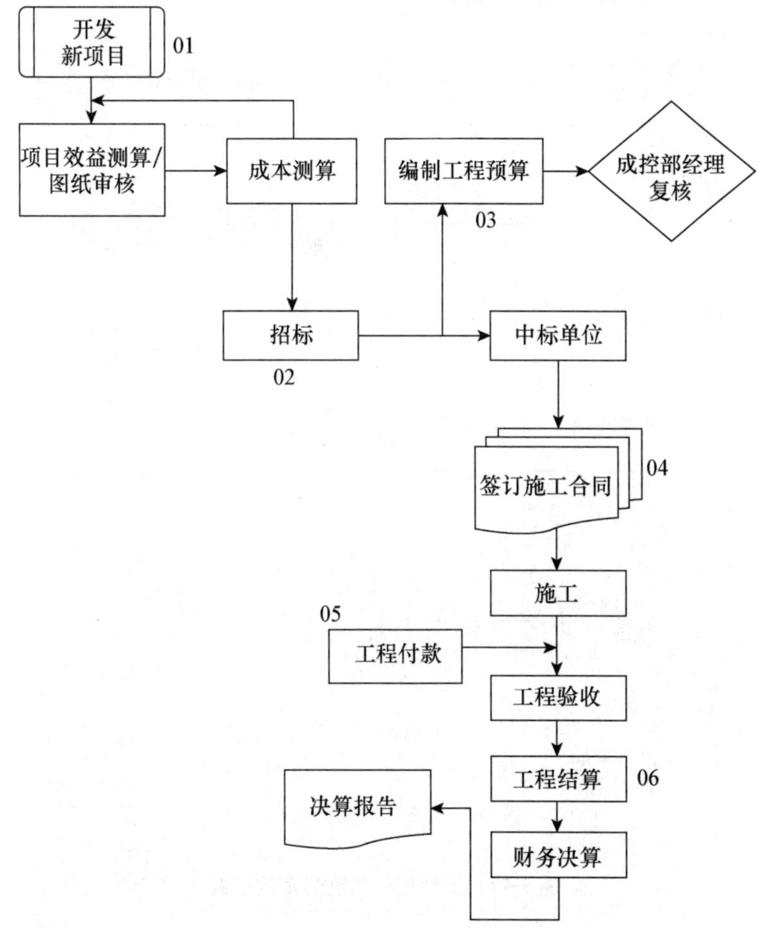

图 2-56 工程项目开发流程

（2）关键控制点

①选择具有合格资质的施工单位；

②保持施工全过程都有公司相关人员进行控制；

③施工合同的签订符合国家相关法律法规。

(3) 注释

①由工程部确定楼盘开发时间和总体成本利润的控制，各相关部门执行，并在执行过程中进行反馈；

②招标由招标委员会负责进行，在内部或外部进行招标，过程符合国家规定；

③成控部根据招标图纸和招标文件的要求，按照国家相关规定编制工程预算；

④合同的签订要经过公司法律顾问的审核；

⑤按照合同的付款约定，在到达付款节点时经施工单位提出申请，按照付款流程进行支付；

⑥施工过程中出现变更时，按照公司规定进行审核，并进行结算。

（二）工程招标制度制定的控制

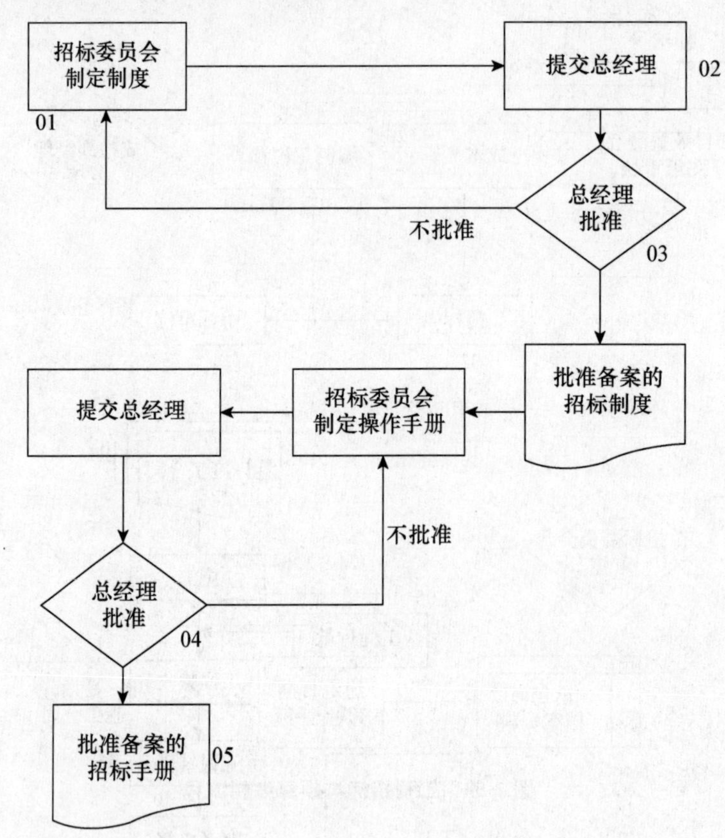

图 2-57 工程招标制度制定的控制

(1) 管理目标

①招标制度的制定要符合公司成本控制计划的要求；

②招标的操作流程要符合相关部门的操作规范。

(2) 关键控制点

①招标委员会对招标制度和操作手册的制定负责，并且经过总经理的签字批准；

②招标操作流程应该符合国家相关法律法规的要求。

（3）注释

①招标委员会主要由公司总经理、运营部、财务总监、单位负责人、副总工程师、和成控部经理组成；

②部门制度必须经过总经理的批准；

③具体操作手册的编制，包括招标过程中涉及的各岗位的职责与权限；

④具体操作手册要经过总经理的批准；

⑤营销方面和非工程中的招标不适合于此招标流程。

（三）工程招标与预算编制流程

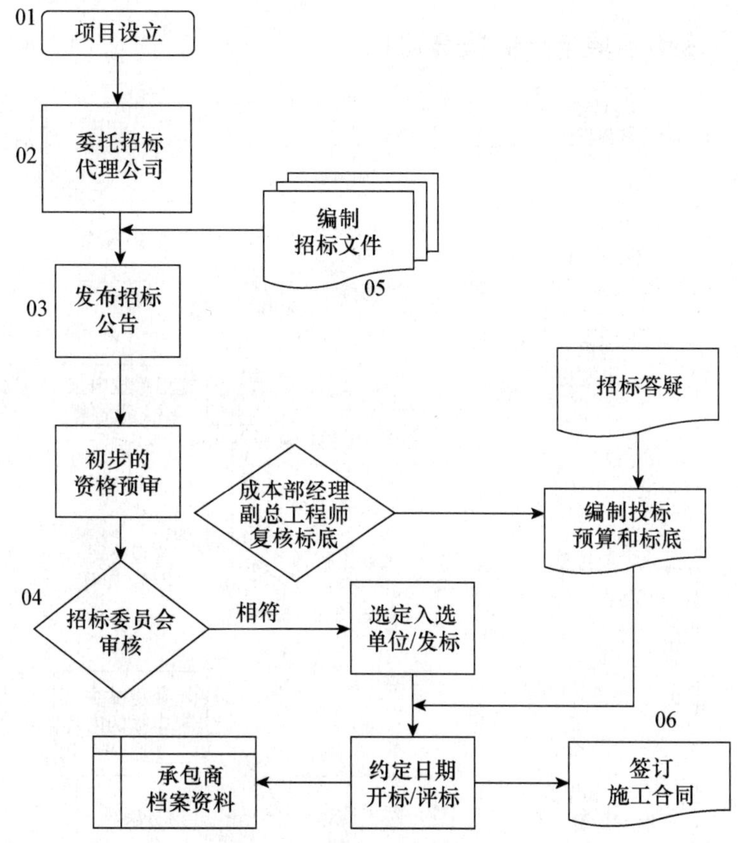

图 2-58　工程招标与预算编制流程

（1）管理目标

①招标过程符合国家相关政策；

②工程项目的成本控制在预算之内；

③工程项目的质量符合国家要求和企业质量管理控制要求。

（2）关键控制点

①招标时选择有实力的单位来投标，在每个标段上选择 3 家以上公司投标；

②妥善保管与招标/投标相关文件；

③严格按照招标流程选择合格的施工单位；

④建立保密制度，确保标书在开标之前的保密性。

(3) 注释

①和配套相关的工程如自来水，供电，热力等国家规定的限制不采取招标的形式；

②按照国家规定，委托具有相应资质的招标公司代理招标；

③招标公告在政府建设委员会大厅中的电子栏中列示；

④招标委员会主要由公司总经理、运营部、财务总监、工程总监、工程部经理、副总工程师、副总经济师和成控部经理组成；

⑤招标文件的编制也可以委托招标代理公司编制；

⑥由总经理审批无误后，签订正式合同。

(四) 工程变更结算与财务决算流程

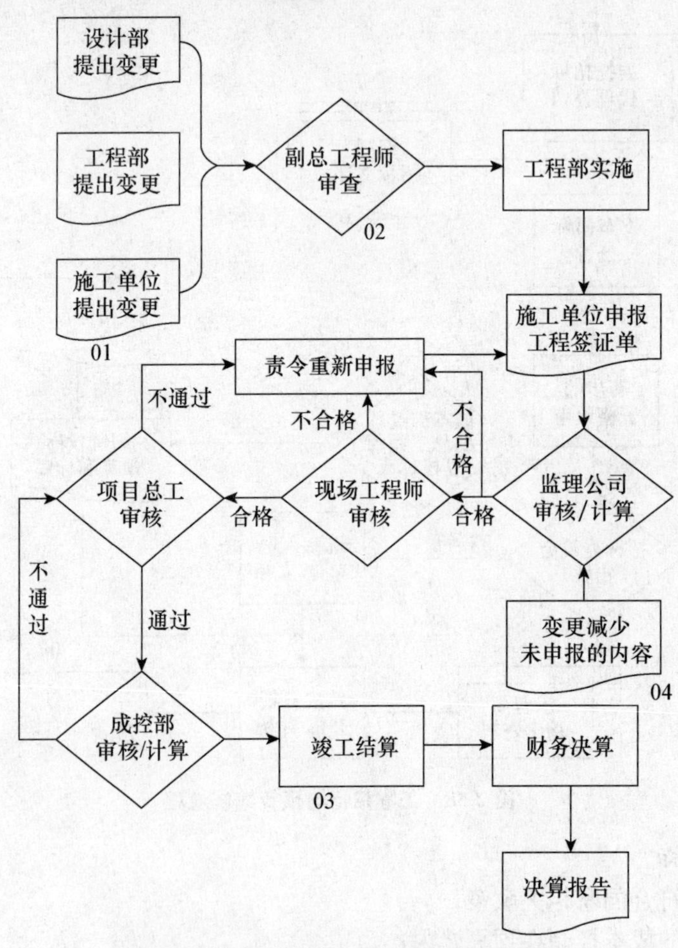

图 2-59　工程变更结算与财务决算流程

(1) 管理目标

①保障工程付款的合理性；

②保证工程变更在以往审核范围内；

③控制工程总成本在预算范围内。

（2）关键控制点

①财务决算报告的编制要按照国家有关规定进行，变更结算部分由成控部门进行控制；

②财务决算是严格按照签订的合同中工程条款的要求进行，变更部分根据双方的协定价格进行结算；

③副总工程师对变更的审核负责。

（3）注释

①变更的申请可以由不同的部门提出，不同的部门可以提供不同的单据。

②工程结算按照合同约定进行，发生变更时，施工单位按照甲方要求申报工程签证单，监理公司、工程建设部、工程成控部进行计算审核，达成一致后四方保存工程签证单，作为工程结算的依据。

③变更减少且施工单位未申报的内容，由监理公司计算申报，经甲方审核后以监理备忘录的形式告知施工单位，直接计入工程结算。

④工程交付后，汇总达成一致的工程签证单及变更减少内容进行工程结算。

⑤财务部对工程进行决算。

十三、工程建设管理

（一）设备、材料验收流程

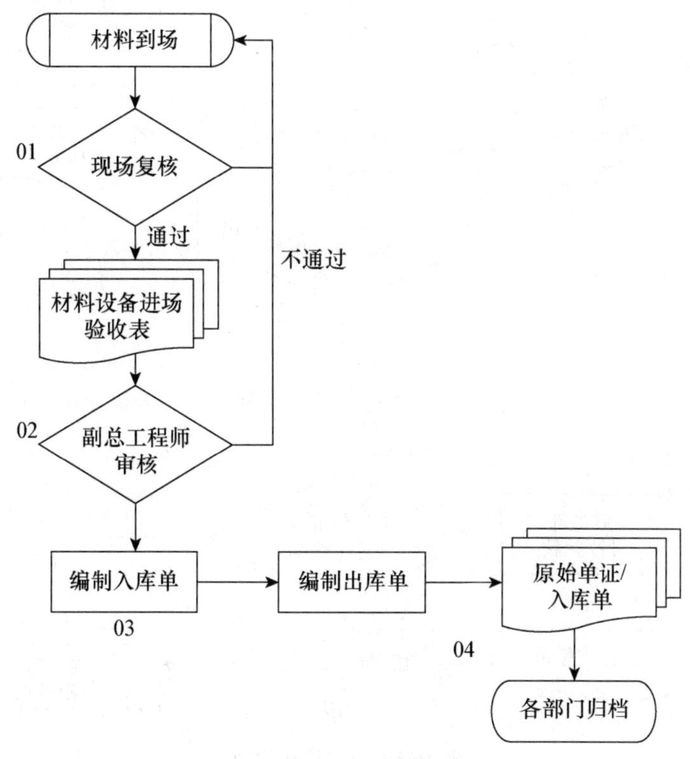

图 2-60　设备、材料验收流程

（1）管理目标

①保证公司设备、材料入库符合公司制度；

②保证公司项目材料设备的质量。

（2）关键控制点

①材料到场需现场监理审核；

②原始单据需包括正规的送货单、出厂证明、质量证明、产品品牌说明书等，工程师同时审查是否与相关合同相符；

③保证每批材料都有相对应的入库单据；

④入库单据要事先编号，连号使用。

（3）注释

①由现场工程师检测材料设备质量，并签字；

②由工程师复核来料的相关单据，签字复核，其中相关工程师包括监理工程师，采购工程师，专业工程师和副总工程师，并以副总工程师的意见为最终意见；

③购买的材料直接交与施工单位，现场人员对来料进行登记，编制入库出库单据；

④及时把单据送各单位归档备查。

（二）施工质量控制

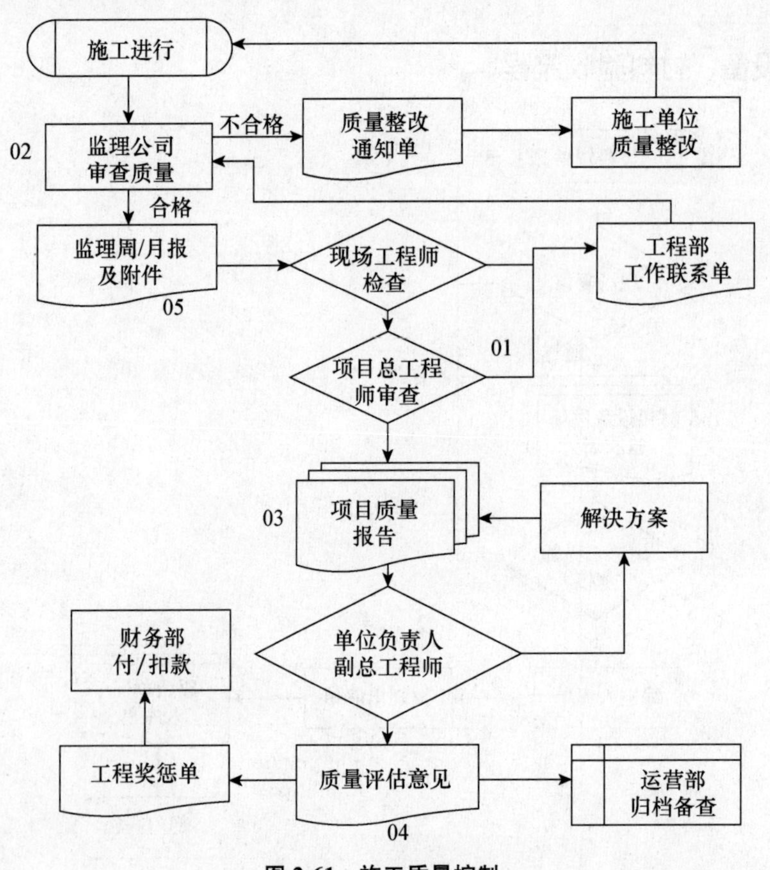

图 2-61 施工质量控制

（1）管理目标

①保证公司项目按质量目标进行；

②保证公司项目执行的质量；

③保证公司管理层对项目的管理和控制。

（2）关键控制点

①公司专业工程师检查各工程质量；

②外部监理工程师不定期抽查工程质量；

③政府质量监督部门的质量检查和公司的专项检查相结合；

④定期核对汇总质量状况，并向上级汇报。

（3）注释

①各项目的现场工程师和项目总工程师在监理公司审查后，对项目质量进行审查；

②监理公司对项目质量状况进行专项检查；

③项目总工程师核对工程项目质量，提交项目质量报告；

④管理层根据上报资料，提出解决方案或质量评估意见；

⑤监理公司出具的周/月报附件是指工程奖惩单，奖惩单一式四份，交与工程项目部转发至相关部门，奖罚单可采用监理工程师通知单或工程部工作联系单形式。

（三）项目工程管理流程

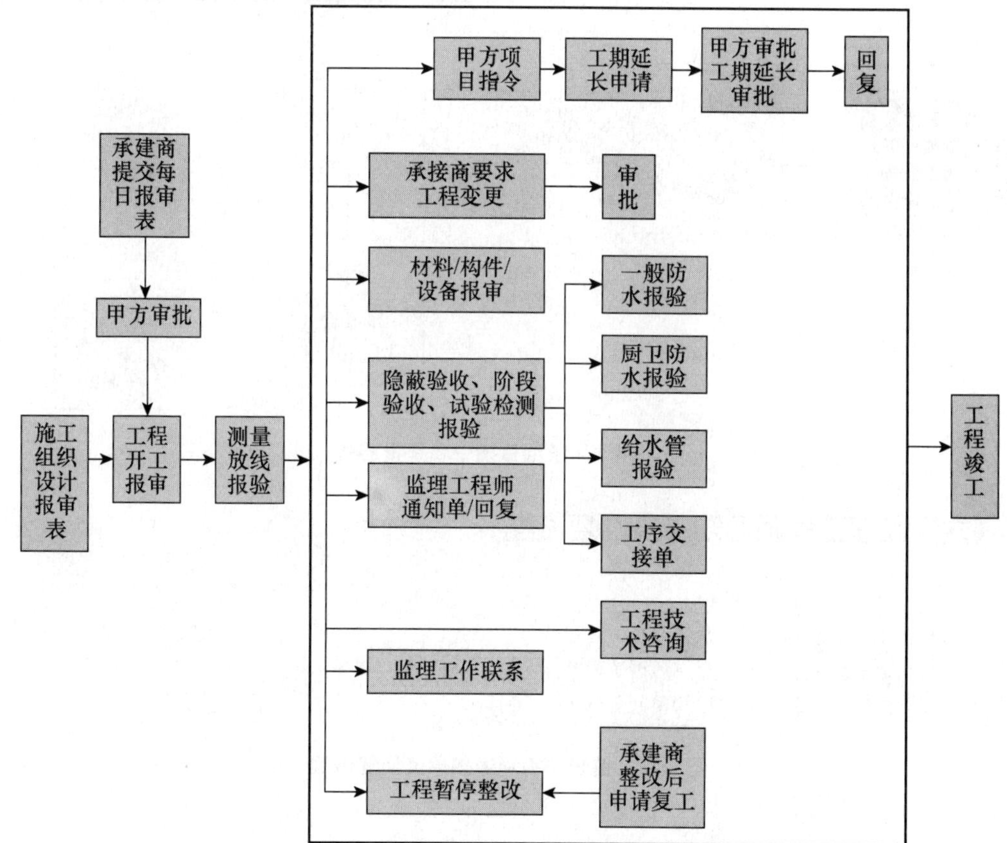

图 2-62　项目工程管理流程

（四）工程开工/复工报审流程

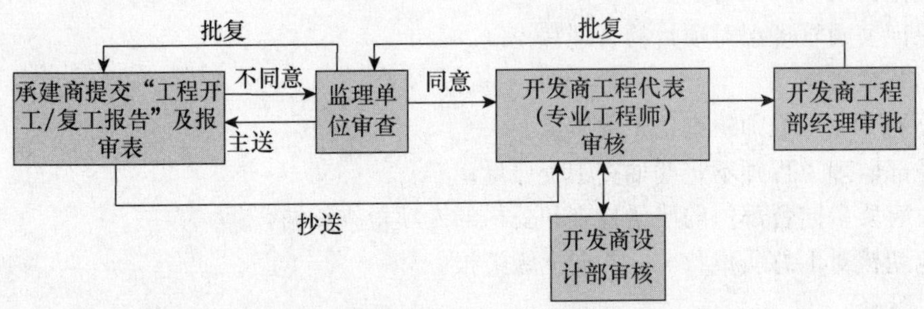

图 2-63　工程开工/复工报审流程

（五）要求项目指令单审批流程

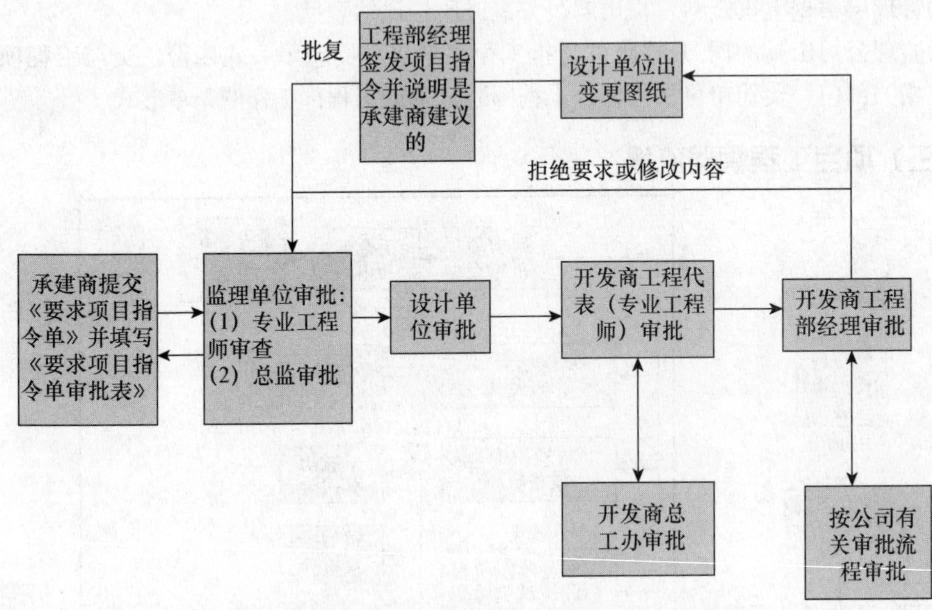

图 2-64　要求项目指令单审批流程

（六）监理工程师通知单及回复流程

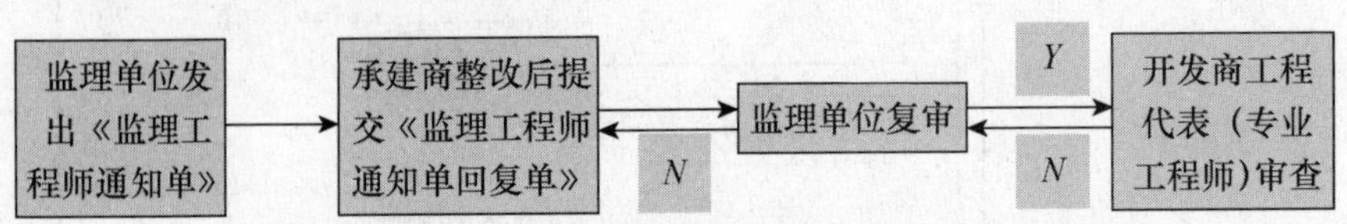

图 2-65　监理工程师通知单及回复流程

（七）工程暂停令签发流程

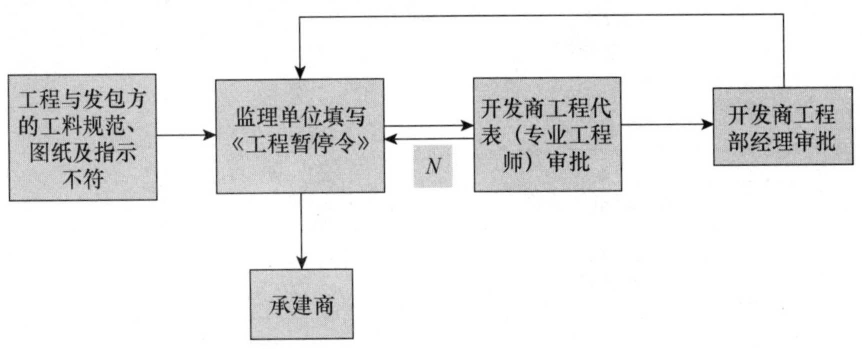

图 2-66　工程暂停令签发流程

（八）工程延期报审流程

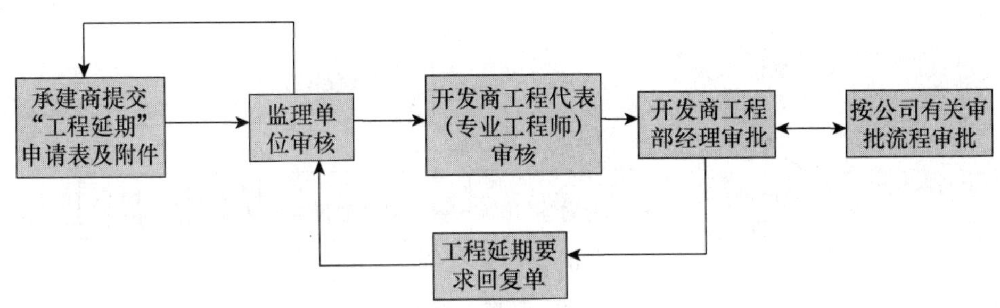

图 2-67　工程延期报审流程

（九）配套工程流程

（1）管理目标

①配套工程项目的成本控制在预算之内；

②配套工程项目的质量符合国家要求和企业质量管理控制要求。

（2）关键控制点

①工程项目的技术方案和要求符合项目的实际需求，并经项目总工程师审批；

②成控部门根据图纸、定额及成控部编制的项目概算指标确定配套工程预算；

③配套工程预算需经审批后实施；

④配套工程验收完毕、交付后，由成控部进行结算。

（3）注释

①配套相关的工程主要包括如自来水，供电，热力等；

②委托设计图纸的外部单位需具备相应资质；

③成控部门编制的配套工程预算需副总工程师、总经理审批签字；

④合同签订后要存档备查；

⑤公司对配套工程需验收，并进行工程结算。

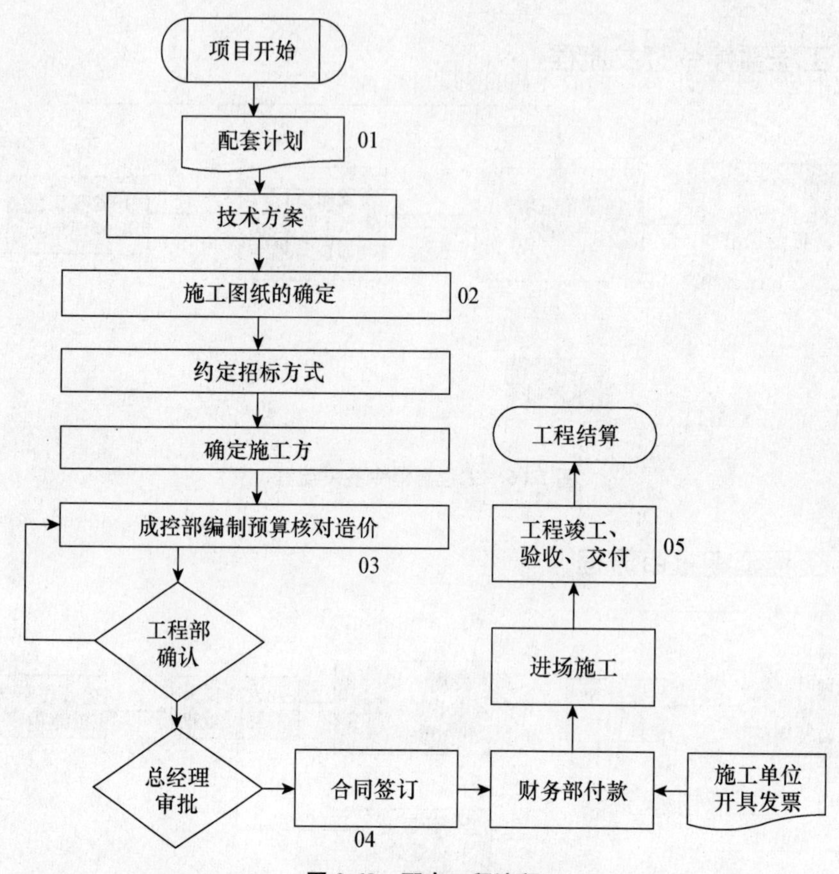

图 2-68 配套工程流程

（十）工程验收流程

（1）管理目标

保证工程完工验收流程符合法律法规。

（2）关键控制点

①各环节的验收审查；

②现场工程师和项目总工程师验收后对不合格地方作出修补处理或返工处理意见；

③验收后出具验收报告，签字盖章；

④所有工程资料从开工到竣工，都必须归档备查；

⑤整理资料以备政府验收审查。

（3）注释

①首先由监理公司对工程进行验收；

②在政府监督验收之前，由现场工程师组织五大责任主体单位进行一次集中核查，出现质量问题及时做相应修改处理；

③项目总工程师或单位负责人组织在政府部门监督下的最后验收，向政府部门提交验收报告，并报公司管理层；

④整理相关材料在政府部门备案；

⑤工程竣工后，移交给业主；

⑥非政府强制监督工程，验收不按此流程执行。

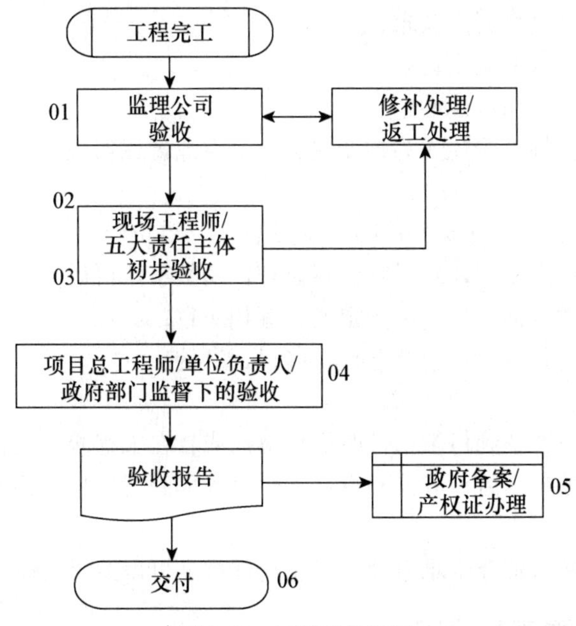

图 2-69　工程验收流程

（十一）进度款付款流程

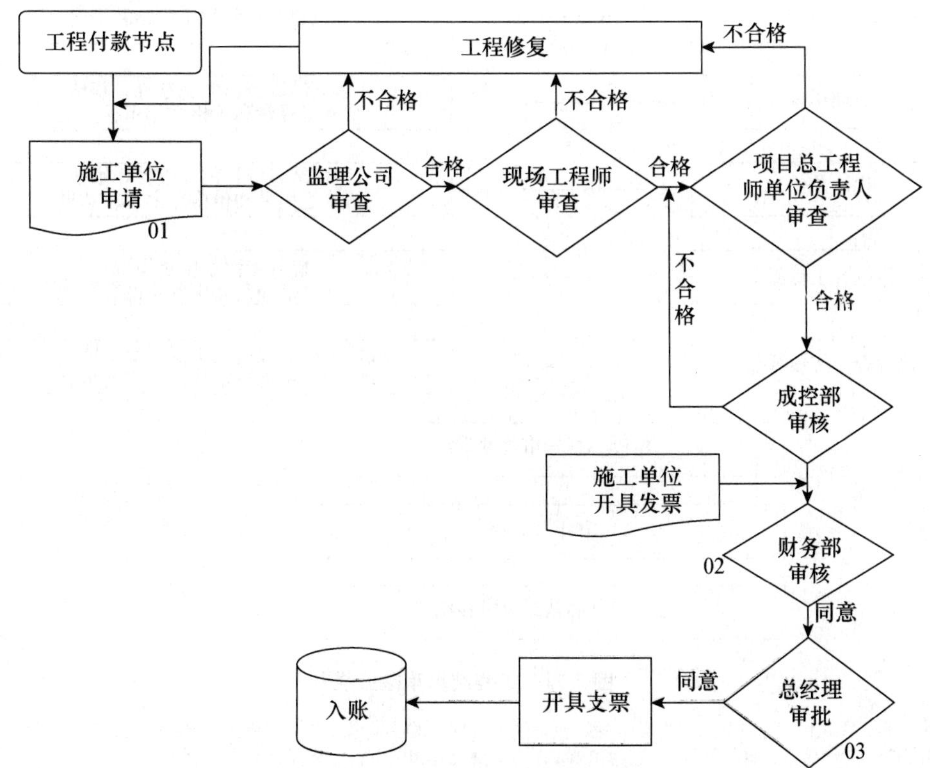

图 2-70　进度款付款流程

（1）管理目标

①保证工程质量符合国家标准；

②保证工程质量达到合同的要求；

③付款符合企业的规章制度；

④保证入账的及时性与准确性；

⑤保证入账的安全性，避免人为的变更记录给企业造成损失。

（2）关键控制点

①付款前由监理公司、现场工程师、项目总工、单位负责人、成控部经理、财务经理、总经理在付款凭证上签字，对付款进行审查，均签字认可后方可以付款；

②成控部审核付款金额与合同中规定的金额相一致；

③财务部对发票进行审核，包括金额，名目、真伪。

（3）注释

①付款由施工单位在达到付款条件时提出申请或者在工程竣工后做结算付款；

②工程部审核付款申请后，成控部审核，由财务部进行复核，由总经理最终审批付款申请；

③施工单位出现暂时资金困难时经公司总经理批准可以给予支持。

（十二）工程结算审核流程

图 2-71　工程结算审核流程

说明：施工单位上报的完整的结算资料一般包含施工合同、竣工验收证明、招投标、中标文件资料、设计变更情况及批准文件、建设单位的现场签证、竣工图、结算的总价及详细清单、工程量计算书、光盘。

（十三）工程结算编制业务流程

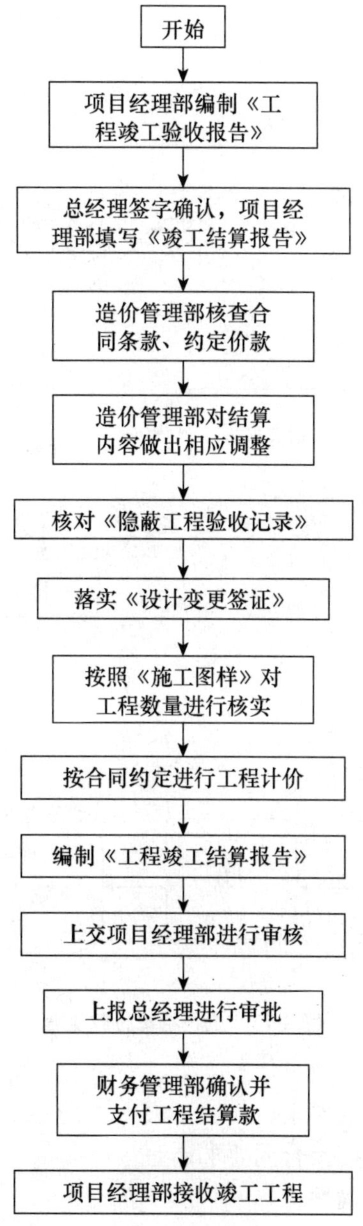

图 2-72　工程结算编制业务流程

（十四）工程结算付款流程

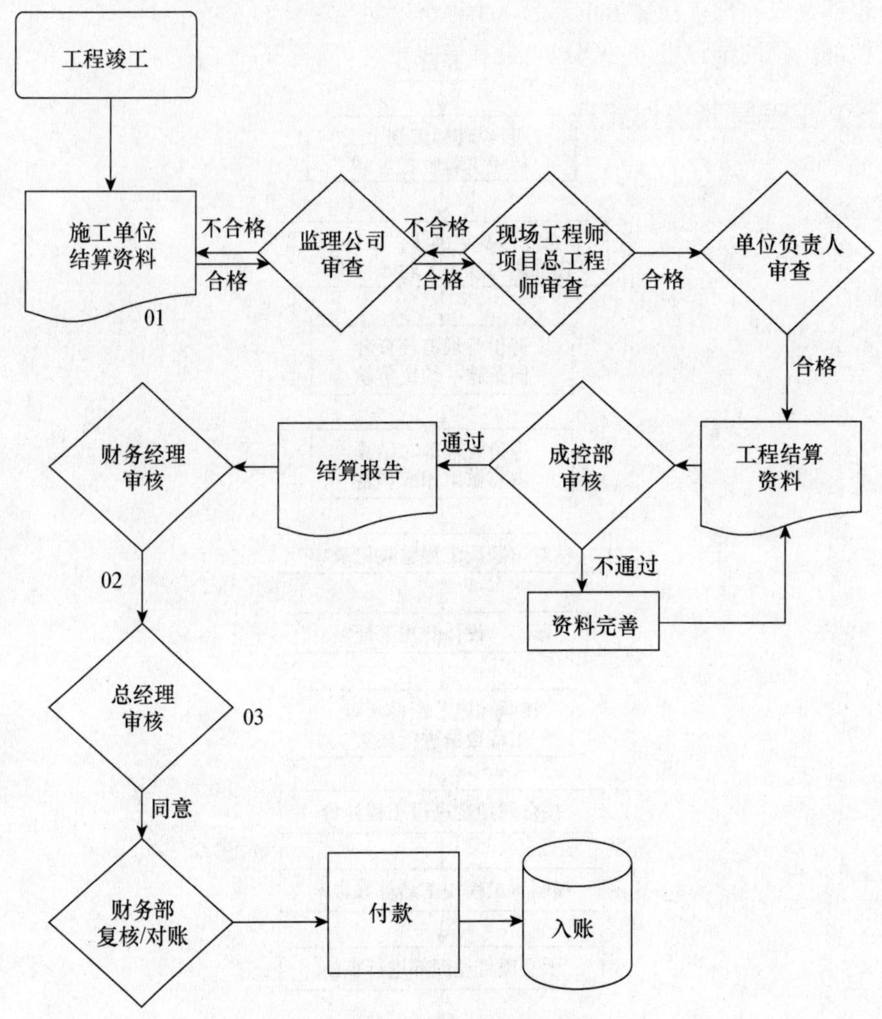

图 2-73 工程结算付款流程

（1）管理目标

①保证工程质量达到合同的要求；

②付款符合企业的规章制度及合同要求；

③保证入账的及时性与准确性；

④保证入账的安全性，避免人为的变更记录给企业造成损失。

（2）关键控制点

①工程必须经过正式的竣工验收，竣工验收资料齐备的情况下，才能进行结算；

②结算资料必须由工程师、单位负责人、财务经理和成控部审查合格后，方可进行结算工作；

③付款后及时入账。

（3）注释

①工程竣工后，施工单位在备齐合格结算资料后方可进行结算工作；

②工程部、成控部审核付款申请后，由财务部进行复核；

③成控部出具的结算报告必须经总经理审批，方可进行财务结算。

（十五）工程尾款支付流程

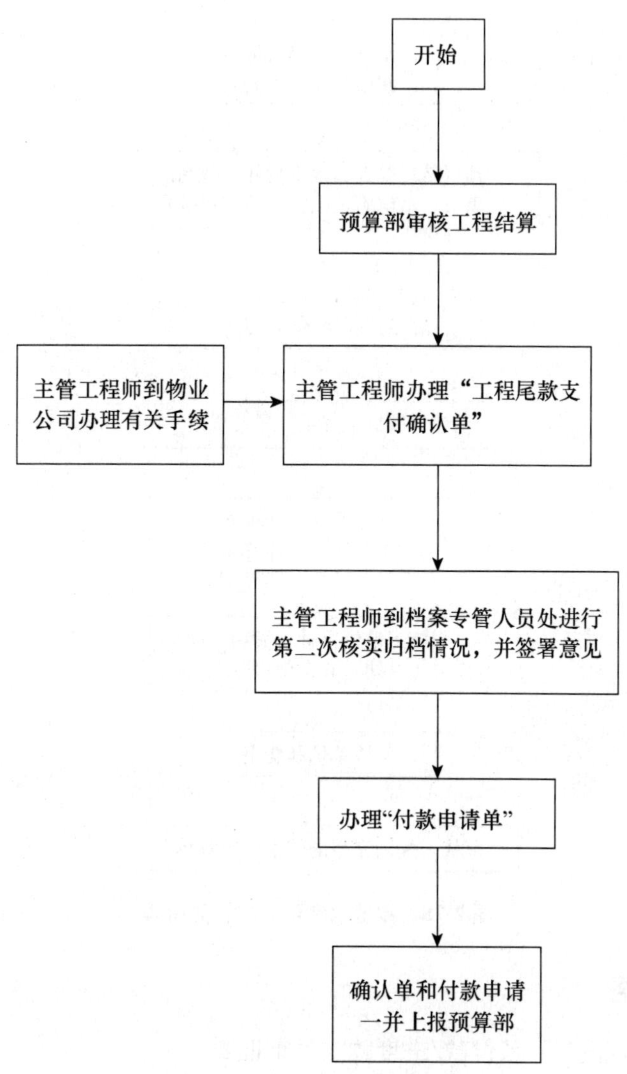

图 2-74　工程尾款支付流程

（十六）零星水电预（结）算流程

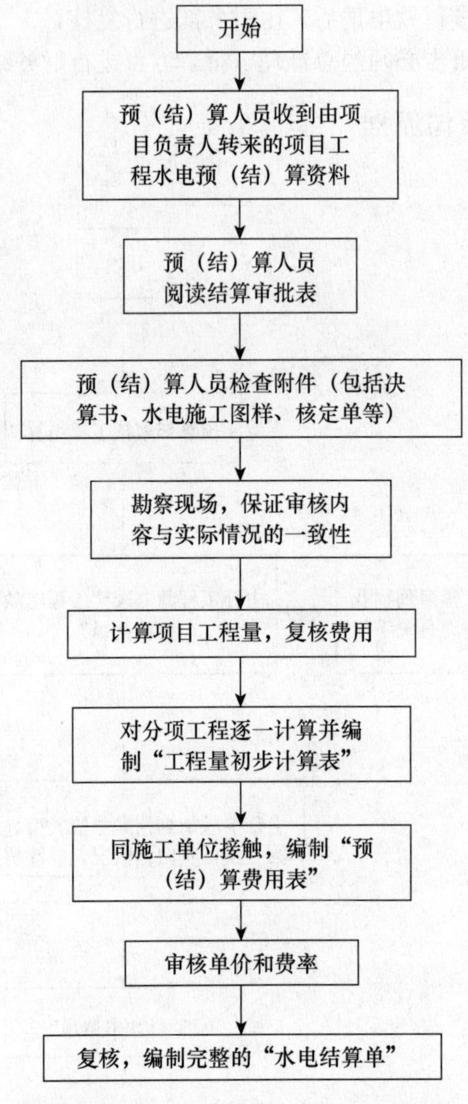

图 2-75　零星水电预（结）算流程

附：相关表格

1. 工程（材料/设备）预付款/进度款支付审批表

表 2-42　　工程（材料/设备）预付款/进度款支付审批表

工程名称		申请单位			
合同号		合同金额		已付金额	
开户银行		账号		本次申请	
申请理由					
监理审查意见	专业监理工程师：		总监理工程师：		

续表

工程部审查意见	甲方代表（专业工程师）：　　　　工程管理部经理：
分管副总审查意见	
财务部审查意见	
执行总经理审批意见	
总经理审批意见	
备注	

2. 工程（材料/设备）结算款支付审批表

表 2-43　　　　　　工程（材料/设备）结算款支付审批表

工程名称		申请单位			
合同金额		开户行		开户账号	
结算金额		已付金额		申请金额	
申请理由					
申请理由					
监理审查意见	专业监理工程师：　　　　总监理工程师：				
工程部审查意见	工程代表（专业工程师）：　　　　工程管理部经理：				
分管副总审查意见					
财务部审查意见					
执行总经理审批意见					
总经理审批意见					
备注					

3. 工程竣工结算申请表

表 2-44　　　　　　工程竣工结算申请表

工程名称		合同编号	
合同金额		申报时间	
施工单位： 施工单位（章） 经办人：　　　　负责人：　　　　时间：			
项目监理意见： 项目监理部（章） 总监理工程师：　　　　时间：			
建设项目工程部意见： 建设项目工程部（章） 工程师：　　　　负责人：　　　　时间：			
物资部意见： 物资部（章） 经办人：　　　　负责人：　　　　时间：			

续表

计划发展部意见： 计划发展部（章） 经办人： 负责人： 时间：
总经理意见： 总经理（章） 经办人： 时间：
财务部意见： 财务部（章） 经办人： 负责人： 时间：

4. 工程竣工结算统计表

表 2-45 工程竣工结算统计表

编号			日期			
工程名称				开工日期		
施工单位				竣工日期		
项目类别	人工金额	设备金额	材料金额	总工程量	合计	备注
……						
合计						
填写人				审核人		

5. 工程竣工结算核定表

表 2-46 工程竣工结算核定表

编号			日期		
工程名称					
施工单位					
分项工程内容	分项工程总价	监理审核数	监理批准数	备注	
……					
结算总额			监理负责人		
填写人		审核人		批准人	

6. 工程竣工财务决算表

表 2-47　　　　　　　　　　　　　工程竣工财务决算表

资金来源		金额	资金占用		金额
基础建设拨款合计	预算拨款		基础建设	在建工程	
	基础建设基金拨款			支付使用资产	
	进口设备转账拨款			非经营项目转出投资	
	自筹资金拨款			待核销基础建设支出	
	材料转账拨款		器材		
	其他拨款		货币基金		
项目资本			预付及应收款		
项目资本公积			有价证券		
基础建设借款			固定资产	固定资产原价	
企业债券基金				减：累计折旧	
留成收入				固定资产净值	
待冲基础建设支出				固定资产清理	
预收及应付款				待处理固定资产损失	
合计			合计		
补充说明		1. 基础建设投资借款余额：			
		2. 应收生产单位投资借款余额：			
		3. 基础建设结余资金：			
相关说明					
编制人员		审核人员		批准人员	
编制时间		审核时间		批准时间	

7. 工程竣工决算审批表

表 2-48　　　　　　　　　　　　　工程竣工决算审批表

建设单位	
项目名称	
建设性质	
主管部门	
开户行意见	（盖章）日期：
总经办意见	（盖章）日期：
主管部门意见	日期：

8. 结算任务登记表

表 2-49　　　　　　　　　　　　　××项目结算任务登记表

保存情况	序号	项目名称	编号	工程名称	施工单位	施工队报价	接收日期	安排时间	计算人	校对人	完成日期	审定造价	合同价格	合同暂定部分调整			合同调整部分		
														暂定量	暂定价	暂定材料	设计变更	现场签证	增加工程

9. 合同结算协议书

协议书编号：

合同结算协议书

甲方：

乙方：

经甲乙双方友好协商，共同努力，于______年______月______日完成该项工程的结算工作，双方同意就本工程结算事宜达成协议如下：

工程名称：

合同编号：　　　　　　　　　　　　　　合同价：

结算总价：

结算总价构成：

子编号　　　　　　　　　　　　　　结算书名称　　　　　　　　　　　　　　结算价

协议书原件与子结算书封面一起作为工程结算款支付的依据；

本协议一式肆份，双方各执贰份，经双方签字盖章后生效。

甲方：　　　　　　　　　　　　　　乙方：

日期：　　　　　　　　　　　　　　日期：

10. 结算计划表

表 2-50　　　　　　　　　　　　结算计划表

合同编号	合同名称	施工单位	合同价款	结算方式	结算工作计划时间	结算资料提交成本部时间	备注

11. 施工组织设计（方案）审批表

表 2-51　　　　　　　　施工组织设计（方案）审批表

编号：

工程名称		结构类型	
结构层次		建筑面积	
项目部根据施工合同和施工图设计的要求已完成了__________________工程施工组织设计（方案）的编制，并经公司技术部门组织审查批准，请予审查。 附：施工组织设计（方案） 项目经理/日期： 项目部（章）/日期：			

续表

<table>
<tr><td>专业监理工程师审查意见：

专业监理工程师/日期：</td></tr>
<tr><td>总监理工程师审核意见：

总监理工程师/日期：
监理单位（章）/日期：</td></tr>
<tr><td>建设方审批意见：

工程代表（专业工程师）/日期：　　工程管理部经理/日期：</td></tr>
</table>

12. 单位工程开工报告表

表 2-52　　单位工程开工报告表

编号：

<table>
<tr><td>工程名称</td><td></td><td>工程地点</td><td colspan="3"></td></tr>
<tr><td>建设面积</td><td></td><td>结构类型</td><td></td><td>层次</td><td></td></tr>
<tr><td>建设单位</td><td></td><td>工程造价</td><td></td><td>承包方式</td><td></td></tr>
<tr><td>施工单位</td><td></td><td>计划进场人数</td><td></td><td>实际进场人数</td><td></td></tr>
<tr><td>预定开工日期</td><td></td><td>计划竣工日期</td><td colspan="3"></td></tr>
<tr><td>国家定额工期</td><td></td><td>合同协议竣工日期</td><td></td><td colspan="2">审查意见</td></tr>
<tr><td rowspan="11">单位工程开工的基本条件</td><td colspan="3">设计经过审查、图纸已会审</td><td colspan="2"></td></tr>
<tr><td colspan="3">道路基本畅通</td><td colspan="2"></td></tr>
<tr><td colspan="3">场地平整基本就绪</td><td colspan="2"></td></tr>
<tr><td colspan="3">现场供水供电已通</td><td colspan="2"></td></tr>
<tr><td colspan="3">施工组织设计（施工方案）经过审批</td><td colspan="2"></td></tr>
<tr><td colspan="3">（1）施工技术措施已确定</td><td colspan="2"></td></tr>
<tr><td colspan="3">（2）施工图纸预算和施工预算已编制完毕</td><td colspan="2"></td></tr>
<tr><td colspan="3">（3）主要材料已进场，并能保证供应</td><td colspan="2"></td></tr>
<tr><td colspan="3">（4）成品、半成品加工构件保证供应</td><td colspan="2"></td></tr>
<tr><td colspan="3">（5）主要施工机具设备已进场</td><td colspan="2"></td></tr>
<tr><td colspan="3">（6）劳动力已落实，进度计划已编制</td><td colspan="2"></td></tr>
<tr><td colspan="2">施工单位：
（签章）
年　月　日</td><td colspan="2">监理单位：
（签章）
年　月　日</td><td colspan="2">建设单位：
（签章）
年　月　日</td></tr>
</table>

13. 复工申请表

表 2-53 **复工申请表**

编号：

工程名称		承 建 商	
建设单位		监理单位	
致： 我方接到编号为＿＿＿＿＿＿＿＿工程暂停令，现已按要求完成了＿＿＿＿＿＿＿＿工作，特申请复工，请予复查。 详细内容： 附件：			
监理复查意见： 承建商（章）： 项目经理/日期： 监理单位（章）： 专业监理工程师/日期：总监理工程师/日期：			
建设方审核意见： 工程代表（专业工程师）/日期：工程管理部经理/日期：			

14. 监理工程师通知单

表 2-54 监理工程师通知单

编号：

工程名称		承 建 商	
建设单位		监理单位	
致： 事由： 内容： 附件： 监理单位（章）： 专业监理工程师/日期： 总监理工程师/日期：			

15. 监理工程师通知单回复单

表 2-55 **监理工程师通知单回复单**

编号：

<table>
<tr><td>工程名称</td><td></td><td>承 建 商</td><td></td></tr>
<tr><td>建设单位</td><td></td><td>监理单位</td><td></td></tr>
<tr><td colspan="4">致：
我方接到编号为________________的监理工程师通知后，已按要求完成了________________工作，现报上，请予以复查。
详细内容：
附件：

承建商（章）：
项目经理/日期：</td></tr>
<tr><td colspan="4">监理复查意见：

监理单位（章）：
专业监理工程师/日期：
总监理工程师/日期：</td></tr>
<tr><td colspan="4">建设方审核意见：

工程代表（专业工程师）/日期：</td></tr>
</table>

16. 工程暂停令

表 2-56　　　　工程暂停令

编号：

工程名称		承 建 商	
建设单位		监理单位	
致： 由于____ ____ ________动因，现通知你方必须于_____年_____月_____日_____时起，对本工程的____________部位（工序）实施暂停施工，并按下述要求做好各项工作： 附件： 监理单位（章）： 专业工程师/日期： 总监理工程师/日期：			
建设单位意见： 工程代表（专业工程师）/日期：　　　　工程管理部经理/日期：			

17. 工程复工令

表 2-57 **工程复工令**

编号：

<table>
<tr><td>工程名称</td><td></td><td>承 建 商</td><td></td></tr>
<tr><td>建设单位</td><td></td><td>监理单位</td><td></td></tr>
<tr><td colspan="4">致：
经检验，__________号“工程暂停令”指令的停工动因已经消除，已具备复工条件，请你方于_____年_____月_____日_____时开始复工，并注意做好以下各项工作：

项目监理机构：
总监理工程师：
日期：</td></tr>
<tr><td colspan="4">建设单位意见：

工程代表（专业工程师）/日期：　　　　工程管理部经理/日期：</td></tr>
</table>

注：①非承包单位动因造成的停工，在具备复工条件时，同样使用本复工令。

②本表一式三份，建设单位、承包单位和监理单位各一份。

18. 事故报告单

表 2-58　　**事故报告单**

编号：

<table>
<tr><td>工程名称</td><td></td><td>承 建 商</td><td></td></tr>
<tr><td>建设单位</td><td></td><td>监理单位</td><td></td></tr>
<tr><td colspan="4">致：
在____年____月____日____时，发生____________________的事故，报告如下：

1. 事故动因（初步调查结果或据现场报告情况）：

2. 事故性质：

3. 造成损失：

4. 应急措施：

5. 初步处理意见：

待进行现场调查后，再另作详细报告。

承包单位：　　　　　　　　　　项目经理/日期：</td></tr>
</table>

注：本单由承包单位即时呈报给监理单位、建设单位各一份，承包单位自保留一份。

19. 进场施工设备报验单

表 2-59 进场施工设备报验单

编号：

<table>
<tr><td>工程名称</td><td></td><td>承 建 商</td><td colspan="4"></td></tr>
<tr><td>建设单位</td><td></td><td>监理单位</td><td colspan="4"></td></tr>
<tr><td colspan="7">致：
下列施工设备已按合同规定进场，请查验签证，准予使用。

承包单位： 项目经理/日期：</td></tr>
<tr><td>设备名称</td><td>规格型号</td><td>数 量</td><td>进场日期</td><td>技术状况</td><td>拟用何处</td><td>备 注</td></tr>
<tr><td></td><td></td><td></td><td></td><td></td><td></td><td></td></tr>
<tr><td></td><td></td><td></td><td></td><td></td><td></td><td></td></tr>
<tr><td></td><td></td><td></td><td></td><td></td><td></td><td></td></tr>
<tr><td></td><td></td><td></td><td></td><td></td><td></td><td></td></tr>
<tr><td></td><td></td><td></td><td></td><td></td><td></td><td></td></tr>
<tr><td></td><td></td><td></td><td></td><td></td><td></td><td></td></tr>
<tr><td></td><td></td><td></td><td></td><td></td><td></td><td></td></tr>
<tr><td colspan="7">审核意见：
经查验：
1. 性能、数量能满足施工需要的设备：
2. 性能不符合施工要求的设备：
3. 数量或能力不足的设备：
结论：
□请尽快按施工进度要求配足所需设备，□符合规定要求，准予使用。

监理单位：
监理工程师：
总监理工程师：</td></tr>
</table>

注：由承包单位呈报二份，查验后监理单位留档一份，另一份退承包单位。

20. 施工测量放线报验申请表

表 2-60　　施工测量放线报验申请表

编号：

<table>
<tr><td>工程名称</td><td></td><td>承 建 商</td><td></td></tr>
<tr><td>建设单位</td><td></td><td>监理单位</td><td></td></tr>
<tr><td colspan="4">致：
我方已根据合同图纸要求完成______________工程，经自检合格，请予以检查和验收。

附件：测量及放样资料附后
□ 1. 桩心点的绝对坐标值及复验坐标值
□ 2. 桩心点的平面布置图等
□ 3. 其他测试成果图和资料

项目经理/日期：　　　　承建商/日期：</td></tr>
<tr><td colspan="4">监理工程师复查意见：
□ 经查验同意验收
□ 纠正偏差后再报
存在偏差情况有：

专业工程师/日期：
监理单位（章）：　　　　总监理工程师/日期：</td></tr>
<tr><td colspan="4">建设方代表查验结果：
□ 符合验收要求
□ 存在偏差，整改纠正后再报验

工程代表（专业工程师）/日期：</td></tr>
</table>

21. 工作交接单

表 2-61 工作交接单

编号：

<table>
<tr><td>工程名称</td><td></td><td>承 建 商</td><td></td></tr>
<tr><td>建设单位</td><td></td><td>监理单位</td><td></td></tr>
<tr><td colspan="4">致：
我方已根据合同图纸要求完成______________________工程，经自检合格，请予以审查和验收，并请接受单位接受。
附件：

施工员/日期： 项目经理/日期： 承建商（章）：</td></tr>
<tr><td colspan="4">接受单位意见：

项目经理/日期： 接受单位（章）：</td></tr>
<tr><td colspan="4">监理审核意见：

专业监理工程师/日期：
总监理工程师/日期：
监理单位（章）：</td></tr>
<tr><td colspan="4">建设单位审核意见：

工程代表（专业工程师）/日期： 工程管理部经理/日期：</td></tr>
</table>

注：若总监与工程代表（专业工程师）意见一致，即可决定交接与否。

22. 工作联系单

表 2-62　　　　　　　　　　　　　　　　　工作联系单

编号：

工程名称		承 建 商	
建设单位		监理单位	

致：

事由：

内容：

附件：

单位（章）：
负责人：
日期：

注：本表用于项目参建单位就工程质量、安全、工期、造价等问题进行联系、报告。

23. 要求项目指令单审批表

表 2-63　　要求项目指令单审批表

编号：

<table>
<tr><td>工程名称</td><td></td><td>承 建 商</td><td></td></tr>
<tr><td>建设单位</td><td></td><td>监理单位</td><td></td></tr>
<tr><td>要求项目
指令编号</td><td colspan="3"></td></tr>
<tr><td>要求项目指令
抄送单位</td><td colspan="3"></td></tr>
<tr><td>要求项目指令
主要内容</td><td colspan="3"></td></tr>
<tr><td>监理公司
审核意见</td><td colspan="3">专业工程师/日期：　　　　总监理工程师/日期：</td></tr>
<tr><td>设计院
审核意见</td><td colspan="3">设计师（代表）/日期：</td></tr>
<tr><td>建设方
审核意见</td><td colspan="3">工程代表（专业工程师）：　　　　工程管理部经理：</td></tr>
</table>

24. 工程技术咨询单

表 2-64 **工程技术咨询单**

总编号： 分编号：

<table>
<tr><td>工程名称</td><td></td><td>承 建 商</td><td></td></tr>
<tr><td>建设单位</td><td></td><td>监理单位</td><td></td></tr>
<tr><td colspan="2">致：总包单位/监理单位：
经我公司审核，关于我公司承建的________部分工程，其 □设计 □技术方案 □施工方面存在疑问或需确认，请予以解答或确认，以便我公司组织施工，具体咨询内容如下：

承包单位：
项目经理/日期：</td><td colspan="2">总包单位意见：

承包单位：
项目经理/日期：</td></tr>
<tr><td colspan="4">监理单位意见：经我公司审核，就上述咨询问题提出如下意见，或需 □工程 □设计 给出进一步咨询意见。
我公司具体意见如下：

监理工程师/日期： 总监理工程师/日期：</td></tr>
<tr><td colspan="4">设计单位意见：经我公司审核，针对上述咨询问题提出如下意见，或□在随后给工程的函件 □设计修改通知单中予以解决。

设计代表/日期：</td></tr>
<tr><td colspan="4">建设方意见：

工程代表/日期： 总工办/日期： 工程管理部经理/日期：</td></tr>
</table>

注：作为现场建设部解决技术问题，各单位在收到函件后必须 24 小时内给出有效答复。

25. 工程临时延期申请表

表 2-65　　工程临时延期申请表

编号：

工程名称		承 建 商	
建设单位		监理单位	

致：

根据施工合同条款________条的规定，由于____________动因，我方申请工程延期，请予以标准。

附件：

（1）工程延期的依据及工期计算

（2）合同竣工日期

（3）申请延长竣工日期

（4）证明材料等

承建商（章）：　　　　　　　　　　项目经理/日期：

26. 工程临时延期要求审批回复单

表 2-66　　工程临时延期要求审批回复单

编号：

<table>
<tr><td>工程名称</td><td></td><td>承 建 商</td><td></td></tr>
<tr><td>建设单位</td><td></td><td>监理单位</td><td></td></tr>
<tr><td colspan="4">致：
根据施工合同条款＿＿＿＿＿＿条的规定，我方对你方提出的＿＿＿＿＿＿＿＿工程延期申请（第＿＿＿号）延长工期＿＿＿天，经过审核评估：
□同意工期延长＿＿＿日历天。使竣工日期（包括已指令延长的工期）从原来的＿＿＿年＿＿＿月＿＿＿日延迟到＿＿＿年＿＿＿月＿＿＿日。请贵方执行。
□不同意延长期工期，请按约定竣工日期组织施工。
说明：

附件：

监理单位（章）/日期：　　　　总监理工程师/日期：</td></tr>
<tr><td colspan="4">建设单位审批意见：

工程代表（专业工程师）/日期：　　　　工程管理部经理/日期：</td></tr>
</table>

27. 工程最终延期申请表

表 2-67　　工程最终延期申请表

编号：

<table>
<tr><td>工程名称</td><td></td><td>承 建 商</td><td></td></tr>
<tr><td>建设单位</td><td></td><td>监理单位</td><td></td></tr>
<tr><td colspan="4">致：
　　根据施工合同条款________条的规定，由于________________动因，我方申请最终工程延期要求，请予以审批。
　　附件：
　　(1) 工程延期的依据及工期计算
　　(2) 合同竣工日期
　　(3) 申请延长日期
　　(4) 证明材料

承建商（章）：
项目经理/日期：</td></tr>
</table>

28. 工程最终延期要求回复单

表 2-68 **工程最终延期要求回复单**

编号：

工程名称		承 建 商	
建设单位		监理单位	

致：

根据施工合同条款__________条的规定，我方对贵方提出的______________________最终工程延期申请（第______号）延长工期______天，经过审核评估：

□同意工期延长______日。使竣工日期（包括已指令延长的工期）从原来的______年______月______日延迟到______年______月______日。请贵方执行。

□不同意延长工期，请按约定竣工日期组织施工。

说明：

附件：

监理单位（章）/日期：
总监理工程师/日期：

建设单位审批意见：

29. 工程经济签证报审表

表 2-69 **工程经济签证报审表**

编号：

<table>
<tr><td>工程名称</td><td></td><td>承 建 商</td><td></td></tr>
<tr><td>建设单位</td><td></td><td>监理单位</td><td></td></tr>
<tr><td>签证事由
和依据</td><td colspan="3">承包商：
项目经理/日期：</td></tr>
<tr><td>附件</td><td colspan="3">1. 工程量计算清单　2. 费用计算清单
□项目指令　□工程技术咨询单　□工作联系单</td></tr>
<tr><td>签证价款</td><td colspan="3"></td></tr>
<tr><td>监理审核
意见</td><td colspan="3">监理工程师/日期：
总监理工程师/日期：</td></tr>
<tr><td>工程部
复审意见</td><td colspan="3">工程代表（专业工程师）/日期：　工程管理部经理/日期：</td></tr>
<tr><td>分管副总
终审意见</td><td colspan="3">分管副总/日期：</td></tr>
</table>

30. 费用索赔审批表

表 2-70　　费用索赔审批表

编号：

工程名称		承 建 商	
建设单位		监理单位	

致：

根据施工合同条款__________条的规定，你方提出的__________费用索赔申请（第______号），索赔（大写）__________，经我方审核评估：

□不同意此项索赔。

□同意此项索赔，金额为（大写）____。

同意/不同意索赔的理由：

索赔金额的计算：

项目监理机构：
总监理工程师：
日期：

建设单位审批意见：

开发商代表（专业工程师）/日期：　　　　工程管理部经理/日期：

31. 施工图纸会审与设计交底会议纪要

表 2-71　　施工图纸会审与设计交底会议纪要

编号：

工程名称		承 建 商	
建设单位		监理单位	
出席单位	出席会议人员名单		
建设单位			
设计单位			
承包单位			
质监单位			
监理单位			
交底会议日期			

注：①会议纪要另附于后。
②纪要由承包单位送与会单位。

32. 安全文明施工管理奖/罚通知单

表 2-72　　安全文明施工管理奖/罚通知单

编号：

<table>
<tr><td>工程名称</td><td></td><td>承 建 商</td><td></td></tr>
<tr><td>建设单位</td><td></td><td>监理单位</td><td></td></tr>
<tr><td colspan="4">致：
1. 经过安全文明施工检查组的评定，贵公司承建的______栋获得了______年______月______日安全文明施工第一名，决定对贵公司进行如下奖励：
奖励：□通报表扬　　□奖励

2. 安全文明施工管理小组在进行安全文明施工检查中，发现贵公司存在如下问题，现正式通知贵公司，报据有关规定，安全文明施工管理小组决定对贵公司进行以下处罚：

处罚：□通报批评　　□罚款

3. 附件

总监理工程师/日期：
工程管理部经理/日期：</td></tr>
<tr><td colspan="4">抄送：监理部、工程管理部、财务部</td></tr>
</table>

33. 施工现场质量管理检查记录表

表 2-73　　施工现场质量管理检查记录表

<table>
<tr><td colspan="2">系统名称</td><td colspan="3"></td><td>施工许可证
（开工证）</td><td></td></tr>
<tr><td colspan="2">建设单位</td><td colspan="3"></td><td>项目负责人</td><td></td></tr>
<tr><td colspan="2">设计单位</td><td colspan="3"></td><td>项目负责人</td><td></td></tr>
<tr><td colspan="2">监理单位</td><td colspan="3"></td><td>总监理工程师</td><td></td></tr>
<tr><td colspan="2">施工单位</td><td>项目经理</td><td colspan="2"></td><td>项目技术负责人</td><td></td></tr>
<tr><td>序号</td><td>项　目</td><td colspan="5">内　容</td></tr>
<tr><td>1</td><td>现场质量管理检查制度</td><td colspan="5"></td></tr>
<tr><td>2</td><td>施工安全技术措施</td><td colspan="5"></td></tr>
<tr><td>3</td><td>主要专业工种操作上岗证书</td><td colspan="5"></td></tr>
<tr><td>4</td><td>分包方确认与管理制度</td><td colspan="5"></td></tr>
<tr><td>5</td><td>施工图审查情况</td><td colspan="5"></td></tr>
<tr><td>6</td><td>施工组织设计、施工方案及审批</td><td colspan="5"></td></tr>
<tr><td>7</td><td>施工技术标准</td><td colspan="5"></td></tr>
<tr><td>8</td><td>工程质量检验制度</td><td colspan="5"></td></tr>
<tr><td>9</td><td>现场设备、材料存放与管理</td><td colspan="5"></td></tr>
<tr><td>10</td><td>检测设备、计量仪表检验</td><td colspan="5"></td></tr>
<tr><td>11</td><td>开工报告</td><td colspan="5"></td></tr>
<tr><td>12</td><td></td><td colspan="5"></td></tr>
<tr><td>13</td><td></td><td colspan="5"></td></tr>
<tr><td colspan="2">检查结论：</td><td colspan="5"></td></tr>
<tr><td colspan="2">施工单位项目负责人：（签章）

年　月　日</td><td colspan="3">总监理工程师：（签章）

年　月　日</td><td colspan="2">建设单位项目负责人：（签章）

年　月　日</td></tr>
</table>

34. 月统计报量审批表

表 2-74　　月统计报量审批表

编号：

<table>
<tr><td>工程名称</td><td></td><td>承 建 商</td><td></td></tr>
<tr><td>建设单位</td><td></td><td>监理单位</td><td></td></tr>
<tr><td colspan="4">致：

内容：

附件：

单位（章）：
负责人：</td></tr>
<tr><td colspan="4">监理单位意见：

专业监理工程师：　　总监理工程师：</td></tr>
<tr><td colspan="4">建设单位工程部意见：

工程代表（专业工程师）：　　工程管理部经理：</td></tr>
<tr><td colspan="4">建设单位财务部意见：

财务总监：</td></tr>
</table>

注：本表用于项目参建单位就工程质量、安全、工期、造价等问题进行联系、报告。

十四、人力资源管理

（一）战略规划业务流程

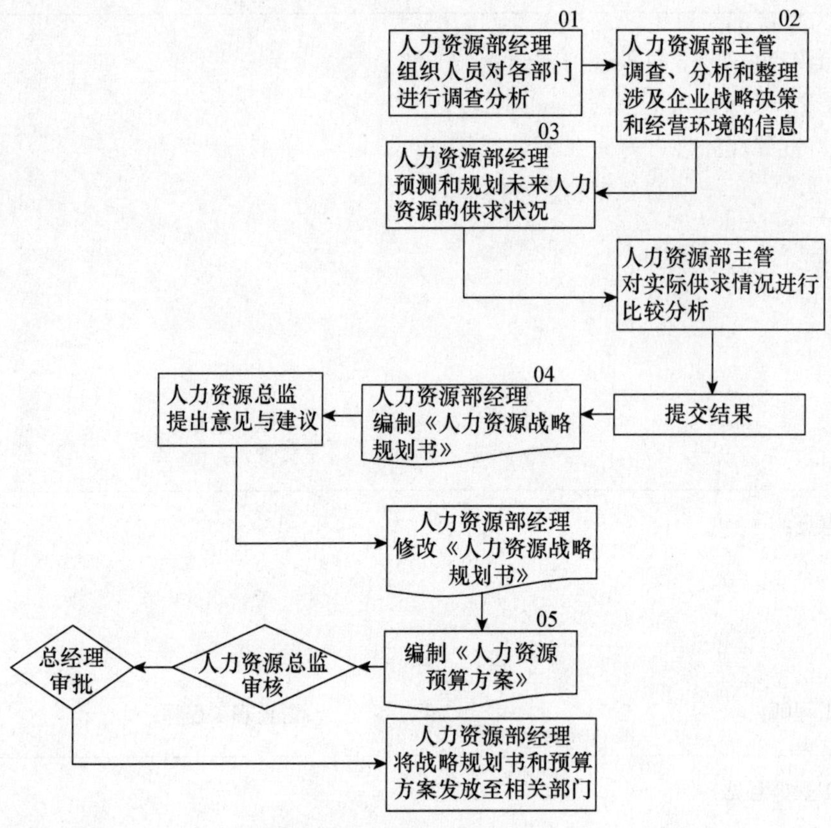

图 2-76 战略规划业务流程

（1）管理目标

①保证人力资源战略规划的前期准备工作充分、规范；

②避免因人力资源战略规划的审议不规范、不充分，可能导致战略规划和预算报告不合理、不客观。

（2）关键控制点

①人力资源部经理组织人员对各相关部门进行调查分析；

②调查、分析并整理涉及企业战略决策和经营环境的各种信息；

③在分析人力资源需求和供给影响因素的基础上，采用定性与定量相结合的预测方法对企业未来的人力资源供求进行预测；

④人力资源部经理编制《人力资源战略规划书》；

⑤人力资源部经理编制人力资源预算方案。

（二）员工需求分析流程

（1）管理目标

①保证员工需求分析的前期准备工作充分、规范；

②避免员工需求分析报告的审核、审批不规范、不充分。

（2）关键控制点

①人力资源部经理组织人员对各相关部门进行调查分析；

②人力资源部专员向各部门管理人员发放员工需求调查表；

③组织外部专家和企业内部相关领导进行座谈；

④人力资源部经理进行企业人员现状分析；

⑤根据人力资源战略规划编制《员工需求分析报告》。

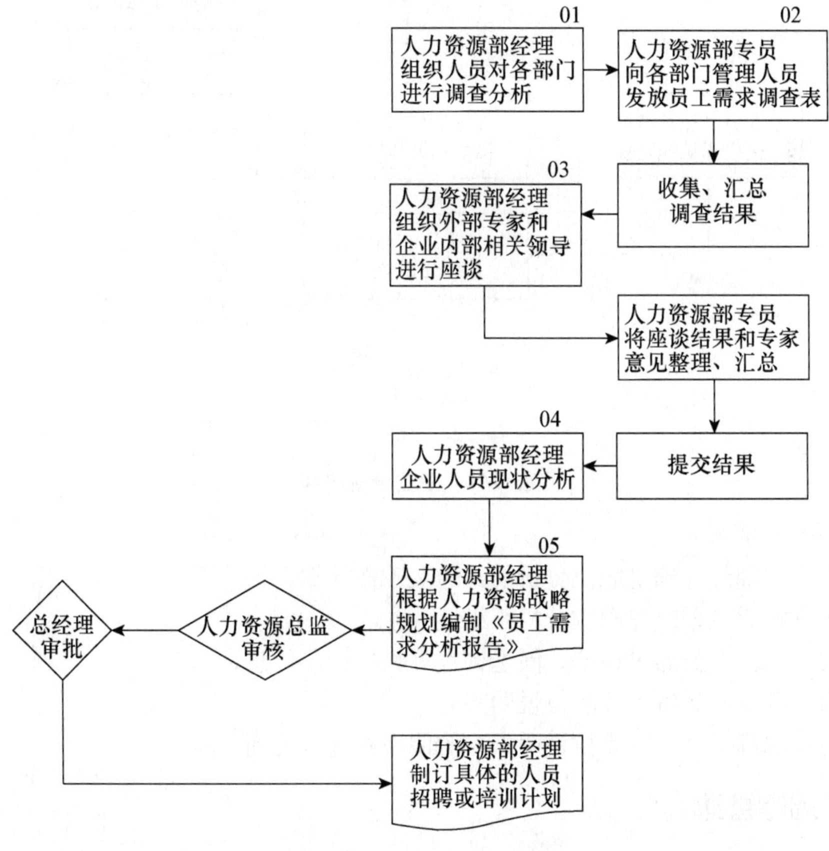

图 2-77　员工需求分析流程

（三）职位分析流程

（1）管理目标

①避免因职位信息收集不充分、不合理，可能导致职位说明书不符合企业实际状况；

②避免因职位说明书编写不合理、不符合实际，可能导致以后的培训和绩效考核工作无法正常进行。

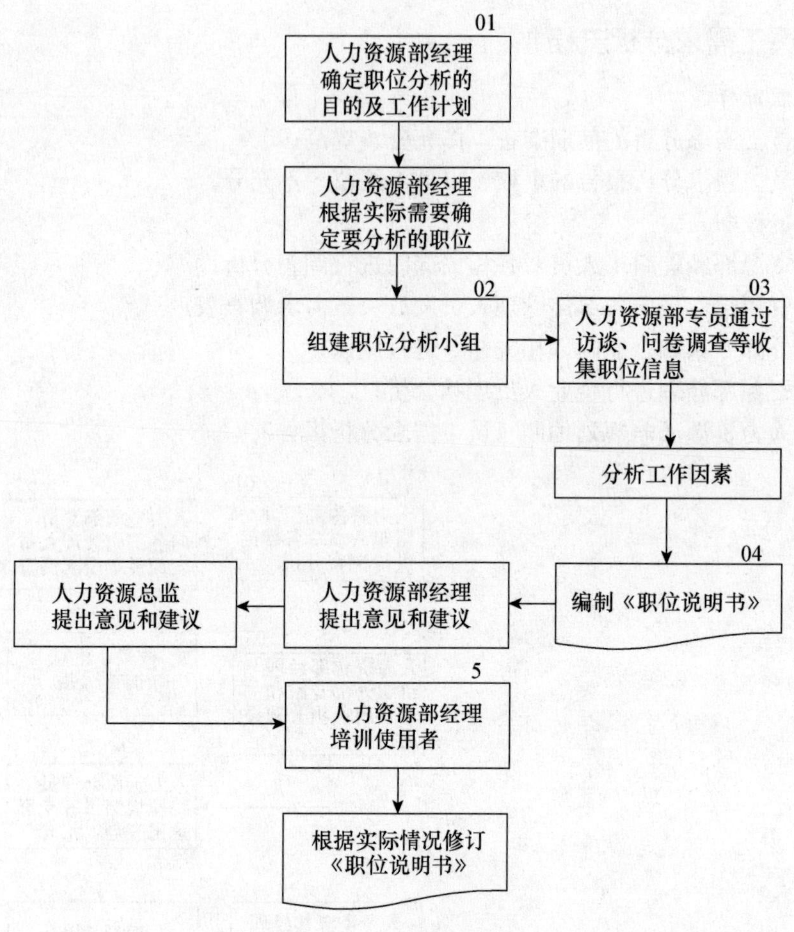

图 2-78　职位分析流程

（2）关键控制点

①人力资源部经理确定职位分析的目的及工作计划；

②人力资源部经理组建职位分析小组；

③人力资源部专员通过访谈、问卷调查等收集职位信息；

④人力资源部专员编制《职位说明书》；

⑤人力资源部经理对《职位说明书》的使用者进行培训。

（四）招聘管理流程

（1）管理目标

①避免因人员需求信息收集不充分、不合理，可能导致招聘计划制订不符合企业实际情况；

②避免因招聘预算和招聘计划制订不合理或没有经过规范性审批，可能导致企业盲目招聘；

③保证招聘方式合理；

④避免因简历筛选过程不规范、不合理，可能导致企业不能准确为求职者定位，从而影响个人才能发挥，造成人才浪费；

⑤保证面试过程规范并准备充分。

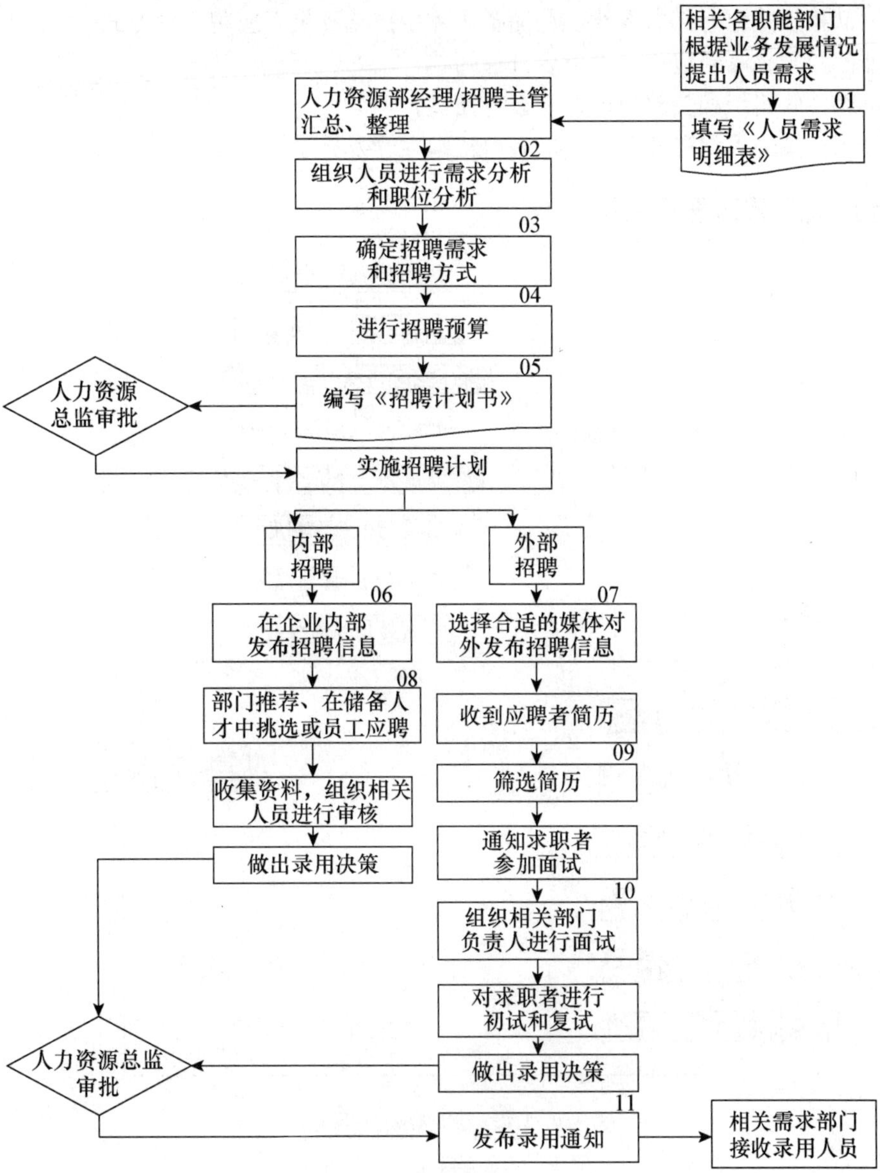

图 2-79　招聘管理流程

（2）关键控制点

①各职能部门根据业务发展情况提出人员需求，填写《人员需求明细表》；

②招聘主管组织人员进行需求分析和职位分析；

③招聘主管确定招聘需求和招聘方式；

④招聘主管进行招聘预算；

⑤人力资源部经理编制《招聘计划书》；

⑥属于内部招聘的，在企业内部发布招聘信息；

⑦属于外部招聘的，选择合适的媒体对外发布招聘信息；

⑧内部招聘主要有部门推荐、在储备人才中挑选和员工应聘三种方式；
⑨外部招聘在收到应聘者简历后进行筛选；
⑩招聘主管组织相关部门负责人进行面试；
⑪录用决策经人力资源总监审批后由招聘主管发布录用通知。

（五）员工绩效考核流程

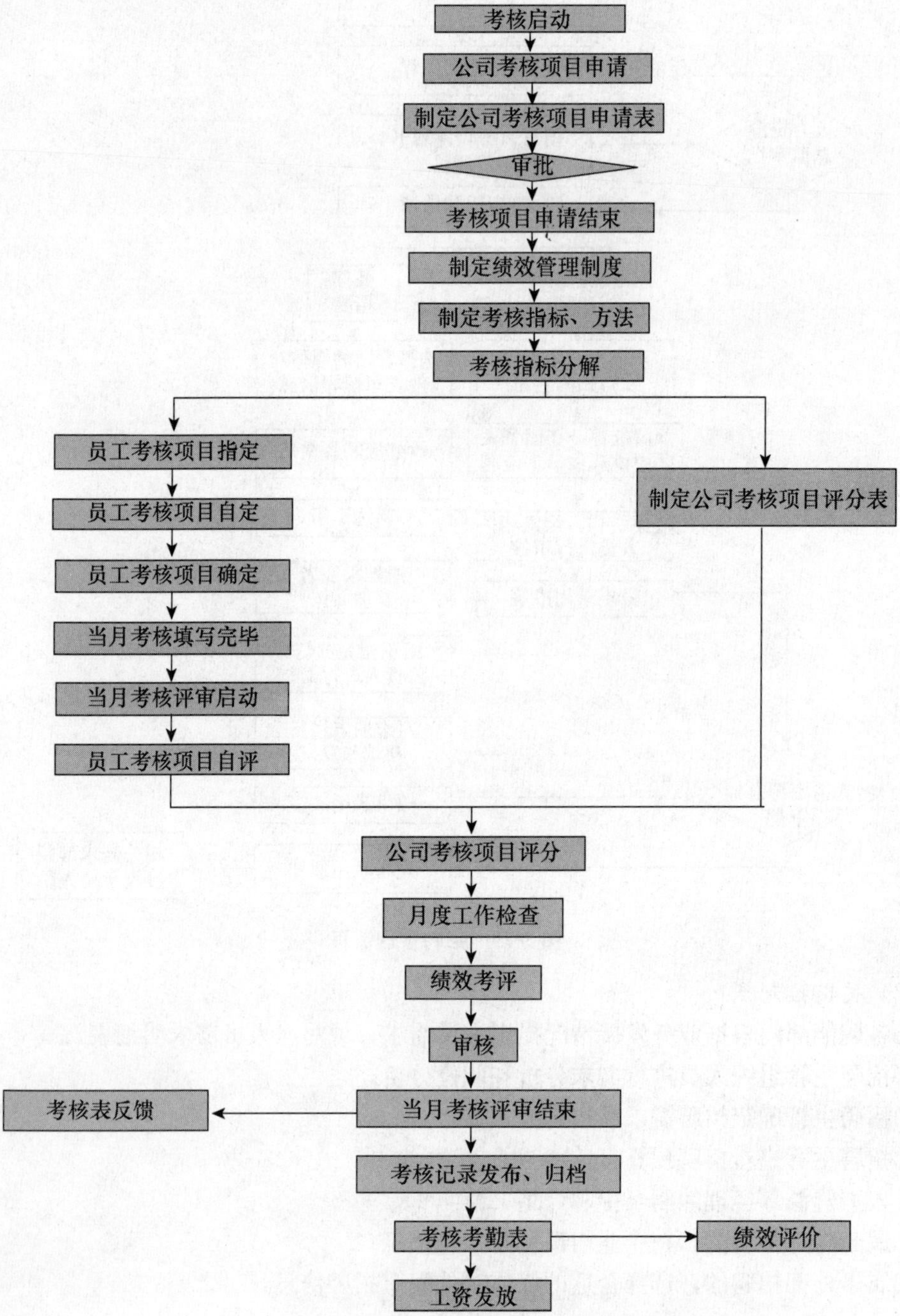

图 2-80　员工绩效考核流程

（六）绩效考核评估流程

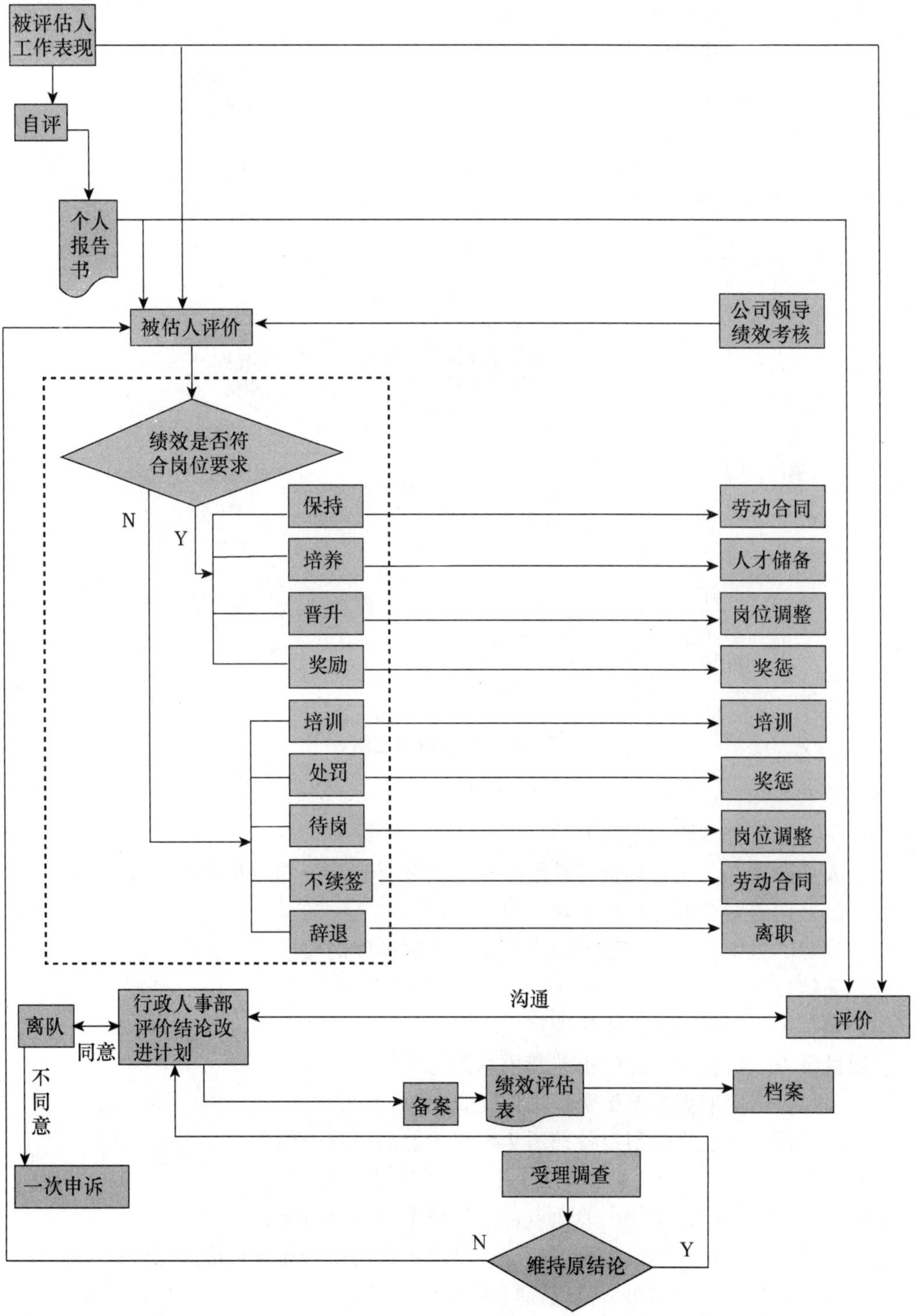

图 2-81　绩效考核评估流程

（七）出差流程控制

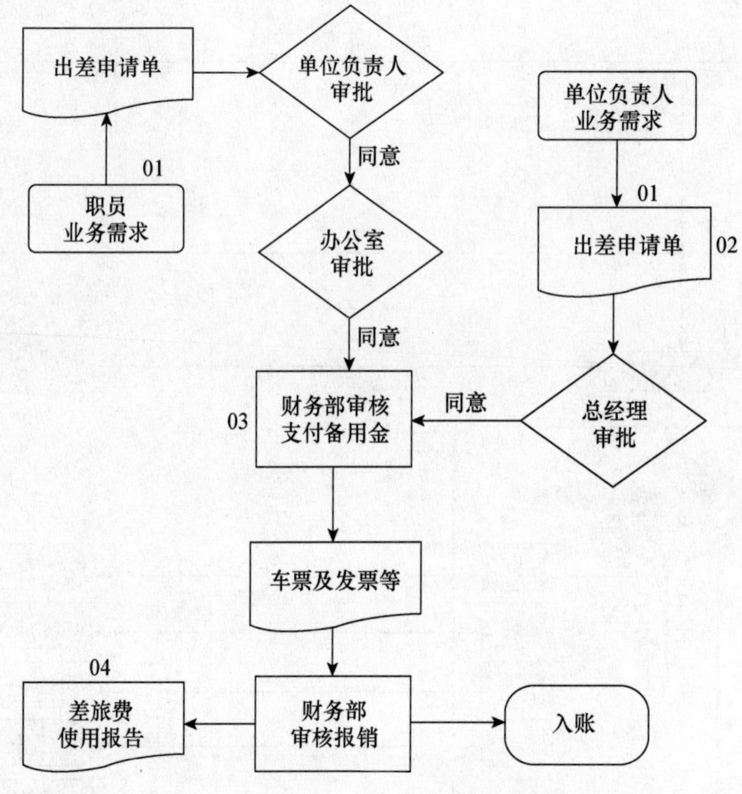

图 2-82　出差流程控制

（1）管理目标

①员工出差符合本职工作需要；

②个人差旅费在公司管理费用控制限额之内并有利于工作的开展和进行；

③控制公司差旅总额在合理金额之内；

④差旅费的报销符合会计制度规定和公司管理制度的要求。

（2）关键控制点

①公司制定详细的出差费用标准；

②项目负责人负责辖控部门出差费用总控；

③各项目公司定期编制差旅费使用情况表；

④管理层总结以往经验制定各部门年度出差费用总控金额。

（3）注释

①出差申请单应有详细的出差地点，工作任务和出差时间；

②总经理、办公室分别负责审核相应人员出差费用是否在预算范围之内；

③大额备用金应采用支票形式或银行卡；

④各部门的差旅费使用报告交管理层进行审阅。

（八）工资计提与发放流程

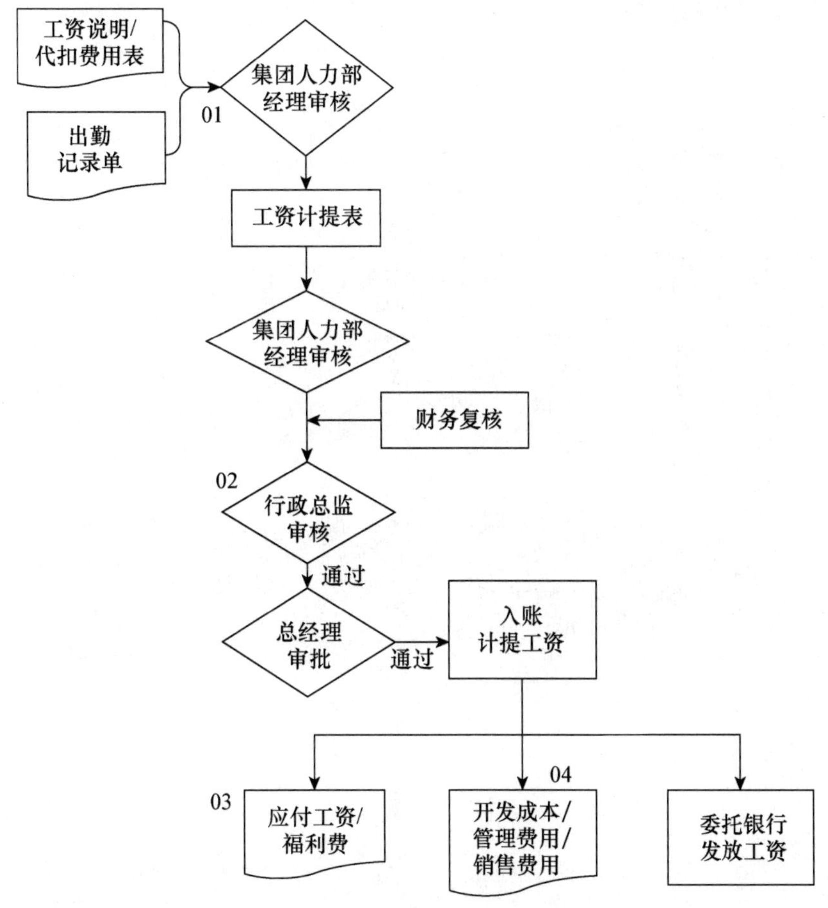

图 2-83　工资计提与发放流程

（1）管理目标

①保证公司雇佣职员符合相关法律法规以及公司规章制度；

②保证职员有公平公正的就业机会；

③保护职员合法的劳动收益；

④员工工资及时计提与发放。

（2）关键控制点

①与职员签订的劳动合同符合国家法律法规；

②职员的级别以及相对应的工资福利符合公司制度；

③定期编制公司人才管理月报；

④确保计提的工资与合同相符。

（3）注释

①由公司行政人事部门薪资专员在每月初根据公司各级别人员的劳动合同编制工资计提表；

②工资计提表由行政总监签字确认；

③月初财务部门成本会计根据行政部门提供的工资计提表登记入账，计提工资及福利费；

④销售部门员工工资由销售部按规定的佣金比例计提，并由销售总监签字认可。

（九）印章管理流程

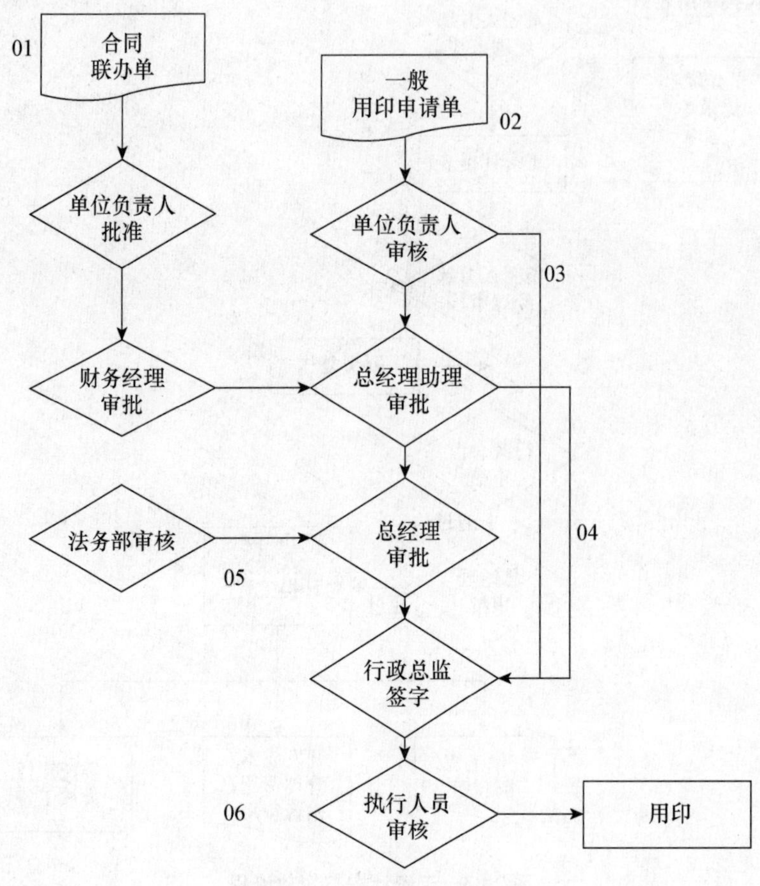

图 2-84　印章管理流程

（1）管理目标

①保证公司印章管理和使用的安全性；

②公司用印的流程符合公司制度；

③保证公司合同用印及时与安全。

（2）关键控制点

①用印要经严格审批；

②保管印章人员要严格按制度使用印章；

③用印的审批权限要明确。

（3）注释

①合同用印应由合同经办人填写合同联办单后逐级上报审核；

②一般用印由使用人填写用印申请单；

③一般用印时属于例行事项的无需总经理审批，直接由行政人事总监签字认可；

④一般合同无需董事长审批；

⑤合同金额高于××万元或者属于重要合同的，要经过公司法律顾问的审核、总经理审批；

⑥一般用印经行政人事总监签字后可以直接使用，无需审核相关手续。

附：相关表格

1. 普通工作人员绩效考核表

表 2-75 普通工作人员绩效考核表

年 月 部门： 姓名：

考核项目	得分									
处事能力	理解能力非常强，对事物判断准确，处理能力较强	20	理解力强，对事物判断准确，处理能力比一般人强	16	理解力普通，处理事物不常有错误	12	理解较迟钝，对复杂事物判断力不够	8	理解迟钝，判断能力不良，经常无法处理事物	4
协调性	与人协调无间，为工作顺利完成尽最大努力	20	爱护团体，常帮助别人	16	肯应别人要求帮助别人	12	仅在必须与人协调的工作上与人合作	8	精神散漫，不肯与人合作	4
责任感	任劳任怨，竭尽所能完成任务	20	工作努力，分内工作非常完善	16	有责任心，能自动自发	12	交付工作常需督导才能完成	8	敷衍，无责任感，粗心大意	4
积极性	奉公守法，足为他人楷模	10	热心工作，支持企业方面的政策	8	对本身工作感兴趣，不至于工作时间开玩笑	6	工作无恒心，精神不振，不满现实	4	态度傲慢，常唆使别人向企业提出不合理要求	2
勤惰	不浪费时间，不畏劳苦，交付工作抢先完成	30	守时守规，不偷懒，勤奋工作	24	虽少迟到早退，但上班后常不主动工作	18	借故逃避繁重工作，不坚守工作岗位	12	时常迟到早退，工作不努力，时常远离工作岗位	6
奖惩记录					考核评分					
					奖惩增减分					
					考绩					

2. 管理人员能力考核表

表 2-76 管理人员能力考核表

姓名			年龄			到职日期	
所属部门			职位			担任本职开始时间	
管理才能	项目	优异	良好	平常	欠佳	本项目之评估	
	领导能力						
	处事能力						
	协调能力						
	责任感						
	总评						

续表

培养建议	
派职建议	

上一级主管：　　　直接主管：

3. 企业部门中层领导年度工作考核表

表 2-77　　　　企业部门中层领导年度工作考核表

<table>
<tr><td colspan="6">______企业部门中层领导
______年度工作考核表
姓名______
职务______
何时任现职______</td></tr>
<tr><td colspan="6">一、述职报告摘要（由本人填写）：
签字：
年　月　日</td></tr>
<tr><td colspan="6">二、民主评议情况：</td></tr>
<tr><td colspan="2" rowspan="2">参加评议人数</td><td colspan="4">任职情况综合分析</td></tr>
<tr><td>优秀</td><td>称职</td><td>基本称职</td><td>不称职</td></tr>
<tr><td>本部门员工</td><td></td><td></td><td></td><td></td><td></td></tr>
<tr><td>其他人员</td><td></td><td></td><td></td><td></td><td></td></tr>
<tr><td>总结</td><td></td><td></td><td></td><td></td><td></td></tr>
<tr><td colspan="6">三、考核领导小组意见：
组长：
年　月　日</td></tr>
<tr><td colspan="6">四、被考核者意见：
签字：
年　月　日</td></tr>
<tr><td colspan="6">五、董事会意见：
董事长签字：
年　月　日</td></tr>
</table>

4. 企业中层以上领导综合考核表

表 2-78　　　　企业中层以上领导综合考核表

考核项目	考核内容	评分等级			
		好	较好	一般	较差
工作实绩评价	岗位职责范围完成情况				
	企业布置的任务完成情况				
	年度工作目标完成情况				
德能素质评价	思想理论水平，能掌握政策并指导工作				
	本职业务能力，熟悉本职与相关业务，能完成业务				
	组织协调能力，能合理安排工作，能协调部门间的关系				
	调研综合能力，能进行组织调查研究，提出对策				
	用人能力，能指导下级工作，并对下级做出公正评价				
	口头表达能力，口头表达逻辑清楚，有说服力				
	文字表达能力，能独立完成各种文字工作				
	法纪观念，廉洁奉公，遵守并维护法纪				
	改革创新能力，能接受新事物，工作有创造性				
自我述职评价	自我评价客观，对自身问题能认真分析				
	对今后努力方向明确，整改措施切实可行				
综合评价等级					

5. 经理人员综合素质考核表

表 2-79　　　　经理人员综合素质考核表

考核项目	考核内容	考核得分
领导能力	率先垂范，受部署信赖	5　4　3　2　1
计划性	能以长期的展望拟定计划	5　4　3　2　1
先见性	能预测未来，拟定对策	5　4　3　2　1
果断力	能当机立断	5　4　3　2　1
执行力	朝着目标果断地执行	5　4　3　2　1
交涉力	胜任企业内外的交涉	5　4　3　2　1
责任感	有强烈的责任感，可信赖	5　4　3　2　1
利益感	对利益有敏锐的感觉	5　4　3　2　1
数字概念	有数字概念	5　4　3　2　1
国际意识	有国际意识、眼光广阔	5　4　3　2　1
自我启发	经常努力地自我启发、革新	5　4　3　2　1
人缘	受部属、同事尊敬	5　4　3　2　1

续表

考核项目	考核内容	考核得分
协调性	与其他部门的协调联系密切	5　4　3　2　1
创造力	能将创造力应用于工作	5　4　3　2　1
情报力	对情报很敏锐，且有卓越的收集力	5　4　3　2　1
评价		

评分标准：
65 分以上为能力超强；
60～65 分为能力强；
55～60 分为能力较强；
50～55 分为能力一般；
50 分以下为能力差。

6. 计划完成情况自查表

表 2-80　　计划完成情况自查表

填写人：　　填写时间：

计划及其他临时工作内容	计划完成时间	实际完成时间	未完成原因、比例及改进措施
主要工作完成情况			
基础工作完成时间			
临时工作完成时间			

部门负责人签字：　　　　日期：
分管领导签字：　　　　日期：

7. 创新与合理化建议表

表 2-81　　创新与合理化建议表

提议人：　　部门：　　建议实施部门：　　时间：

主题	
提案内容	
操作方法	
审批意见： 分管领导：　　部门负责人：	
评审部门审核意见：	

8. 绩效反馈面谈表

表 2-82　　　　　　　　　　　　　　绩效反馈面谈表

姓名		部门		职位	
时间		地点		面谈人	
在职时间（自任职日算起）	评价区间：　　年　　月至　　年　　月				
在工作中哪些方面较成功？					
在工作中有哪些需要改善的地方？					
你是否需要接受一定的培训？为什么？					
你认为自己的工作在本部门和全公司中处于何种状况？					
你认为本部门工作最好、最差的是谁？					
你对本次绩效评价有什么意见？					
你希望上级给予怎样的帮助？					
你接下来工作和绩效的改进目标是什么？					
面谈结果					

9. 绩效考核申诉表

表 2-83　　　　　　　　　　　　　　绩效考核申诉表

申诉人姓名		职务		所在部门		直接上级	
申诉原因：							
申诉事件：							
申诉处理意见 考核者上级签名： 企管办主任签名： 董事长或总经理签名： 日期：							

附：部门绩效考核管理工具

1. 投资发展部

(1) 投资部组织架构

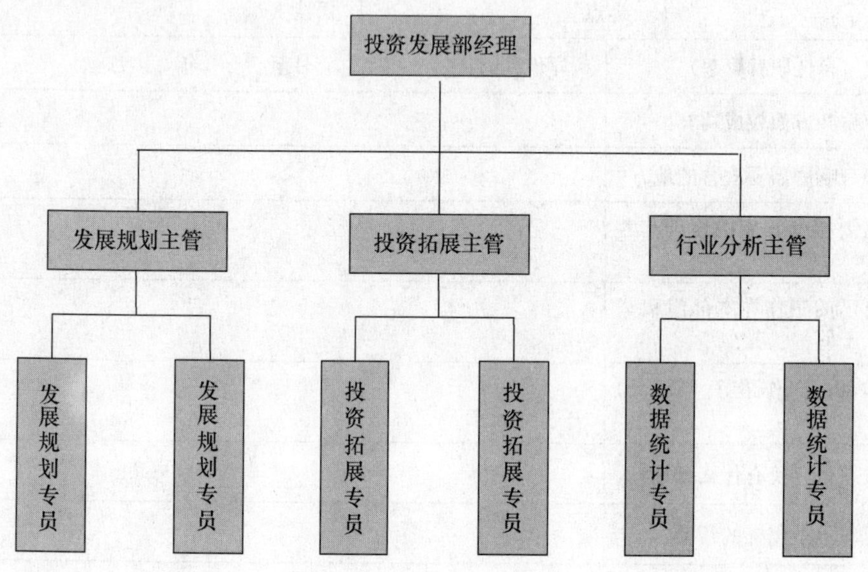

图 2-85　投资部组织架构

(2) 人员绩效考核表

①投资发展部经理绩效考核表

表 2-84　投资发展部经理绩效考核表

考核项目	考核要点	考核指标定义/公式	权重(%)	考核主体	考核资料来源
1. 年度经营计划制定与执行	根据公司中长期发展战略，组织进行市场调查，编制年度经营计划	$\frac{\text{年度经营计划完成额}}{\text{年度经营计划总额}}\times 100\%$	20	运营总监	投资发展部
2. 投资项目的管理	组织制定投资项目的选择方法，负责对项目进行初期的筛选，监督、检查项目的运行情况	$\frac{\text{年度实际投资额}}{\text{年度计划投资总额}}\times 100\%$	35	运营总监	投资发展部
3. 项目目标管理	评估各个阶段各部门的经营目标实施情况，并提出评估和调整意见。	评估工作有无重大疏漏	35	运营总监	投资发展部
4. 员工管理	协调本部门各项工作，组织部门员工的培训、考核工作，控制部门各项费用的支出	年终部门员工综合评价达到85分	10	运营总监	人力资源部

②发展规划主管绩效考核表

表 2-85　　发展规划主管绩效考核表

考核项目	考核要点	考核指标定义/公式	权重（%）	考核主体	考核资料来源
1. 战略分析研究	根据国内有关经济政策和产业动态、企业内部发展状况、企业外部各种发展因素，编写战略分析研究报告，并为对外投资提供有效支持	管理者对战略分析研究报告满意度评价达 4 分以上	40	运营总监	投资发展部
2. 项目规划管理	组织相关人员编写项目规划方案，组织相关人员做好各种规划方案以及数据资料的整理与保管工作	管理者认为项目规划方案合理可行，项目规划文件资料完整率达到 100%	60	运营总监	投资发展部

③投资拓展主管绩效考核表

表 2-86　　投资拓展主管绩效考核表

考核项目	考核要点	考核指标定义/公式	权重（%）	考核主体	考核资料来源
1. 分析房地产项目投资环境	对房地产投资的自然环境、经济环境、文化环境、基础设施环境、社会政治环境、政策与法律环境进行定期的分析，并及时编写投资环境研究报告并报高层管理者	公司高层管理者对房地产投资环境分析满意度在 4 分以上	15	投资发展部经理	投资发展部
2. 房地产项目投资计划管理	组织撰写房地产项目投资计划，报请运营总监审批后，负责协调各个部门实施投资计划	$\frac{\text{年度实际投资额}}{\text{年度计划投资总额}}\times 100\%$	35	投资发展部经理	投资发展部
3. 项目目标管理	评估各个阶段各部门的经营目标实施情况，并提出评估和调整意见。	评估工作有无重大疏漏	35	投资发展部经理	投资发展部
4. 员工管理	协调本部门各项工作，组织部门员工的培训、考核工作，控制部门各项费用的支出	年终部门员工综合评价达到 85 分	10	投资发展部经理	人力资源部

2. 市场部

（1）市场部组织结构

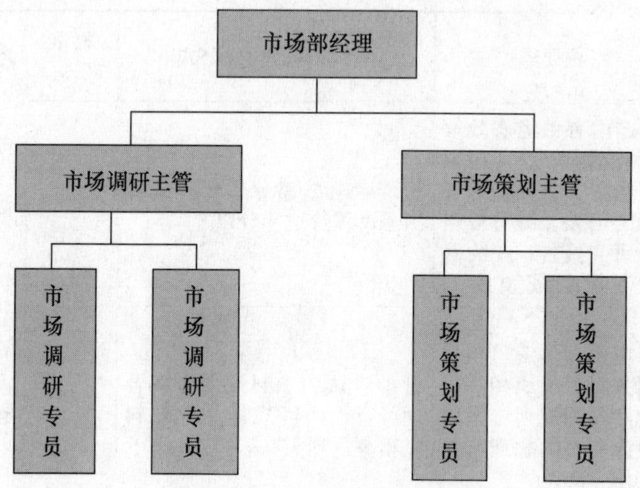

图 2-86 市场部组织结构

（2）人员绩效考核表

①市场部经理绩效考核表

表 2-87 市场部经理绩效考核表

考核项目	考核要点	考核指标定义/公式	权重（%）	考核主体	考核资料来源
1. 市场开拓计划与预算管理	组织制定项目的市场开拓计划，同时编制市场开拓预算，报营销总监批准后严格执行	市场开拓计划完成率达100%，相关实施费用不超过预算	30	营销总监	市场部 财务部
2. 市场调研管理	根据市场发展情况，定期对市场调查，了解本地区房地产供求状况，以及同行业竞争企业状况、客户需求等信息	各种市场调研数据和资料准确无误，出错率为零	20	营销总监	市场部
3. 市场策划管理	编写各类市场策划方案的创意，经管理者审批后，负责组织管理	各类市场策划方案的完成率达 100%，管理者对各类市场策划方案实施的结果满意度评价在 4 分以上	20	营销总监	市场部
4. 公关活动管理	编写策划方案与实施计划，编制活动经费预算，经管理者审批后组织实施	公关活动计划完成率达到100%，公关活动费用不超过预算	20	营销总监	市场部
5. 员工管理	组织本部门员工的培训、考核工作，通过沟通与激励等方式，挖掘员工潜力，达到开发人才的目的	年终部门员工综合评价在85 分以上	10	营销总监	人力资源部

②市场调研主管绩效考核表

表 2-88　　市场调研主管绩效考核表

考核项目	考核要点	考核指标定义/公式	权重（%）	考核主体	考核资料来源
1. 市场调研与分析管理	根据市场发展情况，定期针对性地进行市场调查，了解本地区房地产供求状况、客户需求等信息，汇总市场调查的数据与资料，报上级领导决策时使用	市场调查各种数据准确，出错率为零	50	市场部经理	市场部
2. 公司内部资源研究与分析	通过对外界经济动态的了解与市场调查的结果，针对本公司的资源状况，进行自身的优势分析	每半年一次	25	市场部经理	市场部
3. 公司内外环境研究与分析	定期对公司内外部环境进行评估，为公司的经营目标定位和调整提出参考意见	每半年一次	25	市场部经理	市场部

③市场策划主管绩效考核表

表 2-89　　市场策划主管绩效考核表

考核项目	考核要点	考核指标定义/公式	权重（%）	考核主体	考核资料来源
1. 市场策划管理	根据公司阶段性发展计划和目标，以及目标实施的实际情况，编写各类市场策划方案，并报市场部经理审核	策划创意没有违反国家相关法律法规，管理者对市场策划方案实施结果的满意度评价在 4 分以上	50	市场部经理	市场部
2. 策划预算管理	根据市场策划方案，编制市场策划实施预算，报市场部经理审批	年度广告费用不超过预算	30	市场部经理	市场部
3. 策划实施管理	根据市场策划方案和实施预算，与有关外部咨询公司及媒体联系，进行业务洽谈，商定价格和交货、发布期，签订合同等	年度市场策划计划完成率达 100%	20	市场部经理	市场部
4. 员工管理	协调本部门各项工作，组织部门员工的培训、考核工作，控制部门各项费用的支出	年终部门员工综合评价达到 85 分	10	运营总监	人力资源部

④公关主管绩效考核表

表 2-90　　公关主管绩效考核表

考核项目	考核要点	考核指标定义/公式	权重（%）	考核主体	考核资料来源
1. 编制策划方案与实施计划	围绕公关活动的策划方案与实施计划，编制活动经费预算，报领导审批	年度公关活动按计划100%完成，年度公关费用不超过预算	50	市场部经理	市场部
2. 公关活动的实施	组织安排公关活动的各项前期准备工作，编写公关活动有关的宣传资料，组织公关活动的实施	年度公关活动按计划100%完成	30	市场部经理	市场部
3. 外部沟通	配合公司相关部门与各政府主管部门、行业组织、金融机构及传媒界等进行外部沟通，使公司和这些单位保持良好的合作关系	外部合作单位对公司对外合作工作的满意度评价在4分以上	20	市场部经理	市场部

3. 销售部

（1）销售部组织结构

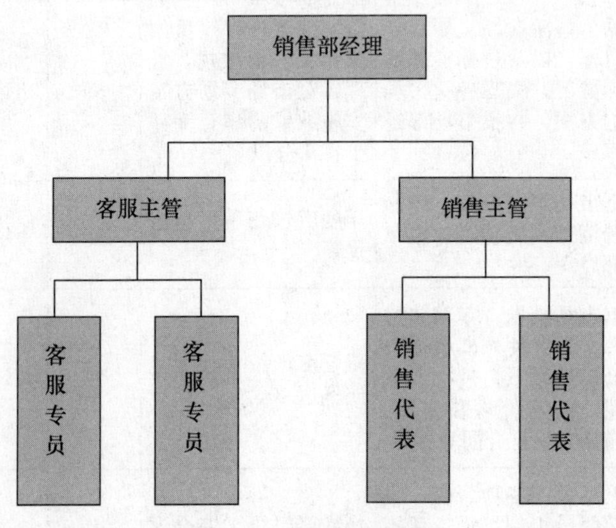

图 2-87　销售部组织结构

（2）人员绩效考核表

①销售部经理绩效考核表

表 2-91　　销售部经理绩效考核表

考核项目	考核要点	考核指标定义/公式	权重（%）	考核主体	考核资料来源
1. 制订销售计划及预算	根据公司既定营销策略制订项目销售计划，组织销售计划及整体销售费用预算，研究决定项目的销售推广形式以及公共方案和促销计划	营销计划实现率达到100%，达到____万元。年度营销费用不超过预算____万元	30	营销总监	销售部财务部
2. 销售控制	根据营销实施情况，定期组织对营销活动进行分析，组织制定销售进度控制表、调查客户的资信度、检查销售人员执行销售流程的情况	年度、季度、月度销售计划完成率达100%	30	营销总监	销售部
3. 客户管理	及时组织建立完备的客户档案，及时组织对业主入住资格进行审定，对顾客投诉进行妥善处理，以确保维护良好的客户关系	年营业额增长率达到15%；客户满意度达到90%	30	营销总监	销售部
4. 员工管理	协调本部门各项工作，组织部门员工的培训、考核工作，控制部门各项费用的支出	年终部门员工综合评价达到85分	10	营销总监	人力资源部

②销售主管绩效考核表

表 2-92　　销售主管绩效考核表

考核项目	考核要点	考核指标定义/公式	权重（%）	考核主体	考核资料来源
1. 制订销售计划	根据公司年度销售计划和下达给本销售组的任务，制订本组销售计划	销售计划实现率达到100%	35	销售部经理	销售部
2. 开展销售活动	组织本组人员销售活动的开展，检查、监督销售员的日常销售工作	年度销售额计划完成率达到100%	35	销售部经理	销售部
3. 客户管理	及时解决现场销售中出现的问题，热情解答客户的疑问，督促销售员上报日、周、月度报表和工作计划，做好相应的客户以及潜在客户的统计分析和上报工作	各类报表中数据真实准确，出错率为0	20	销售部经理	销售部
4. 员工管理	做好部门的上传下达工作，组织本组人员的培训、考核工作，通过沟通与激励，挖掘员工潜力，达到开发人才的目的	年终综合考评，部门员工平均得分在85分以上。	10	销售部经理	人力资源部

4. 项目部

（1）项目部组织结构

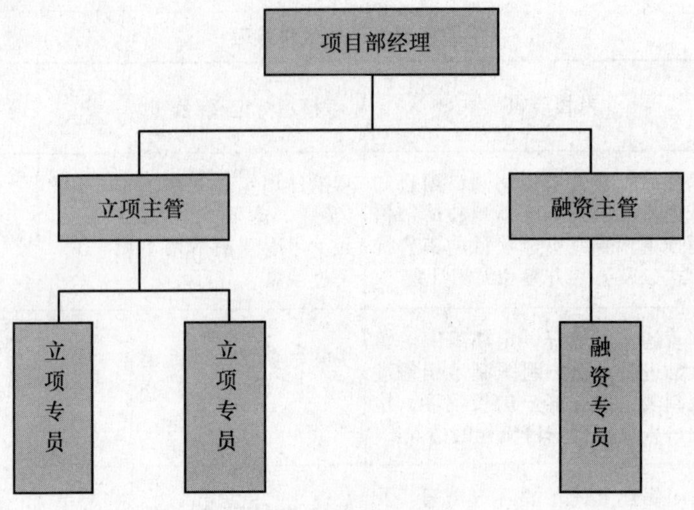

图 2-88　项目部组织结构

（2）人员绩效考核表

①项目部经理绩效考核表

表 2-93　项目部经理绩效考核表

考核项目	考核要点	考核指标定义/公式	权重（%）	考核主体	考核资料来源
1. 立项管理	根据公司项目规划，通过政府拍卖，取得新项目的土地资源，组织公司有关部门为新项目办理政府立项的各项相关手续	立项的各项手续按照公司规定的时间点完成率达到 100%	30	运营总监	前期部
2. 项目规划管理	组织制定项目策划方案，并代表公司委托外部设计院编制项目规划合理控制项目规划编制费用的使用	项目规划，按照公司规定的时间节点完成率达到 100%；项目规划编制费用不超过预算	30	运营总监	投资发展部；财务部
3. 开发组织工作	与当地政府部门密切配合，组织项目用地的拆迁工作，协助当地政府部门妥善进行拆迁居民的安置工作。严格控制拆迁费用、赔偿费用的支出	拆迁工作，按照公司规定的时间节点完成率达到 100%；项目拆迁费用不超过预算	30	运营总监	投资发展部；财务部
4. 员工管理	负责本部门工作计划的实施、监督、管理，以及部门间的关系协调。对本部门员工进行专业技能培训与指导，通过有效沟通、激励与奖惩等手段，提高员工素质，挖掘员工潜力，达到开发人才的目的	年终综合考评，部门员工平均得分在 85 分以上	10	运营总监	人力资源部

②立项主管绩效考核表

表 2-94 立项主管绩效考核表

考核项目	考核要点	考核指标	权重（%）	考核主体	考核资料来源
1. 新项目的政府立项	通过政府挂牌招标取得新项目的土地资源，负责办理相关政府立项的各项手续，传达政府对新项目的特殊要求。通过公关、协调等方法，争取政府对新项目的特殊优惠政策	政府立项工作按照公司规定的时间节点完成率达到 100%	50	项目部经理	投资发展部
2. 项目规划管理	根据项目的建设方案规划进行政府立项审批，与市政规划部门协调意见并达成有关协议（如水、电、热力、煤气等），获得建设工程规划许可证等相关审批文件	项目与市政规划的协调工作按照公司规定的时间节点完成率达到 100%	50	项目部经理	投资发展部

③融资主管绩效考核表

表 2-95 融资主管绩效考核表

考核项目	考核要点	考核指标	权重（%）	考核主体	考核资料来源
1. 融资及资金支持的运作及其准备	负责与金融机构协调，争取为项目提供各种融资，与金融机构协调以及对客户提供按揭等金融支持，为项目销售提供保证	融资、贷款、按揭等工作按照公司领导要求完成率达到 100%	50	项目部经理	投资发展部
2. 具体办理立项相关手续	配合立项主管，及时完成项目立项相关申请报批手续的准备及立项相关手续的办理	办理立项手续，按照公司规定的时间节点完成率达到 100%	50	项目部经理	投资发展部；财务部

5. 预算部

（1）人员组织结构

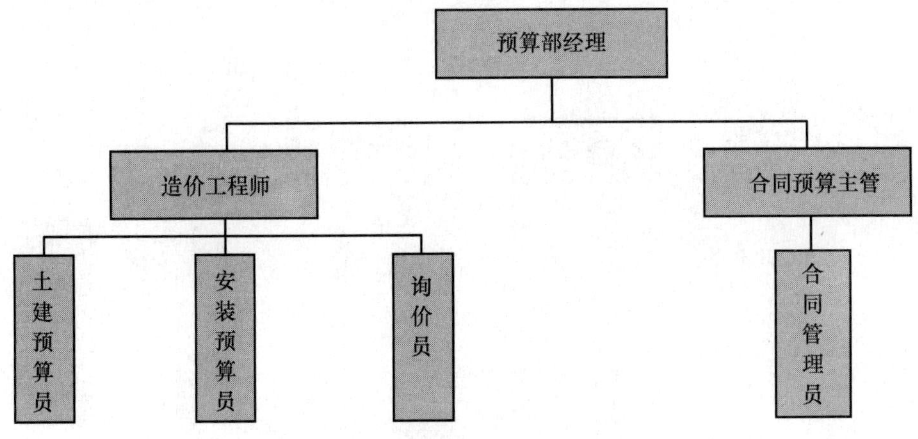

图 2-89 预算部人员组织结

（2）绩效考核表

①预算部经理绩效考核表

表 2-96　预算部经理绩效考核表

考核项目	考核要点	考核指标定义/公式	权重（%）	考核主体	考核资料来源
1. 工程预算	按照公司会审后的施工图纸，组织对人工费、原材料价格、设备的价格进行市场调查，组织本部门员工编制工程项目预算，交工程总监审批确认	工程预算与工程投资额差异不超过5%	30	工程总监	预算部；财务部
2. 工程成本控制	确认本项目使用的工程劳务定额、材料使用定额、设备台班定额，组织对其数量和价格进行检查和控制。审核甲供材料的采购计划，对数量和价格进行把关	工程成本降低率达到5%	30	工程总监	预算表；质量部
3. 工程项目决算	工程竣工时为工程承包商、材料供应商进行最终决赛。进行最终的决算与预算的成本差异分析，并向公司提出项目决赛报告、工程成本报告	最终的决算与预算的成本差异不超过5%	30	工程总监	预算部；财务部
4. 员工管理	负责对本部门员工进行专业技能培训与指导，通过有效沟通、激励与奖惩等手段，提高员工素质，挖掘潜力，达到开发人才的目的	年终综合考评，部门员工平均得分在85分以上	10	工程总监	人力资源部

6. 工程技术部

（1）人员组织结构

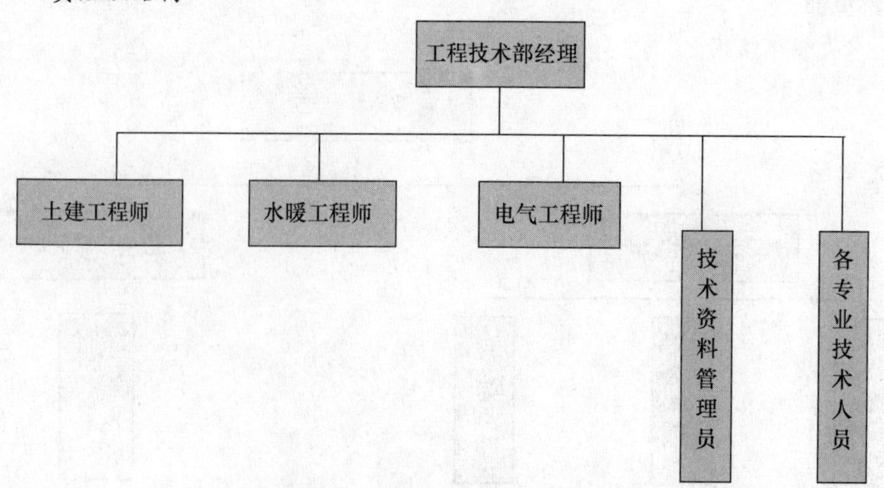

图 2-90　工程技术部人员组织结构

（2）绩效考核表

①工程部经理绩效考核表

表 2-97　　工程部经理绩效考核表

考核项目	考核要点	考核指标定义/公式	权重(%)	考核主体	考核资料来源
1. 工程预算	定期主持召开现场工程调度会议，对参与项目施工的各承包商实施统一的协调与调度，以及组织对进入现场的劳力、材料、设备进行统一调配	工程项目进度节点实现率达到100%	30	工程总监	工程技术部
2. 工程测量	协助规划局测量大队进行现场测量，负责现场定位桩的保护以及土方开挖的放线工作	工程测量及时，准确率达到100%	20	工程总监	工程技术部
3. 安全管理	组织制定各项安全管理制度，定期进行安全大检查，对进场的人员进行安全教育；对安全事故和安全隐患进行妥善处理	死亡事故率为0，工伤率控制在3‰以下	20	工程总监	工程技术部
4. 工程技术管理	及时组织对国家新颁布的技术标准、工艺标准、操作规程进行学习和贯彻。并对施工过程中的技术、工艺标准的执行情况进行监督、检查，处理施工中出现的技术问题	工程质量合格率达到100%，优良品率达到90%	20	工程总监	工程技术部
5. 员工管理	组织本部门员工的培训、考核工作，通过沟通与激励等方式，挖掘员工潜力，达到开发人才的目的	年终综合考评，部门员工平均得分在85分以上	10	工程总监	人力资源部

②土建工程师绩效考核表

表 2-98　　土建工程师绩效考核表

考核项目	考核要点	考核指标定义/公式	权重(%)	考核主体	考核资料来源
1. 审核设计图纸	根据公司项目规划及建筑方案，仔细审核建筑施工图纸，以确保施工质量	审核施工图纸，如有问题及时与设计院协商解决。最终保证出错率为0	40	工程总监	工程技术部
2. 项目实施	负责及时解决施工现场有关的技术问题，保证施工的顺利进行。配合质量管理部检查施工单位的建筑施工质量	工程验收合格率达到100%	40	工程总监	工程技术部
3. 工程验收	在工程项目施工中，配合监理公司及公司有关部门对工程进行分阶段验收。项目竣工时参加最终竣工验收	工程验收合格率达到100%	20	工程总监	工程技术部

③水暖工程师绩效考核表

表 2-99　　水暖工程师绩效考核表

考核项目	考核要点	考核指标定义/公式	权重(%)	考核主体	考核资料来源
1. 审核设计图纸	根据公司项目规划及建筑方案，仔细审核水暖施工图纸，以确保施工质量	审核施工图纸，如有问题及时与设计院协商解决。最终保证出错率为0	40	工程总监	工程技术部
2. 项目实施	负责及时解决施工现场有关的技术问题，保证施工的顺利进行。配合质量管理部检查施工单位的水暖施工质量	工程验收合格率达到100%	40	工程总监	工程技术部
3. 工程验收	在工程项目施工中，配合监理公司及公司有关部门对工程进行分阶段验收。项目竣工时参加最终竣工验收	工程验收合格率达到100%	20	工程总监	工程技术部

④电气工程师绩效考核表

表 2-100　　电气工程师绩效考核表

考核项目	考核要点	考核指标定义/公式	权重(%)	考核主体	考核资料来源
1. 审核设计图纸	根据公司项目规划及建筑方案，仔细审核电气工程施工图纸，以确保施工质量	审核施工图纸，如有问题及时与设计院协商解决。最终保证出错率为0	40	工程总监	工程技术部
2. 项目实施	负责及时解决施工现场有关的技术问题，保证施工的顺利进行。配合质量管理部检查施工单位的电气施工质量	工程验收合格率达到100%	40	工程总监	工程技术部
3. 工程验收	在工程项目施工中，配合监理公司及公司有关部门对工程进行分阶段验收。项目竣工时参加最终竣工验收	工程验收合格率达到100%	20	工程总监	工程技术部

7. 材设部

（1）人员组织结构

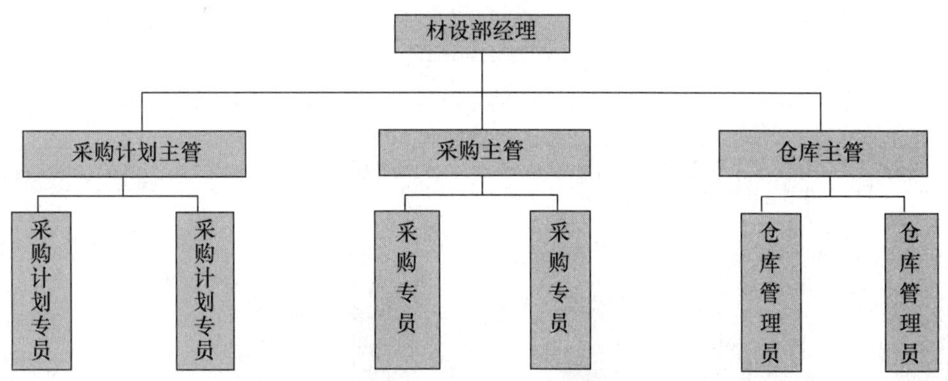

图 2-91　材设部人员组织结构

（2）绩效考核表

①材设部经理绩效考核表

表 2-101　材设部经理绩效考核表

考核项目	考核要点	考核指标定义/公式	权重(%)	考核主体	考核资料来源
1. 采购过程管理	根据公司采购制度，组织采购专员进行市场询价与比价，并进行资料记录，建立价格对比系统；要求按照“质量—速度—批量”原则，最大限度地保证采购物资的质量满足公司日常运营和工程进度的需要，并取得较低的采购成本。组织对长期主要供应商进行资信调查，实行定期等级评估制度并经常根据市场情况进行调整	采购的物资、设备合格率100%，物资、设备采购总成本不超过预算的5%	30	工程总监	材设部 质量部 财务部
2. 仓储管理	根据公司采购制度，组织收料员对采购的材料、设备进行出入库、验收、盘点、搬运、保管与维护，保证采购来的物资、设备的安全	采购来的材料、设备合格率100%材料、设备出入库差错率为0	20	工程总监	材设部 质量部
3. 固定资产、低值易耗品管理	根据公司财务制度和物资管理制度，组织采购专员按照资产分类建立固定资产、低值易耗品和物料用品的明细账；设立固定资产卡片，并会同财务部和使用部门定期核对，做到账账、账卡、账实相符	公司固定资产完好率90%，使用率90%	30	工程总监	材设部
4. 员工管理	负责对本部门员工进行专业技能培训与指导，通过有效沟通、激励与奖惩等手段，提高员工素质，挖掘员工潜力，达到开发人才的目的	年终综合考评，部门员工平均得分在85分以上	20	工程总监	人力资源部

8. 质量部

(1) 人员组织结构图

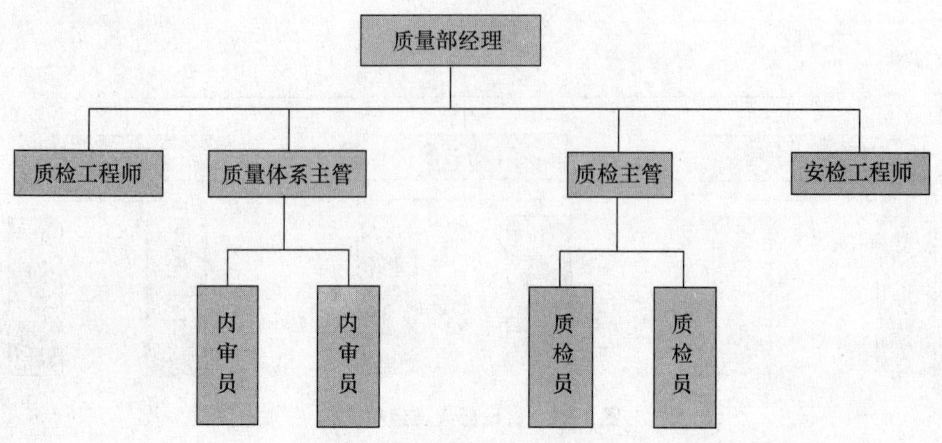

图 2-92 质量部人员组织结构图

(2) 绩效考核表

①质量部经理绩效考核表

表 2-102 质量部经理绩效考核表

考核项目	考核要点	考核指标定义/公式	权重(%)	考核主体	考核资料来源
1. 工程质量管理	根据工程项目的施工质量管理标准对项目施工实施监控，及时、准确地解决施工过程中出现的各种质量问题，定期组织对各工程项目的质量检查和最终质量验收，确保工程质量符合标准	工程质量合格率达到 100%，优良品率达到 80%	40	工程总监	质量部
2. 工程原材料管理	组织对工程使用的原材料进行检查或抽检，审核公司采购的各种原材料和设备的合格证书，确保原材料质量达到规范要求	原材料进厂合格率达到 100%	25	工程总监	质量部
3. 质量管理认证	负责 ISO 9000 认证体系质量手册和程序文件的编写、改版、换版；组织认证前的各项准备与确认工作，办理认证所需的相关手续，及每年度的复审和质量改进工作，确保认证工作的开展和顺利完成	ISO 9000 及其他质量认证体系通过验收	25	工程总监	质量部
4. 员工管理	负责部门日常工作的安排、任务分配及监督，协调本部门人员及时完成本部门各项工作	年终综合考评，部门员工平均得分在 85 分以上	10	工程总监	人力资源部

②质检工程师绩效考核表

表 2-103　　质检工程师绩效考核表

考核项目	考核要点	考核指标定义/公式	权重(%)	考核主体	考核资料来源
1. 编制产品质量检验规程	编写产品质量检验规程以及新产品企业标准和内控标准，上报领导审批并严格执行；对质量管理的重点控制项目进行监督管理	编制的产品质量检验规程执行率达到100%	20	质量部经理	质量部
2. 原材料检验	对原材料的品质进行检验，严格把关；对外购的产品质量进行检验、评价	原材料进厂合格率达到100%	30	质量部经理	质量部
3. 质量监控	按公司规定对工程项目进行施工过程中的质量控制，对生产工艺进行监督、检查。发现问题及时进行处理	工程质量合格率达到100%，优良品率达到80%	50	质量部经理	质量部

③内审员绩效考核表

表 2-104　　内审员绩效考核表

考核项目	考核要点	考核指标定义/公式	权重(%)	考核主体	考核资料来源
1. 质量管理认证	负责ISO 9000认证体系质量手册和程序文件的编写、改版、换版；办理认证前的各项准备与确认工作，及认证所需的相关手续，每年度的复审和质量改进工作，确保认证工作的开展和顺利完成	ISO 9000及其他质量认证体系通过验收	40	质量部经理	质量部
2. 编审内审计划	进行审核策划，编写年度审核实施计划（确定审核组成员、进行审核准备、编制检查表、确定审核准则、审核时间等）	内审计划实现率100%	30	质量部经理	质量部
3. 实施现场审核	依据质量手册、程序文件、标准、有关的法律法规、作业指导书，对各个部门逐一实施现场审核，寻找符合与不符合标准的证据，进行有关过程的证据记录	现场审核通过率达到100%	30	质量部经理	质量部

9. 财务部

(1) 人员组织结构图

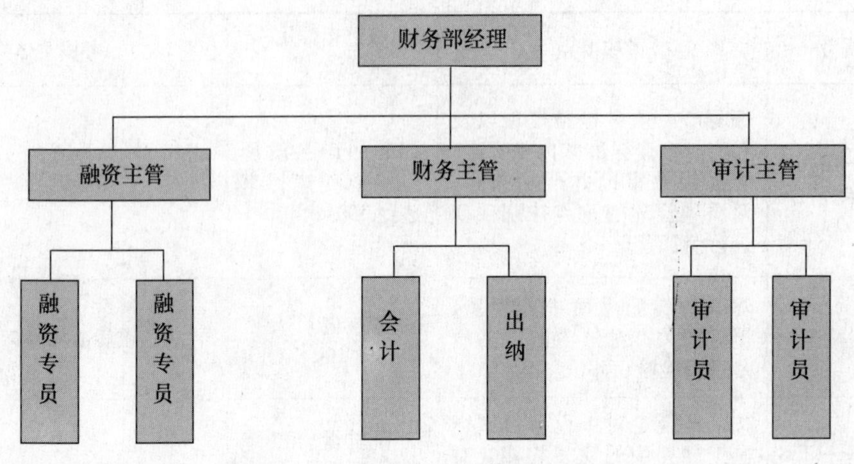

图 2-93 财务部人员组织结构图

(2) 绩效考核表

①财务部经理绩效考核表

表 2-105 财务部经理绩效考核表

考核项目	考核要点	考核指标定义/公式	权重(%)	考核主体	考核资料来源
1. 财务预算	根据公司有关制度，组织有关部门编制财务预算、汇总，并上报财务总监和总经理审批、执行。监督各部门的预算执行情况	成本费用开支不超过年度预算	20	财务总监	财务部
2. 会计核算	组织会计核算和账务处理，编制、汇总公司会计报表并及时上报有关单位	会计核算误差率为0，会计报表及时上报有关单位	20	财务总监	财务部
3. 价格监督	安排物资、设备询价，为采购监督提供依据。组织核算的成本分析，为公司产品提供价格依据	物资、设备采购价格不超过预算价格的5%	15	财务总监	财务部
4. 财务监督与考核	依据内部控制制度，组织实施财务监督，确保公司各项业务在受控的情况下运行；组织设定财务工作考核标准，严格监督各项业务收支情况，并根据考核标准对下属公司财务工作定期进行考评	年度财务效益指标完成率达到100%	15	财务总监	财务部
5. 审计管理	根据公司年度经营计划，组织制订审计计划，并负责组织实施审计计划	审计工作计划完成率达100%	15	财务总监	财务部
6. 员工管理	负责财务人员队伍的建设、选拔、配备，组织部门员工进行财务知识培训，指导、监督员工工作状况，并对其进行业绩考核	年终综合考评，部门员工平均得分在85分以上	15	财务总监	人力资源部

10. 行政部

（1）行政部人员结构图

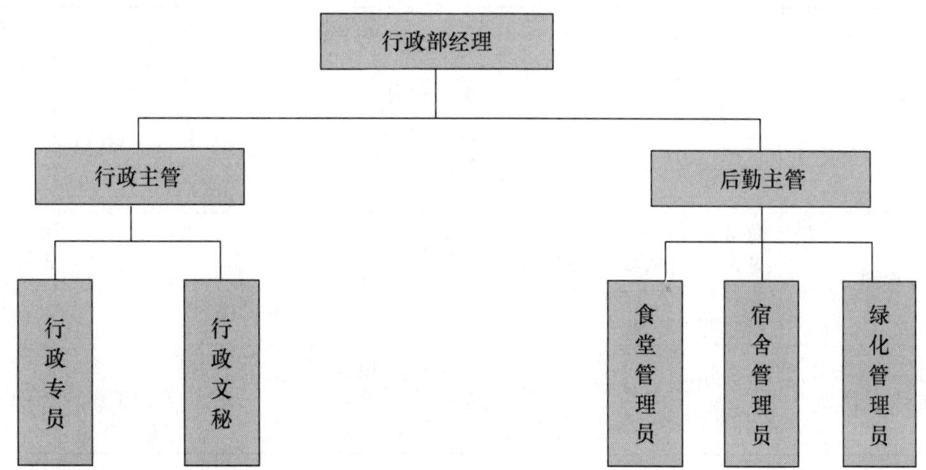

图 2-94　行政部人员结构图

（2）绩效考核表

①行政部经理绩效考核表

表 2-106　　行政部经理绩效考核表

考核项目	考核要点	考核指标定义/公式	权重(%)	考核主体	考核资料来源
1. 行政费用控制	按照公司年度费用预算，严格控制公司各项行政费用支出，确认费用分摊范围，按月分摊各项费用	行政费用控制在本年度预算之内	30	行政总监	财务部
2. 行政性财产物资管理	协调公司行政、办公设备及用品，统一安排人员购买，组织对公司行政财产物资进行登记、造册及定期盘点	行政性固定资产的完好率保持在90%以上	30	行政总监	行政部
3. 车辆管理	负责公司行政车辆的调度，协调各部门车辆的使用；安排好公司行政车辆的日常维护、保养及驾驶员的日常管理工作，组织建立公司车辆和驾驶员档案；控制公司的交通费用	车辆的完好率保持在90%以上，交通安全恶性事故率为0，一般事故率不超过5%，交通费用开支额度控制在本年度预算之内	20	行政总监	行政部
4. 治安保卫管理	组织对公司的保安人员、消防、环境和卫生进行统一管理，确保公司生产经营的安全顺利进行	年度内行政性恶性事故发生率为0	10	行政总监	行政部
5. 员工管理	负责本部门员工的配备、选拔，配合人力资源部组织部门技能培训，指导下属人员的工作，并对其进行业绩考核	年终综合考评，部门员工平均得分在85分以上	10	行政总监	人力资源部

②后勤主管绩效考核表

表 2-107　　后勤主管绩效考核表

考核项目	考核要点	考核指标定义/公式	权重(%)	考核主体	考核资料来源
1. 食堂和宿舍管理	负责员工宿舍的分配、管理，以及员工食堂、伙食管理	管理者和员工对于宿舍和食堂服务满意度评价在4分以上	40	行政部经理	行政部
2. 环境管理	负责公司卫生、绿化管理，如及时清运各种垃圾、对各种绿化植物进行修剪养护等	管理者和员工对公司环境满意度评价在4分以上	40	行政部经理	行政部
3. 组织员工活动	定期组织员工休闲、娱乐活动	员工对所组织的活动满意度评价在4分以上	20	行政部经理	行政部

11. 人力资源部

(1) 人员组织结构图

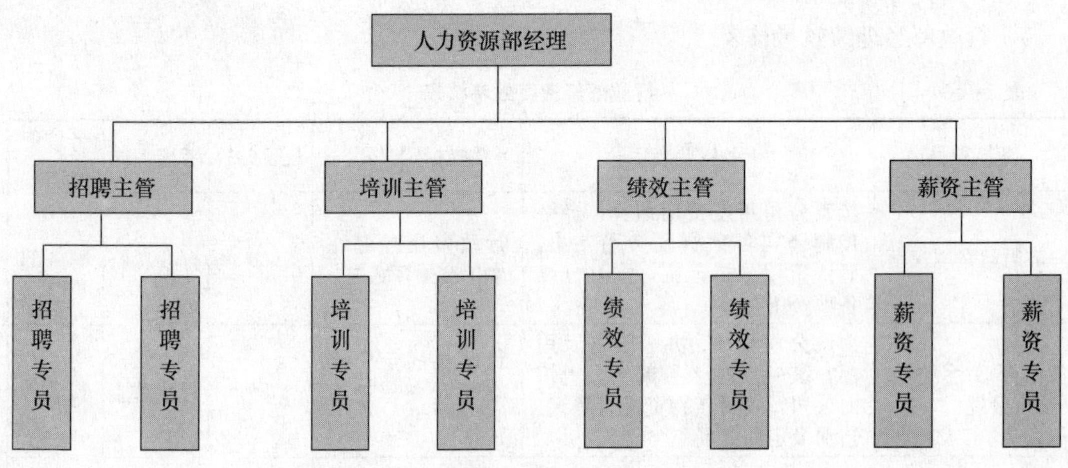

图 2-95　人力资源部人员组织结构图

(2) 绩效考核表

①人力资源部经理绩效考核表

表 2-108　　人力资源部经理绩效考核表

考核项目	考核要点	考核指标定义/公式	权重(%)	考核主体	考核资料来源
1. 人力资源规划	组织编制并落实人力资源规划，根据公司总经理确定的员工总数及工资总额，组织有关人员预算目标，实现公司人力资源需要和人工成本的统一控制	人力资源规划中年度的指标实现率达到100%	15	行政总监	人力资源部

续表

考核项目	考核要点	考核指标定义/公式	权重(%)	考核主体	考核资料来源
2. 员工日常管理	负责员工的招聘、员工的日常管理（考勤、调转、晋升、奖惩、解聘、辞退等)、员工的劳动合同管理、员工的社会保障（五险一金）管理	员工年度流失率低于15%	20	行政总监	人力资源部
3. 培训管理	组织制订公司的培训计划，组织实施培训目标，对培训效果进行评估，达到开发人才、提高员工素质、增强公司发展动力的目的	年度培训计划完成率达到100%	25	行政总监	人力资源部
4. 考核管理	安排人员定期组织公司各部门按照职位职责和职位说明书组织实施员工业绩考核；配合企管部依据年度目标计划组织对中层以上管理者实施考核；根据公司的组织任命程序，组织实施干部晋升前考核	每年度员工考核的覆盖面达到100%	25	行政总监	人力资源部
5. 员工管理	负责员工队伍的建设、选拔、培训、绩效考核，最大限度地调动员工积极性。控制部门办公费用	年终综合考评，部门员工平均得分在85分以上	15	行政总监	人力资源部

②招聘主管绩效考核表

表 2-109　　招聘主管绩效考核表

考核项目	考核要点	考核指标定义/公式	权重(%)	考核主体	考核资料来源
1. 编制招聘计划	根据公司现有编制以及业务发展需要，协调、统计各职能部门的人员招聘需求，并根据招聘需求编制年度、季度、月度人员招聘计划	招聘计划完成率达到100%	50	人力资源部经理	人力资源部
2. 招聘组织与实施	根据招聘计划要求，具体负责人员的面试、甄选、录用等管理工作	招聘计划完成率达到100%；招聘人员素质90%达到公司要求	50	人力资源部经理	人力资源部

③培训主管绩效考核表

表 2-110　　培训主管绩效考核表

考核项目	考核要点	考核指标定义/公式	权重(%)	考核主体	考核资料来源
1. 编制员工培训计划	依据公司发展战略目标，组织各部门、下属公司编制年度、季度、月度员工培训计划，汇编公司整体培训计划，根据费用预算编制实施方案，选择师资来源，上报领导审批后组织实施	年度员工培训计划实现率达到100%	50	人力资源部经理	人力资源部
2. 培训组织与实施	根据领导审批的培训实施方案，具体安排公司各项培训工作，保证培训工作的顺利开展	年度员工培训计划实现率达到100%	50	人力资源部经理	人力资源部

④绩效主管绩效考核表

表 2-111　　绩效主管绩效考核表

考核项目	考核要点	考核指标定义/公式	权重(%)	考核主体	考核资料来源
1. 编制绩效考核计划	根据公司绩效管理制度和政策的要求，负责制定员工绩效考核和管理人员晋升考核计划	绩效考核计划合理可行，绩效考核计划完成率达到100%	50	人力资源部经理	人力资源部
2. 实施绩效考核	依照职位职责和职位说明书定期组织实施员工绩效考核工作，并对整个绩效考核过程进行管理，以保证整个培训计划顺利完成	绩效考核计划完成率达到100%	50	人力资源部经理	人力资源部

⑤薪酬主管绩效考核表

表 2-112　　薪酬主管绩效考核表

考核项目	考核要点	考核指标定义/公式	权重(%)	考核主体	考核资料来源
1. 薪酬管理	每月月末根据公司薪酬方案和员工日常考勤，编制公司员工工资表，报送财务部，以保证员工工资按时发放	编制公司员工工资表，出错率为0	50	人力资源部经理	人力资源部

续表

考核项目	考核要点	考核指标定义/公式	权重(%)	考核主体	考核资料来源
2. 劳动保障与福利管理	根据国家及地方有关政策，协助公司领导建立公司统一的劳动保障体系，并制定相关的规章；按照有关规定为员工办理各种保险和社会统筹手续。协助有关部门和领导处理和解决公司劳动纠纷和其他相关问题	劳动保证与福利管理按有关规定办理，出错率为0	50	人力资源部经理	人力资源部

十五、投资

（一）投资管理流程

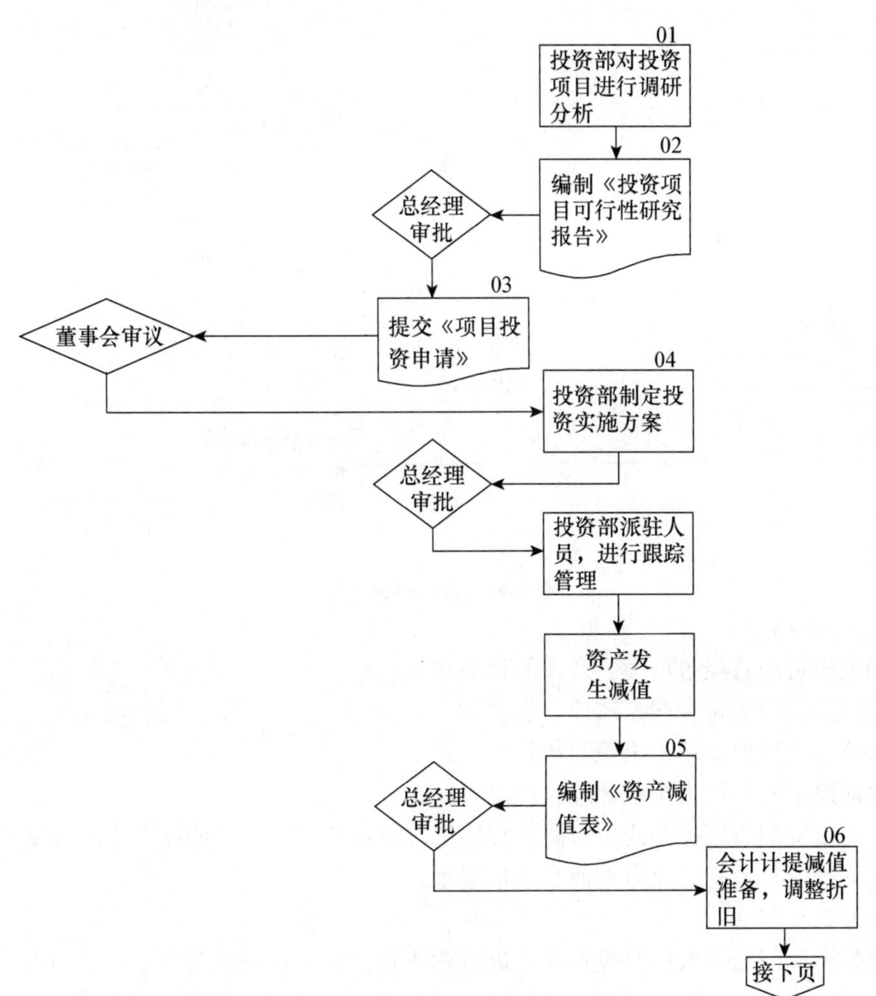

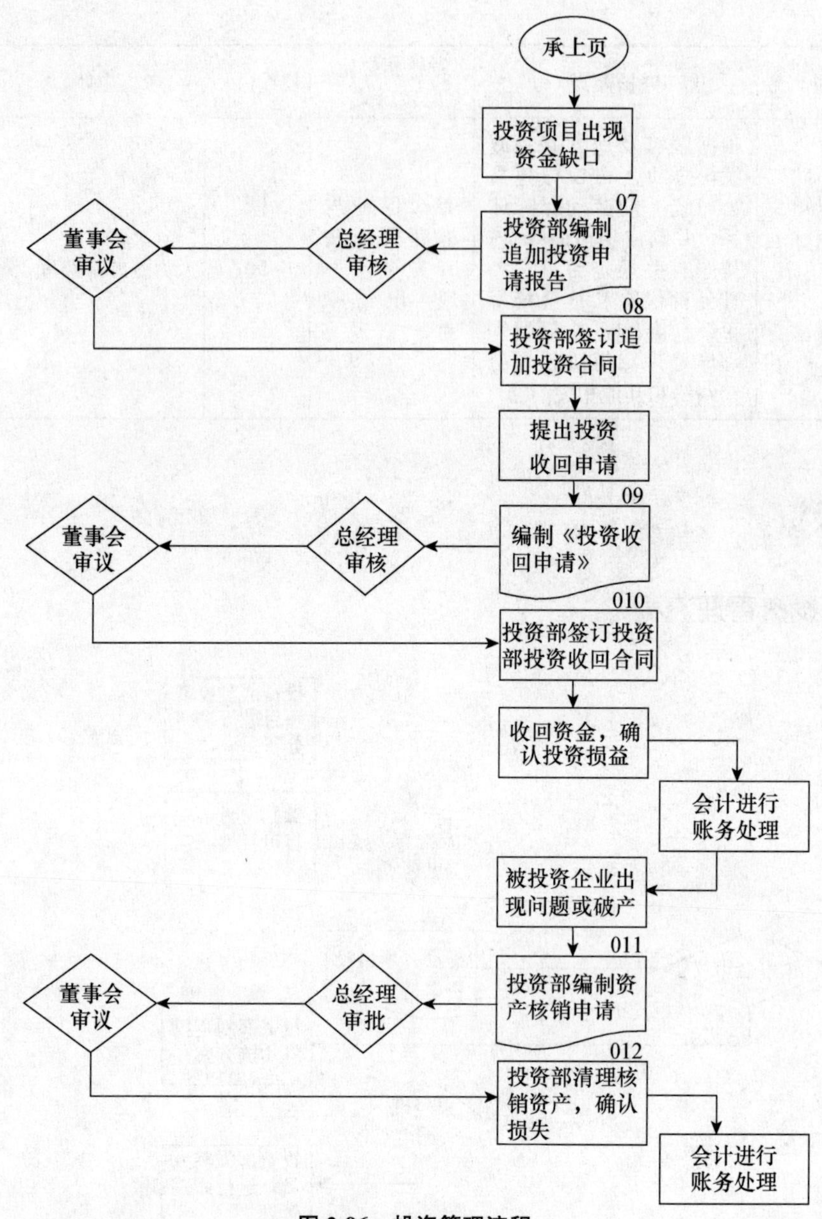

图 2-96　投资管理流程

（1）管理目标

①保证投资项目经过科学、严密的评估和论证；

②保证投资行为符合国家法律、法规；

③保证投资减值准备的决策与执行恰当；

④保证追加投资行为规范并经过严格审批；

⑤保证投资的收回按照规定权限和程序进行审批并签订合理的投资收回协议；

⑥保证投资核销经过充分调研和严格审批。

（2）关键控制点

①由投资部门相关人员对投资项目进行调研和分析，对被投资企业资信情况进行调查

或实地考察；

②投资部对投资项目进行可行性研究，编制《投资项目可行性研究报告》，重点对投资项目的目标、规模、投资方式、投资的风险与收益等作出评价；

③由总经理向董事会提交《项目投资申请》；

④《项目投资申请》批准后，投资部制定投资实施方案；

⑤投资项目资产发生减值，投资部编制《资产减值表》；

⑥会计计提减值准备，调整折旧和摊销数额；

⑦投资部编制《追加投资申请报告》；

⑧《追加投资申请报告》被批准后，投资部与被投资企业签订《追加投资合同》；

⑨投资部编制《投资收回申请》；

⑩《投资收回申请》批准后，投资部与被投资企业签订《投资收回合同》；

⑪投资部编制《资产核销申请》；

⑫《资产核销申请》批准后，投资部清理核销资产，确认损失。

（二）投资项目减值准备审批流程

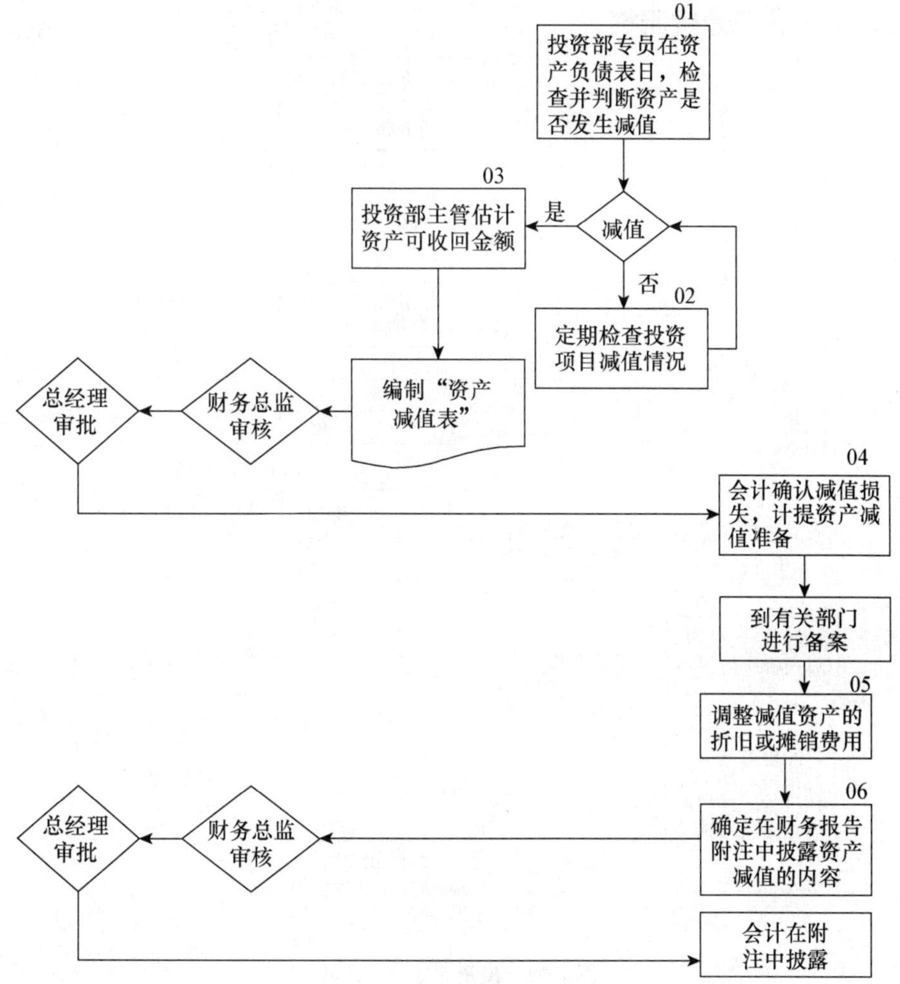

图 2-97　投资项目减值准备审批流程

（1）管理目标

①保证资产减值的确定和审批合理、规范；

②保证资产减值的会计处理规范并经过严格审批。

（2）关键控制点

①由投资部相关人员在资产负债表日检查并判断投资项目的资产是否发生减值；

②投资部相关人员应定期检查投资项目的减值情况；

③可收回金额应根据资产的公允价值减去处置费用后的净额与资产预计未来现金流量的现值两者之间的较高者确定；

④资产的可收回金额低于其账面价值的，应当将资产的账面价值减计至可收回金额，减计的金额确认为资产减值损失，计入当期损益，同时计提相应的资产减值准备；

⑤资产减值损失确认后，减值资产的折旧和摊销费用应当在未来期间做相应调整，使该资产在剩余使用寿命内系统分摊调整后的资产账面价值；

⑥附注中披露与资产减值有关的信息包括：当期确认的各项资产减值损失金额；计提的各项资产减值准备累计金额。

（三）投资评估分析流程

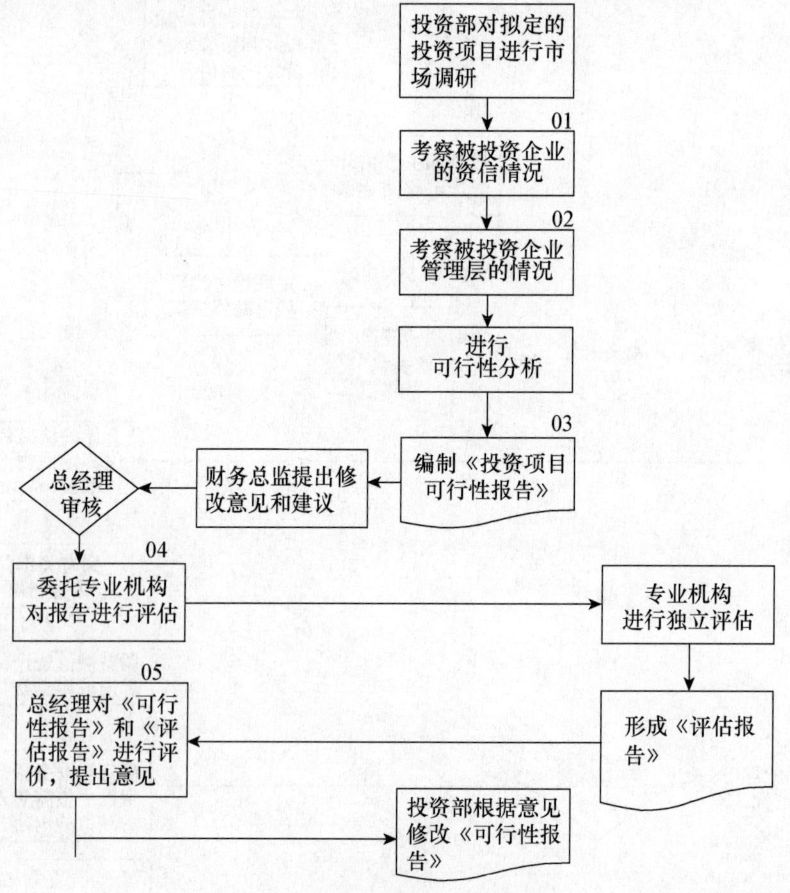

图 2-98　投资评估分析流程

（1）管理目标

①保证投资市场调研详细并对被投资企业的调查和分析全面、客观；

②保证投资项目经过科学、严密的评估和论证并经过专业机构的独立评估。

（2）关键控制点

①由投资部相关人员对投资项目进行分析与论证，对被投资企业资信情况进行实地考察。

②投资部相关人员还应考察被投资企业管理层或实际控制人的能力、资信等情况。投资项目如有其他投资者，应当根据情况对其他投资者的资信情况进行了解或调查。

③投资部对投资项目进行可行性研究，编制《可行性研究报告》，重点对投资项目的目标、规模、投资方式、投资的风险与收益等作出评价。

④由总经理委托具有相应资质的专业机构对《可行性研究报告》进行独立评估，形成《评估报告》。重大投资项目必须委托具有相应资质的专业机构对可行性报告进行独立评估。

⑤专业机构提交《评估报告》后，总经理综合《可行性报告》提出意见和建议。

十六、关联交易

（一）关联方名录编审流程

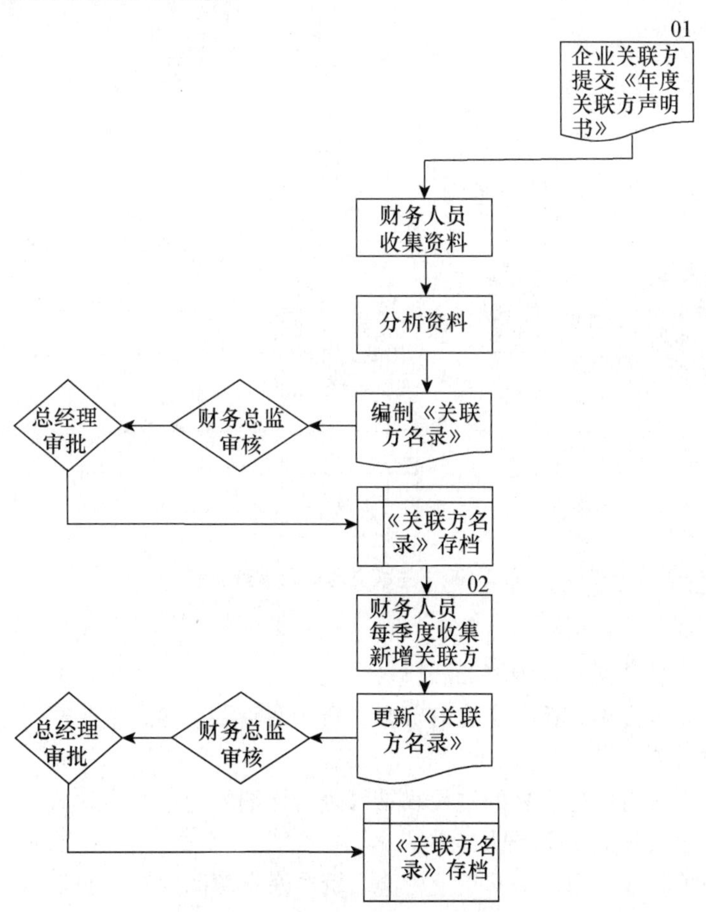

图 2-99　关联方名录编审流程与风险控制图

（1）管理目标

①保证交易对象的背景情况能够完全调查核实清楚；

②保证关联方界定准确。

（2）关键控制点

①企业应当在每个会计年度末，要求重要股东、债权人、客户以及董事、监事、高级管理人员和关键岗位管理人员提交《年度关联方声明书》，声明与企业的关联方关系及其交易行为。

②《关联方名录》至少应当每季度更新一次，更新后的关联方名录应当提交财务总监审核、总经理审阅后备案，企业财会部门应当及时将关联方名录发送到企业管理层和各业务部门。

（二）关联交易记录审查流程

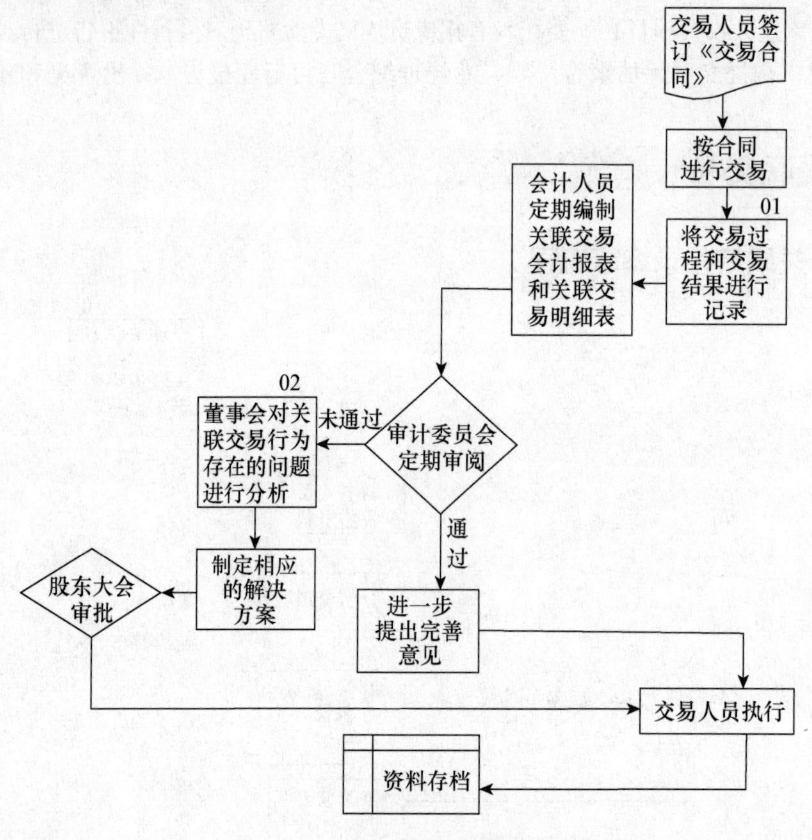

图 2-100　关联交易记录审查流程

（1）管理目标

①保证关联交易合同符合国家的法律、法规；

②避免因关联方占用、转移企业的资金、资产及资源，导致企业遭受损失。

（2）关键控制点

①关联交易人员需要把交易的过程和结果进行详细的记录，会计人员根据交易记录进行记账、做会计报表和关联交易明细表。

②如果存在关联方占用、转移企业资金、资产及资源的问题，企业董事会应当制定相

应的方案来解决这些问题，以保证企业的利益不受损失。

（三）重大关联交易审核流程

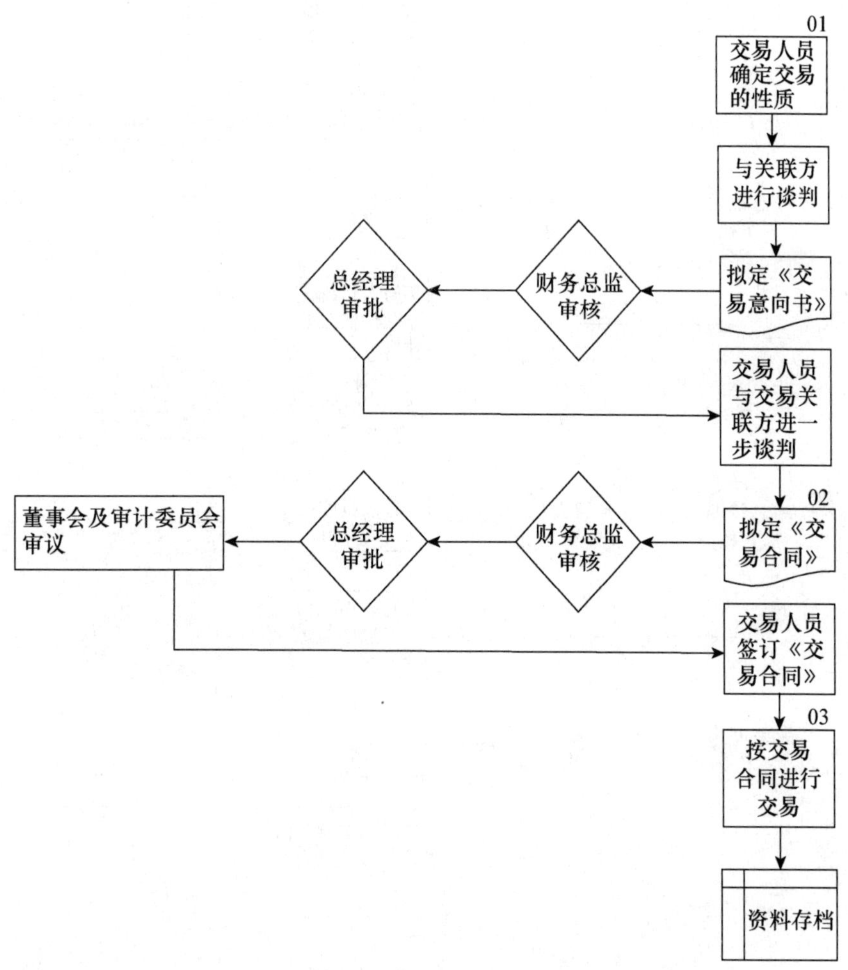

图 2-101　重大关联交易审核流程

（1）管理目标

①保证企业关联交易符合国家的法律、法规；

②保证关联交易经过适当审核或授权审批；

③避免因关联交易执行不当，导致企业经营效率低下或资产遭受损失。

（2）关键控制点

①交易人员首先要确定交易的性质，判断是不是属于企业所规定的重大交易项目（如交易额超过　　万元就是重大交易）；

②在拟定的关联交易合同中，应明确同关联方交易的定价原则和价格水平；

③关联交易合同一经确定，企业各部门应当严格按照批准后的交易条件进行交易，关联交易执行过程中，任何人不得自行更改交易条件，如因实际情况变化确需更改时，需履行相应的审批程序。

（四）关联交易事项询价流程

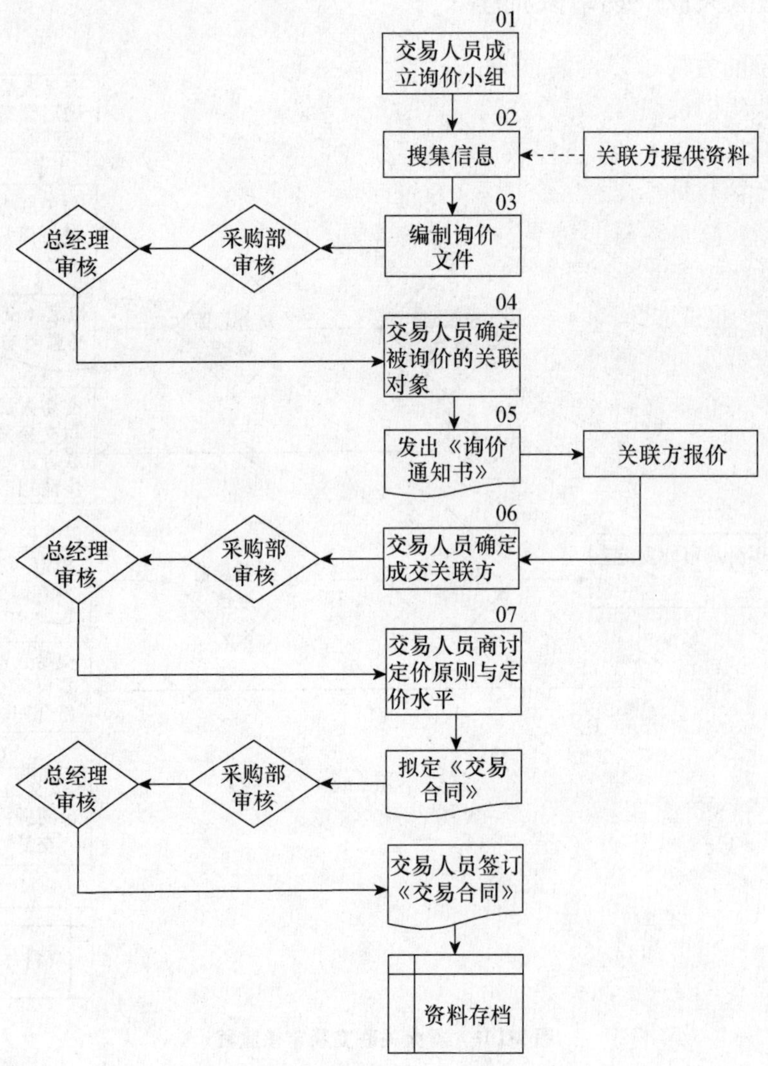

图 2-102　关联交易事项询价流程

（1）管理目标

①保证搜集的信息全面；

②保证询价文件经过适当审核或授权审批；

③保证关联交易定价合理。

（2）关键控制点

①询价小组成员是由采购部门相关人员和相关方面的专家共三人以上的单数人员组成。

②根据采购所需物品或服务的特点，通过查阅关联方的信息库和市场调查等途径进一步了解价格信息及企业相关部门的需求计划。

③询价小组根据企业对采购的有关规定和项目本身的特殊要求，在进行询价前要编制

询价文件，如《询价通知书》。

④对于被询价关联方的选择，询价小组应当根据采购项目的特点和采购需求等，从符合资格条件的关联方名录中优中选优，确定不少于三家关联方作为询价对象，并且不能刻意指定被询价的关联方。

⑤询价小组向被询价关联方发出询价通知书，要求对方报出一次性的、不能更改的价格。询价通知书应当详细说明需求情况，以便关联方交易对象确定报价。询价通知书的内容主要包括所需数量、技术参数要求、履约期限及交货地点、关联方应携带的资质证明材料、递交报价单地点、截止时间、报价单位负责人或委托人签字盖章等。

⑥询价小组根据事先制定的评判标准，本着符合采购需求、质量和服务要求且报价最低的原则对收到的报价进行评审，确定成交关联方，并将结果通知所有被询价的未成交的关联方。

⑦关联交易定价应当遵循下列原则：交易事项实行政府定价的，直接适用此价格；交易事项实行政府指导价的，应在政府指导价的范围内合理确定交易价格；除实行政府定价或政府指导价外，交易事项有可比的独立第三方的市场价格或收费标准的，优先参考该价格或标准确定交易价格；关联事项无可比的独立第三方市场价格的，交易定价应参考关联方与独立于关联方的第三方发生非关联交易的价格确定；既无独立第三方的市场价格，也无独立的非关联交易价格可供参考的，则应以合理的构成价格作为定价的依据，构成价格为合理成本费用加合理利润。

十七、对子公司的控制

（一）子公司重大投资审核流程

（1）管理目标

①保证项目可行性研究充分考虑到投资项目的风险；

②保证重大投资项目不存在越权审批、违规操作；

③保证母公司董事会及时跟踪投资项目的实施情况，并及时发现投资项目存在投资不合理、违规操作行为。

（2）关键控制点

①子公司管理层提出投资意向后，由投资项目业务部门进行项目筛选及可行性论证，形成《投资申请报告》（包括《投资意向书》及《可行性报告》）报子公司投资管理部门评审；

②子公司投资管理部门组织专家召开项目可行性研究讨论会议，对项目进行评审；

③子公司投资管理部门提交“请示审批表”给子公司董事会，如果是在子公司董事会的权限范围之外，母公司投资管理部门负责汇总项目资料，并上报给母公司董事会；

④母公司董事会对工程项目进行研究，审议通过后，子公司投资管理部门根据审议意见进行表决，确定项目的可行性；

⑤项目审批得到子公司董事会通过后，形成决议，并报送给母公司董事会审批；

⑥决议得到母公司董事会审批后，由子公司投资业务部门制订《项目投资计划》；

⑦子公司投资业务部门实施投资计划，母公司董事会同时安排财务审计部门对子公司

投资项目的实施进行监督检查；

⑧子公司投资业务部门完成投资项目，母公司董事会会同子公司人员对项目进行项目后评估。

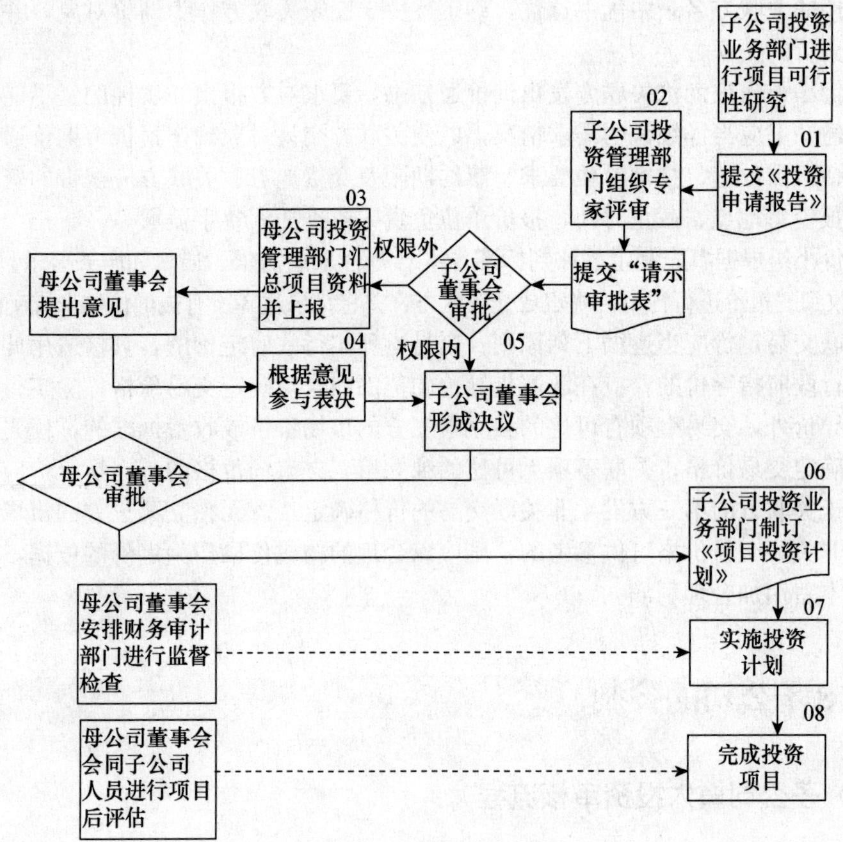

图 2-103 子公司重大投资审核流程

（二）子公司投资项目评估流程

（1）管理目标

①保证项目提供的资料及时、准确；

②避免因评估报告中没有提出项目投资过程中可能遇到的问题及解决办法，降低企业投资项目资金的收益。

（2）关键控制点

①子公司投资项目负责部门提出《投资项目评估申请》，并进行项目可行性研究；

②子公司投资项目负责人负责编写《投资项目可行性研究报告》，并报子公司总经理和母公司投资管理部门进行审核；

③《投资项目可行性研究报告》在获得子公司总经理和母公司投资管理部门审核通过后，母公司投资管理部门组织相关管理部门及专家进行评审，子公司项目负责部门负责协助执行；

④母公司投资管理部门组织专家进行讨论，形成《投资项目评审意见》，并递交给母公司主管投资总经理和母公司董事会审核、审批，同时子公司项目负责部门提供《投资项

目可行性研究报告》给母公司投资管理部门；

⑤得到母公司主管投资总经理审核和母公司董事会审批通过后，形成《投资项目评估报告》。

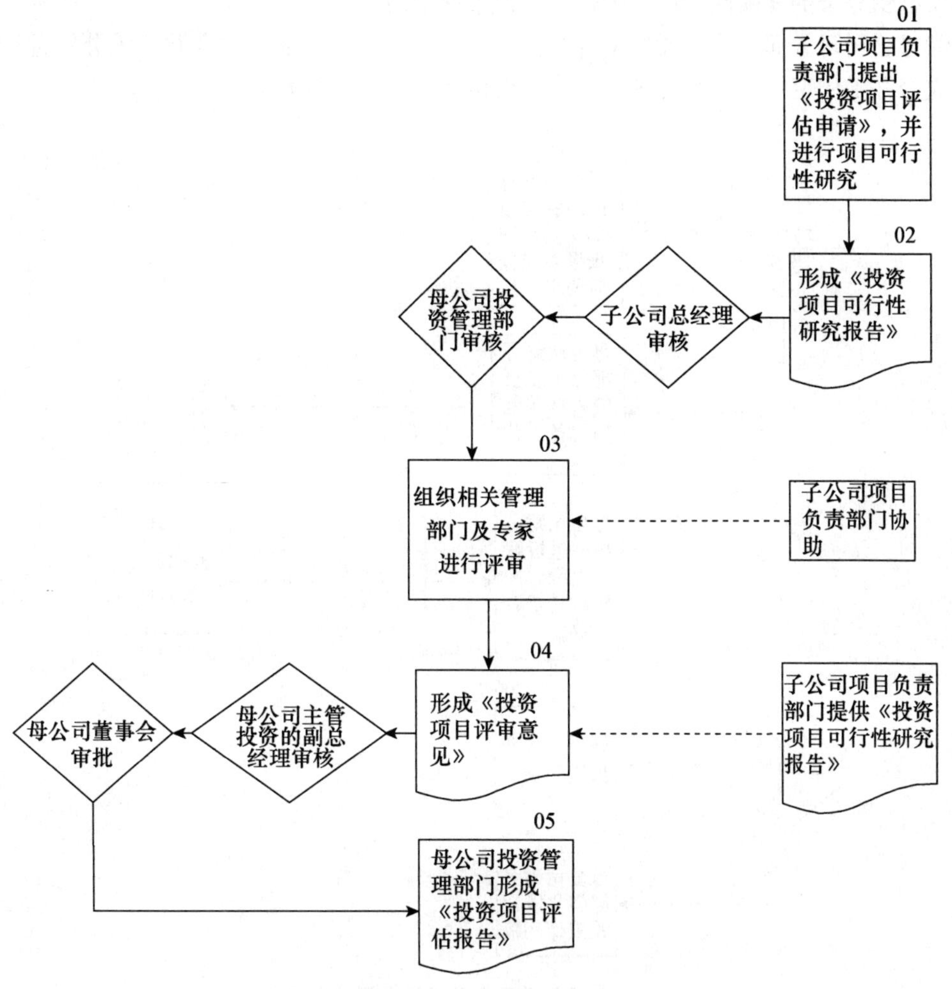

图 2-104　子公司投资项目评估流程

(三) 母子公司合并抵销分录编制流程

(1) 管理目标

①保证企业会计核算办法的制定合理并执行到位；

②避免因没有进行账务核对，导致账实不符或合并财务信息不准确，可能导致企业自身及投资者、相关各方决策失误。

(2) 关键控制点

①母公司财务部门制定内部交易和往来报表的核对要求。

②获得母公司总会计师审批后，母公司财务部门下发至纳入合并范围内的各子公司。

③子公司根据母公司制定的标准制定各子公司之间的内部交易及日常往来会计账目。

④母公司财务部门定期审核本公司及纳入合并范围的各子公司之间的内部交易往来会

计科目，确保内部交易和往来业务已准确、完整地进行账务处理并核对一致。

⑤系统自动生成常规性的合并抵销分录，并依据内部交易及往来报表，由母公司总会计师对抵销分录的准确性进行审核，并保留书面记录。

⑥母公司财务部门对经授权批准的合并抵销分录与实际录入的合并抵销分录进行核对并生成合并工作定稿，核对与录入工作不得由同一会计人员完成。

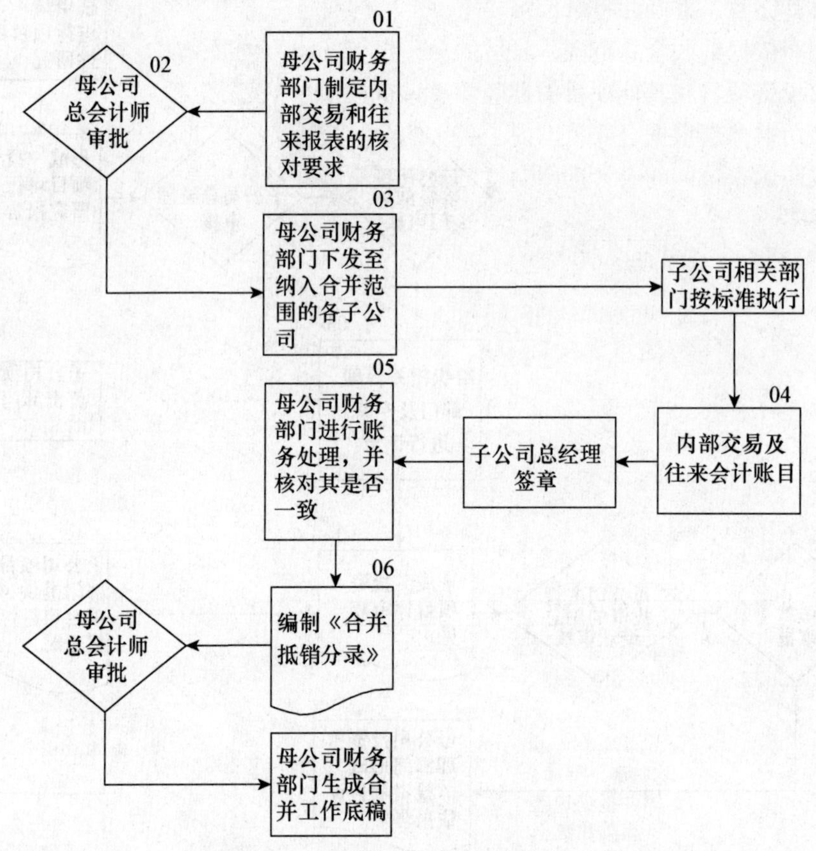

图 2-105　母子公司合并抵销分录编制流程

(四) 母子公司合并财务报表编制流程

(1) 管理目标

①保证合并财务报表编制与披露符合国家的法律、法规；

②避免因财务报表编制未经适当审核或超越授权审批，可能会产生重大差错或舞弊、欺诈行为，从而使企业遭受损失；

③保证纳入合并报表范围准确、调整事项或合并调整事项完整。

(2) 关键控制点

①母公司财务部门制定《合并财务报表编制方案》，对内部整合、外部并购、股份划转等交易事项进行判断，确定纳入合并财务报表的合并范围。

②母公司应当统一纳入合并范围的子公司所采用的会计政策和会计期间，使子公司采

用的会计政策和会计期间与母公司保持一致。

③由母公司财务部门统一制定合理、合法的会计核算办法，经财会部门负责人审核，总会计师审批后下达到各相关子公司执行。

④子公司财务部收集、审核子公司会计报表，并汇总本公司会计报表。

⑤子公司报送母公司的会计报表由子公司财务部负责人审核，总会计师复核，总经理签章，确保其完整、准确并符合编报要求。

⑥母公司依据纳入合并范围子公司的会计报表及相关数据资料，对纳入合并范围的子公司的股权投资项目和其他项目的准确性进行审核。

⑦母公司财务部根据合并范围内子公司的会计报表、合并抵销分录以及有关调整事项等资料，按照国家统一的会计准则制度的规定编制合并财务报表。

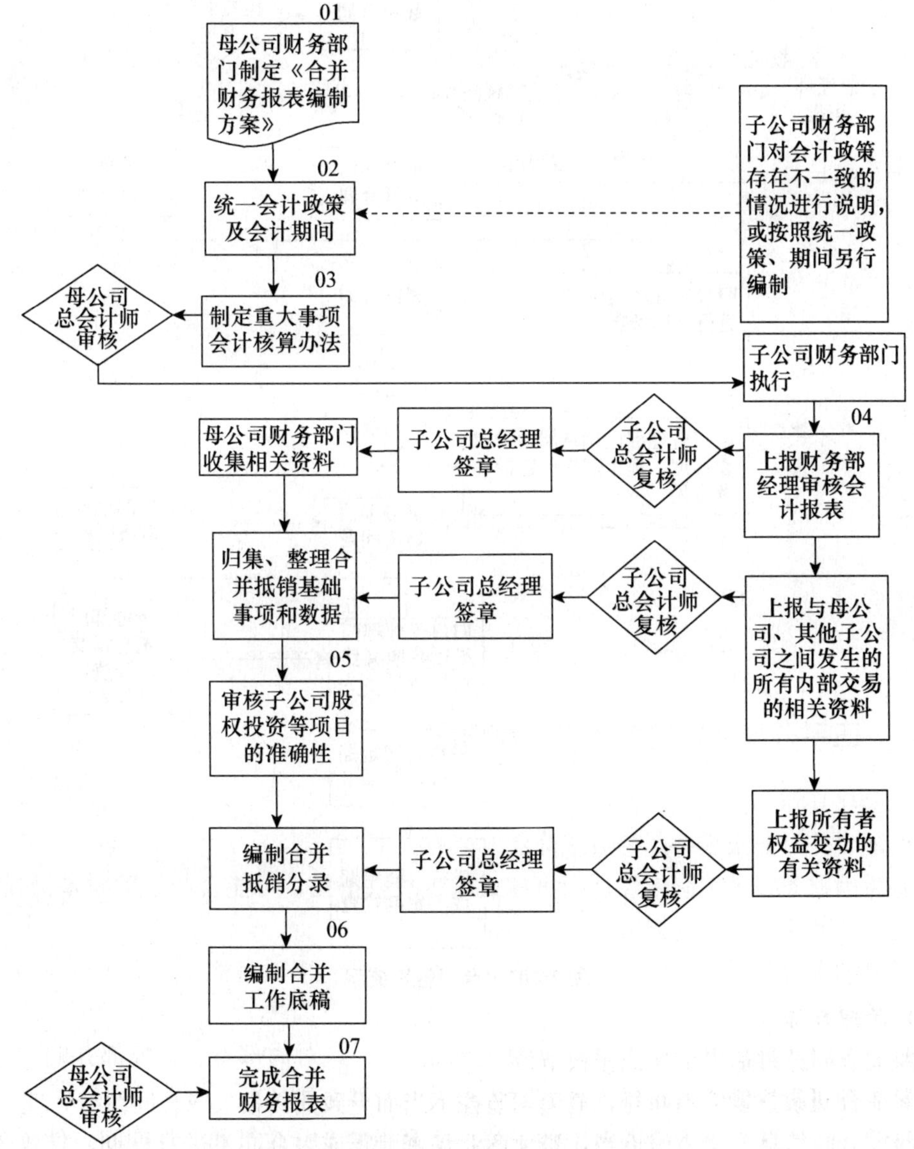

图 2-106　母子公司合并财务报表编制流程

十八、合同

（一）合同管理流程

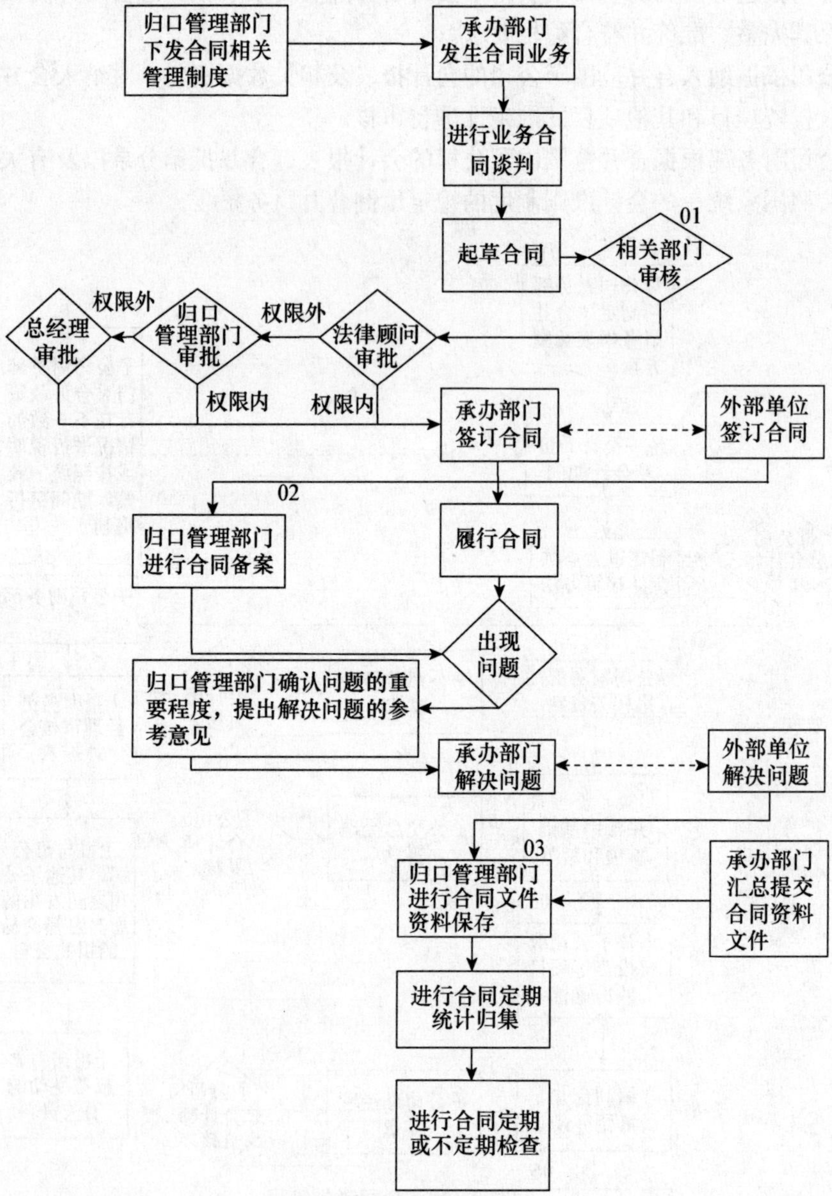

归口管理部门下发合同相关管理制度
承办部门发生合同业务
进行业务合同谈判
起草合同
01
相关部门审核
法律顾问审批
权限外
归口管理部门审批
权限外
总经理审批
权限内
权限内
承办部门签订合同
外部单位签订合同
02
归口管理部门进行合同备案
履行合同
出现问题
归口管理部门确认问题的重要程度，提出解决问题的参考意见
承办部门解决问题
外部单位解决问题
03
归口管理部门进行合同文件资料保存
承办部门汇总提交合同资料文件
进行合同定期统计归集
进行合同定期或不定期检查

图 2-107　合同管理流程

（1）管理目标

①保证合同经过适当审核或授权审批；

②保证合同条款能恰当履行，避免因监控不当而导致违约损失或合同纠纷处理不当；

③保证合同信息安全措施恰当，避免商业秘密泄露或因合同不进行检查，导致合同承

办部门不按相关制度开展合同管理。

（2）关键控制点

①财务部对合同中有关付款的条款进行审核，并提出审核意见；

②合同签订后，合同的承办部门将合同交归口管理部门进行编号、备案；

③归口管理部门作为合同的专门管理部门，需要对各类合同的文件和资料进行编号和恰当保存，以备参考。

（二）合同谈判流程

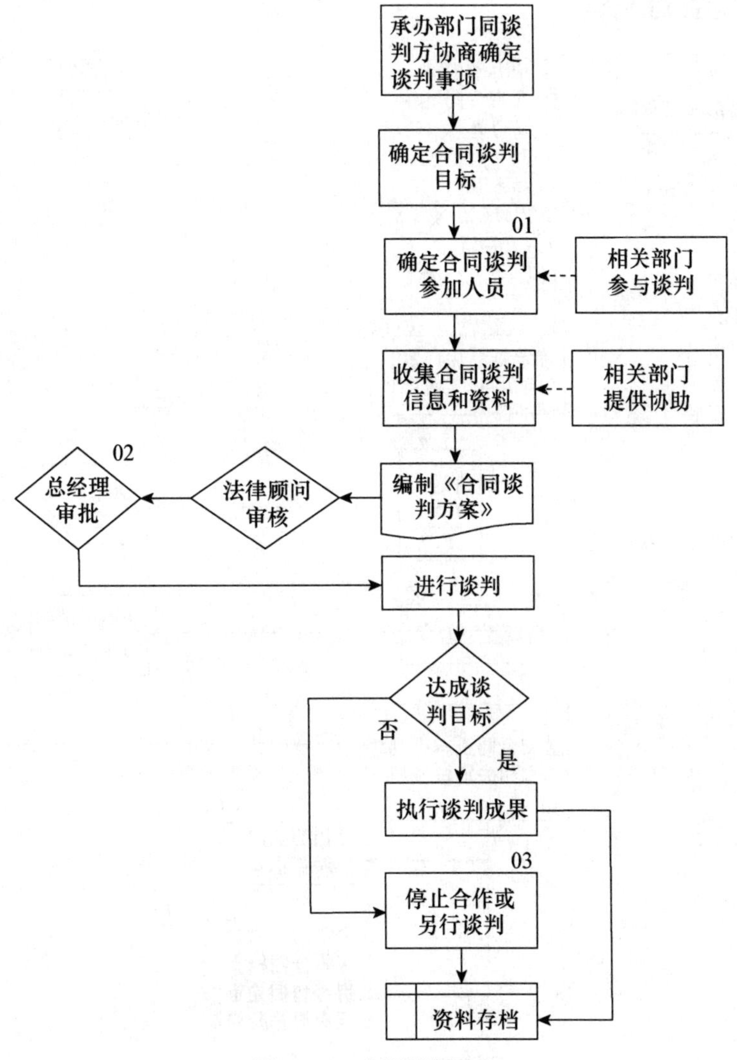

图 2-108 合同谈判流程

（1）管理目标

①避免因合同谈判人员选择不当可能导致谈判失败，进而增加企业谈判损失或合同谈判目标不明确；

②保证合同谈判方案经过规范的审核或授权审批；

③保证对合同谈判资料进行及时存档备案。

（2）关键控制点

①对于重要合同或法律关系复杂的合同，应当指定法律、技术、财会、审计等专业人员参加谈判，必要时可以聘请外部专家参与；

②总经理可以根据合同谈判事项的种类，授权相关人员履行审批权限；

③承办部门在本次谈判未能达成谈判目标时，可以选择停止同现有谈判对象的合作，另寻合作伙伴或通过调整谈判策略与现有谈判对象另择时间进行谈判。

（三）合同签订流程

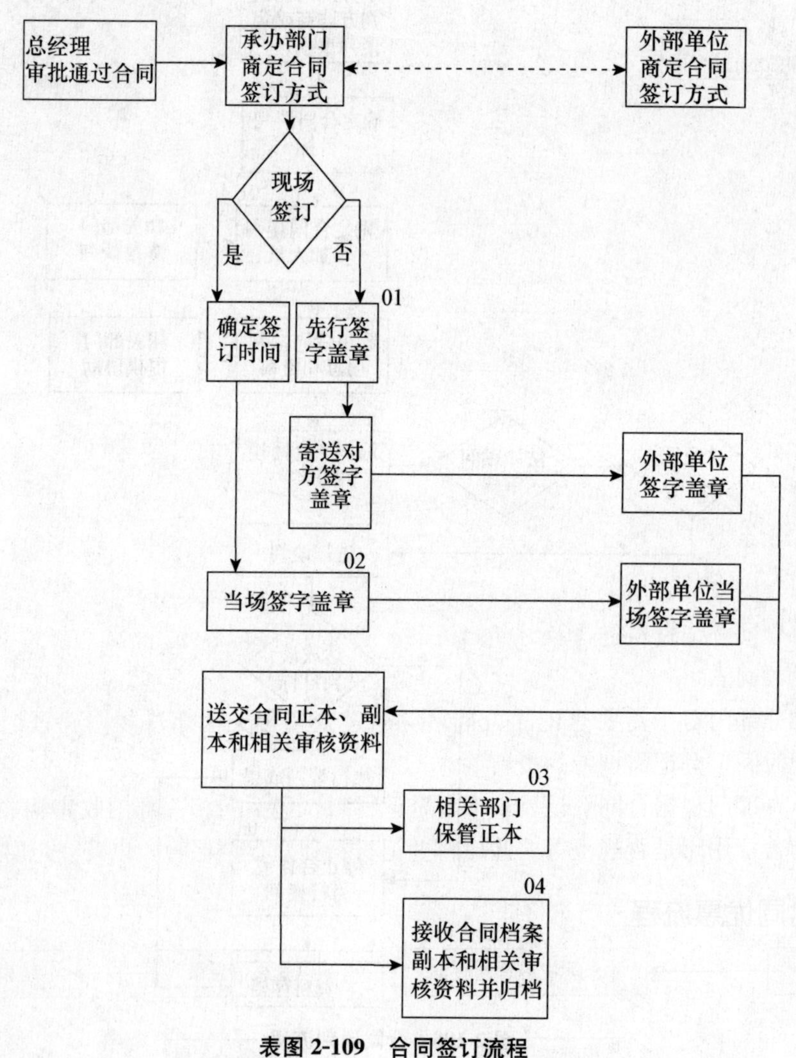

表图 2-109　合同签订流程

（1）管理目标

①保证签订书面合同；

②避免因合同信息安全措施不当，可能导致商业秘密泄露或因未对合同谈判资料进行及时存档备案而导致资料丢失、遗漏等。

（2）关键控制点

①对合同先行签字盖章，应当由具有审批权限或具备被授权资格的人履行签字盖章手续，不对未经编号或缺少合同审核、报签文件以及代签而缺少授权委托书的合同用印。

②进行当场签字盖章的合同签订方式，多用于合同比较重要的情况；正式订立的合同，除即时清结外，应当采用书面形式，包括合同书、补充条款、公文信件、数据电文等。

③保管合同正本的一般为合同的归口管理部门。

④保管合同副本和其他相关审核资料的部门一般为企业的档案管理部门。

（四）合同登记流程

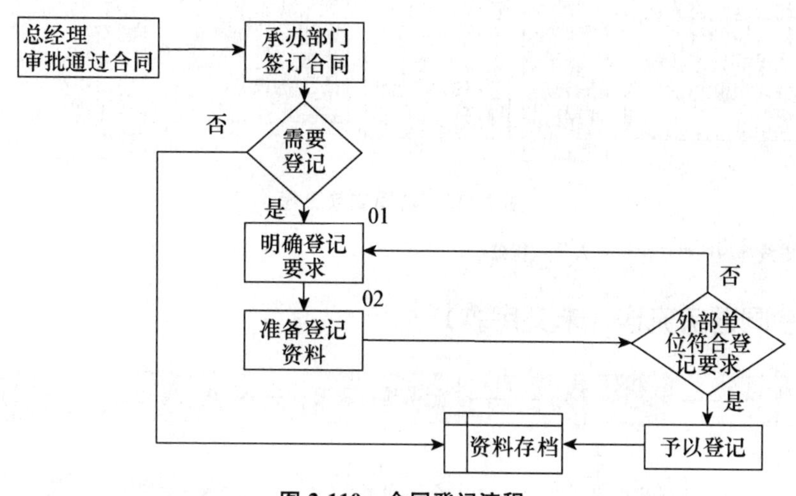

图 2-110　合同登记流程

（1）管理目标

①避免因合同应登记而未登记的，可能导致企业未来业务运作受到影响；

②保证对合同登记资料进行及时存档备案，避免资料丢失、遗漏等。

（2）关键控制点

①合同承办部门对于需要登记的合同，应通过查阅相关法律法规明确登记的具体要求，包括登记时间、登记需携带的资料等；

②合同承办部门根据合同登记要求准备登记材料，包括向相关部门收集相关材料，查阅相关文件的盖章用印是否规范等，并应将登记材料独立存档保管，以备登记时用。

（五）合同优惠流程

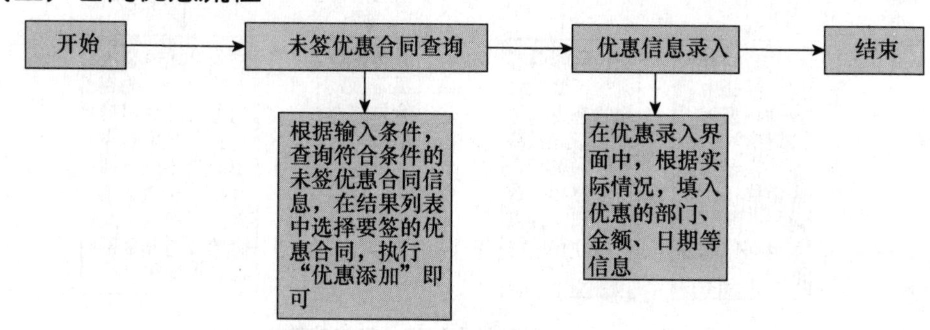

图 2-111　合同优惠流程

（六）合同交款流程

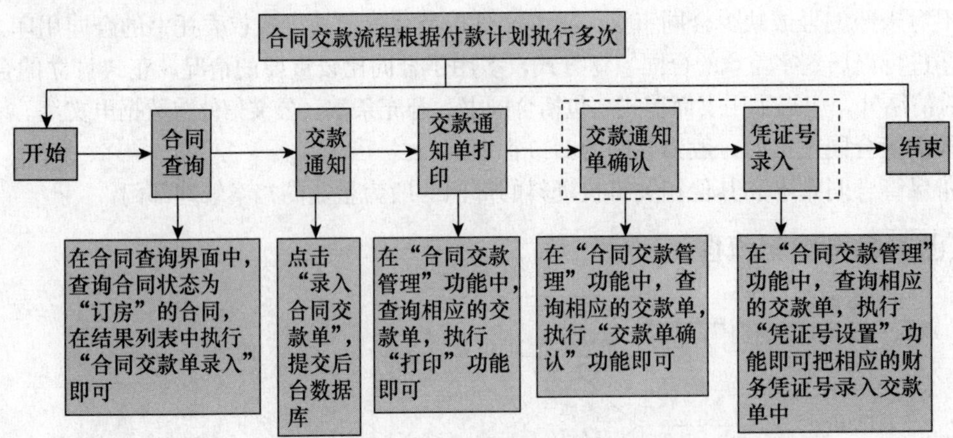

图 2-112　合同交款流程

注：虚线框内的操作由财务人员进行处理。

（七）合同退房流程（未交房款）

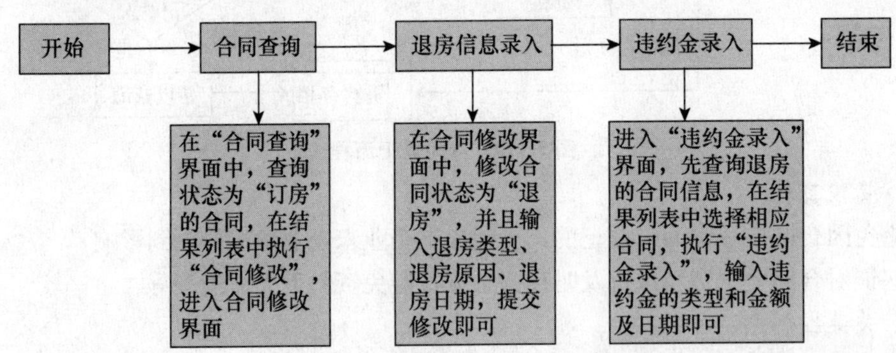

图 2-113　合同退房流程（未交房款）

（八）合同违约金流程（已交房款）

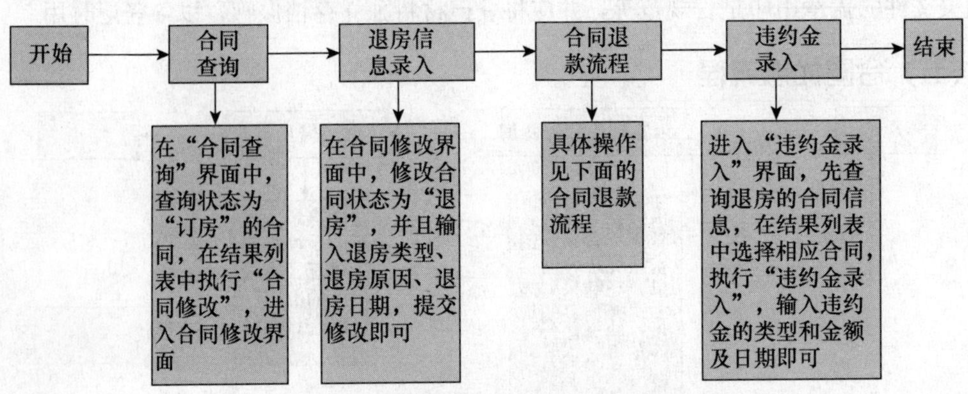

图 2-114　合同违约金流程（已交房款）

（九）合同退款流程

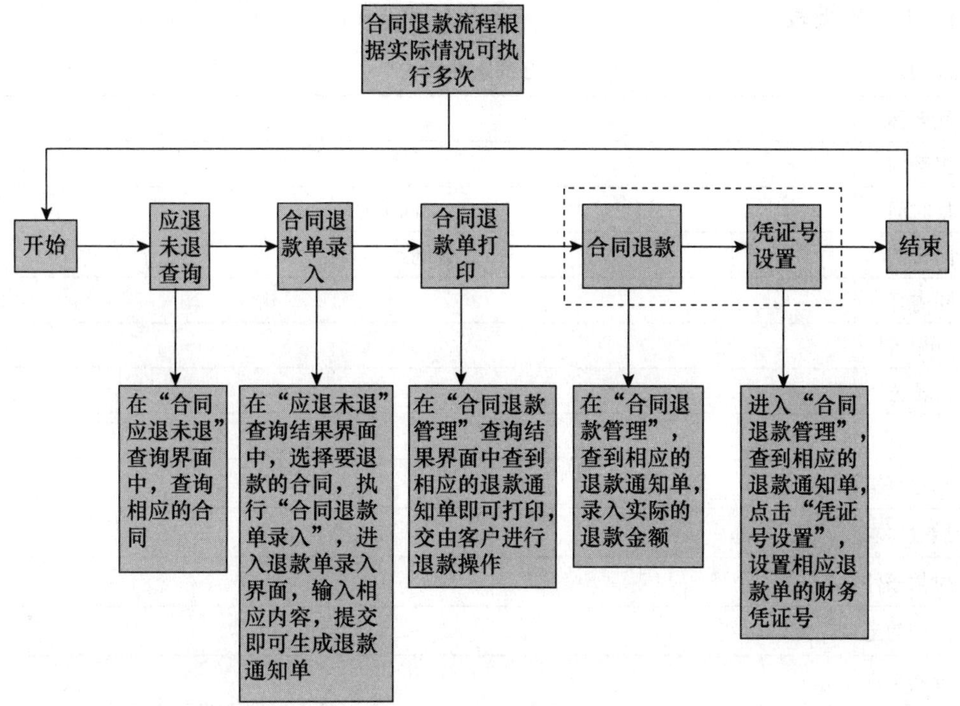

图 2-115　合同退款流程

注：虚线框内的操作由财务人员进行处理。

（十）合同评审控制流程

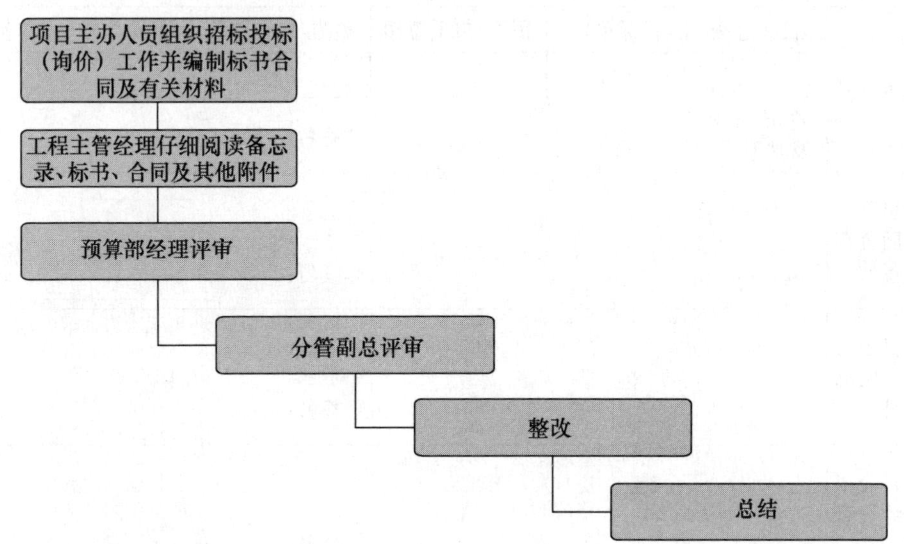

图 2-116　合同评审控制流程

附：相关表格

1. 合同审批表

表 2-113　　　　合同审批表

<table>
<tr><td colspan="2">工程名称</td><td colspan="6"></td></tr>
<tr><td colspan="2">申报部门</td><td colspan="6"></td></tr>
<tr><td colspan="2">申报时间</td><td colspan="3"></td><td>合同编号</td><td colspan="2"></td></tr>
<tr><td colspan="2">合同标的</td><td colspan="3"></td><td>合同经办人</td><td colspan="2"></td></tr>
<tr><td colspan="2">合同内容</td><td colspan="6"></td></tr>
<tr><td rowspan="3">签约单位</td><td>甲方</td><td colspan="6"></td></tr>
<tr><td>乙方</td><td colspan="6"></td></tr>
<tr><td>丙方</td><td colspan="6"></td></tr>
<tr><td rowspan="7">工程内容概要</td><td>承包范围</td><td colspan="6"></td></tr>
<tr><td>质量要求</td><td colspan="6"></td></tr>
<tr><td>付款条件</td><td colspan="6"></td></tr>
<tr><td>工期约定</td><td colspan="6"></td></tr>
<tr><td>合同总额</td><td colspan="6"></td></tr>
<tr><td>奖罚措施</td><td colspan="6"></td></tr>
<tr><td>保修约定</td><td colspan="6"></td></tr>
<tr><td rowspan="7">经办部门意见</td><td>施工队选择理由</td><td colspan="6"></td></tr>
<tr><td rowspan="3">成本分析</td><td>目标总额</td><td>目标单价</td><td>预测/包干总额</td><td>预测/包干单价</td><td>差异总额</td><td>单价差异</td></tr>
<tr><td></td><td></td><td></td><td></td><td></td><td></td></tr>
<tr><td>差异分析及其他</td><td colspan="5">签名：</td></tr>
<tr><td>项目公司部门负责人意见</td><td colspan="6">签名：</td></tr>
<tr><td>项目公司分管副总意见</td><td colspan="6">签名：</td></tr>
<tr><td>项目公司总经理意见</td><td colspan="6">签名：</td></tr>
</table>

续表

<table>
<tr><td rowspan="5">相关部门意见</td><td>成本管理部意见</td><td>签名：</td></tr>
<tr><td>财务总监意见</td><td>签名：</td></tr>
<tr><td>造价审计部意见</td><td>签名：</td></tr>
<tr><td>常务副总经理意见</td><td>签名：</td></tr>
<tr><td>集团总裁意见</td><td>签名：</td></tr>
<tr><td colspan="2">律师意见</td><td>签名：</td></tr>
</table>

2. 工程施工合同备案表

表 2-114　　工程施工合同备案表

合同编号	
工程名称	
招标人	
中标人	
招标规模	
总投资额	
招标报价	
合同金额	
质量要求	
合同期限	
承包方式	
材料供应商	

续表

<table>
<tr><td>负责人姓名</td><td colspan="2"></td></tr>
<tr><td>负责人资质等级</td><td colspan="2"></td></tr>
<tr><td>资质证书编号</td><td colspan="2"></td></tr>
<tr><td>付款方式</td><td colspan="2"></td></tr>
<tr><td colspan="2">招标人签字盖章

日期：</td><td>中标人签字盖章

日期：</td></tr>
<tr><td>备案意见</td><td colspan="2">招投标管理单位（章）

日期：</td></tr>
<tr><td>备注</td><td colspan="2">(1) 本表一式三份。
(2) 合同副本（原件）、中标通知书（原件）应作为本表附件提交备案。</td></tr>
</table>

3. 工程合同摘要表

表 2-115　　工程合同摘要表

<table>
<tr><td>承包单位</td><td colspan="3"></td></tr>
<tr><td>序号</td><td colspan="2">内容</td><td>摘要</td></tr>
<tr><td>1</td><td colspan="2">工程范围</td><td></td></tr>
<tr><td>2</td><td colspan="2">施工进场时间或设备材料供货时间</td><td></td></tr>
<tr><td>3</td><td colspan="2">合同总价及计价方式</td><td></td></tr>
<tr><td>4</td><td colspan="2">工期及付款</td><td></td></tr>
<tr><td>5</td><td colspan="2">质量要求</td><td></td></tr>
<tr><td>6</td><td colspan="2">甲供材料、设备清单及到货时间</td><td></td></tr>
<tr><td>7</td><td colspan="2">甲方限价材料及设备</td><td></td></tr>
<tr><td>8</td><td colspan="2">甲方分包</td><td></td></tr>
<tr><td>9</td><td colspan="2">三方合同备注</td><td></td></tr>
<tr><td>10</td><td colspan="2">其他</td><td></td></tr>
<tr><td>经办人</td><td></td><td>经办部门</td><td></td></tr>
</table>

4. 工程合同执行情况评估表

表 2-116　　　　　　　　**工程合同执行情况评估表**

项目名称：　　　　　　　　　　　　　　　　　　　　　　填写日期：　　年　月　日

<table>
<tr><td colspan="2">合同名称</td><td></td><td>合同编号</td><td></td></tr>
<tr><td colspan="2">承包单位（承包人）</td><td></td><td>资质等级</td><td></td></tr>
<tr><td>序号</td><td>内容</td><td colspan="3">经验总结</td></tr>
<tr><td>1</td><td>合同订立（招标投标、合同的规范性等）</td><td colspan="3"></td></tr>
<tr><td>2</td><td>工程质量控制</td><td colspan="3"></td></tr>
<tr><td>3</td><td>施工工期控制</td><td colspan="3"></td></tr>
<tr><td>4</td><td>工程成本控制</td><td colspan="3"></td></tr>
<tr><td>5</td><td>合作配合情况</td><td colspan="3"></td></tr>
<tr><td>6</td><td>其他情况</td><td colspan="3"></td></tr>
<tr><td colspan="2">项目公司对施工单位的综合评价</td><td>□优秀　□良好　□一般　□较差</td><td colspan="2"></td></tr>
<tr><td>1</td><td>质量控制</td><td>□优秀　□良好　□一般　□较差</td><td colspan="2" rowspan="3">填表/负责人签字：
填表人________</td></tr>
<tr><td>2</td><td>工期控制</td><td>□优秀　□良好　□一般　□较差</td></tr>
<tr><td>3</td><td>合作配合</td><td>□优秀　□良好　□一般　□较差</td></tr>
<tr><td>4</td><td>报价合理</td><td>□优秀　□良好　□一般　□较差</td><td colspan="2" rowspan="4">负责人________</td></tr>
<tr><td>5</td><td>现场管理</td><td>□优秀　□良好　□一般　□较差</td></tr>
<tr><td>6</td><td>技术实力</td><td>□优秀　□良好　□一般　□较差</td></tr>
<tr><td>7</td><td>经济实力</td><td>□优秀　□良好　□一般　□较差</td></tr>
<tr><td>8</td><td>总工办的综合评价</td><td colspan="3"></td></tr>
<tr><td>9</td><td>成本控制中心的综合评价</td><td></td><td colspan="2">是否推荐列入合格承包商数据库：□是　□否</td></tr>
<tr><td colspan="5">备注：除第 8、9 项外，其余由项目公司填写，总公司根据综合评定情况，来确定是否列入合格承包商数据库。</td></tr>
</table>

5. 合同交接表

表 2-117　　　　　　　　**合同交接表**

序号	合同编号	合同名称	交送人	接收人
1				
2				
3				
4				
5				
6				
7				
8				
9				
10				

6. 合同申报表

表 2-118　　合同申报表

<table>
<tr><td>申报单位或部门</td><td colspan="3"></td><td>承办人</td><td></td></tr>
<tr><td>合同名称</td><td colspan="3"></td><td>标的额</td><td></td></tr>
<tr><td>合同主要条款</td><td colspan="5">合同承办人：
年　月　日</td></tr>
<tr><td colspan="2">承办部门经理意见</td><td colspan="2">工程管理部意见</td><td colspan="2">工程副总经理或项目负责人意见</td></tr>
<tr><td colspan="2">年　月　日</td><td colspan="2">年　月　日</td><td colspan="2">年　月　日</td></tr>
<tr><td>公司总经理意见</td><td colspan="5"></td></tr>
</table>

7. 合同说明书

表 2-119　　合同说明书

<table>
<tr><td>对方单位</td><td colspan="3"></td></tr>
<tr><td>合同审批人</td><td></td><td>合同金额（万元）</td><td></td></tr>
<tr><td rowspan="10">合同主要条款</td><td>1. 合同标的概况</td><td colspan="2"></td></tr>
<tr><td>2. 对方履行地点、履约保证金</td><td colspan="2"></td></tr>
<tr><td>3. 进度款支付方式</td><td colspan="2"></td></tr>
<tr><td>4. 结算方式</td><td colspan="2"></td></tr>
<tr><td>5. 质量要求、质保金</td><td colspan="2"></td></tr>
<tr><td>6. 甲供材料范围</td><td colspan="2"></td></tr>
<tr><td>7. 工期要求</td><td colspan="2"></td></tr>
<tr><td>8. 违约责任</td><td colspan="2"></td></tr>
<tr><td>9. 解决争议方式</td><td colspan="2"></td></tr>
<tr><td>10. 其他内容</td><td colspan="2"></td></tr>
</table>

8. 合同跟踪单

表 2-120　　合同跟踪单

<table>
<tr><td>合同编号</td><td colspan="2"></td><td>标的额</td><td></td></tr>
<tr><td>合同名称</td><td colspan="2"></td><td>合同承办部门</td><td></td></tr>
<tr><td>合同收款单位</td><td colspan="2"></td><td>联系人</td><td></td></tr>
<tr><td>合同付款单位</td><td colspan="2"></td><td>联系人</td><td></td></tr>
<tr><td>合同签订日期</td><td colspan="2"></td><td>合同履约期限</td><td></td></tr>
<tr><td>合同履行程度</td><td colspan="4"></td></tr>
<tr><td colspan="5">资金收付情况</td></tr>
<tr><td colspan="2">收付日期</td><td colspan="2">付款金额</td><td>收款金额</td></tr>
<tr><td colspan="2"></td><td colspan="2"></td><td></td></tr>
<tr><td colspan="2"></td><td colspan="2"></td><td></td></tr>
<tr><td colspan="2"></td><td colspan="2"></td><td></td></tr>
<tr><td colspan="2"></td><td colspan="2"></td><td></td></tr>
<tr><td colspan="2"></td><td colspan="2"></td><td></td></tr>
<tr><td colspan="2">合计</td><td colspan="2"></td><td></td></tr>
<tr><td colspan="2">履约处罚情况</td><td colspan="2"></td><td></td></tr>
<tr><td colspan="2" rowspan="2">合同本次申请支付情况</td><td colspan="2">付款日期</td><td>付款金额</td></tr>
<tr><td colspan="2"></td><td></td></tr>
<tr><td colspan="2">合同办结确认</td><td colspan="3"></td></tr>
</table>

9. 合同履约评审表

表 2-121　　合同履约评审表

<table>
<tr><td>合同承办部门</td><td></td><td>履行不良对方单位</td><td></td></tr>
<tr><td>合同名称</td><td></td><td>合同签订日期</td><td></td></tr>
<tr><td colspan="4">合同履行情况：

合同分管员：
年　月　日</td></tr>
<tr><td colspan="4">评审会议意见：

评审人员签名：
年　月　日</td></tr>
<tr><td colspan="4">合同分管副总经理意见：

合同分管副总经理：
年　月　日</td></tr>
</table>

10. 合同履约情况登记表

表 2-122　　　　　　　　　　　合同履约情况登记表

单位：							报送日期： 年　月　日	
本月签订合同数	本年目前累计签订合同数	本月正在履行合同数	本月履行完毕合同数	本年目前已签订未履行合同数	本月出现违约合同数	本年目前出现违约情况合同总数	本年目前已审批未签约合同数	本年目前已签订并履行完毕的合同数

本年已审批未签约合同名称	对方单位名称	合同承办人	最终审批人	最终审批时间	合同标的	未签约动因

本月出现违约情况的合同名称	违约动因及责任	对违约情况采取（或拟采取）的措施

填报人：　　　　　　　　　　　　　　　　　　　　　　审核：

注：①本月是指填报此表的当月，本年目前是指从当年元旦至填报本表日的这段时间内。
②履行完毕指合同权利和义务已经全部履行，涉及的钱款已经全部付清或收回。
③每个项目都要填，不许空白，数据为 0 的填写 0。

11. 合同月报表

表 2-123　　　　　　　　　　　合同月报表

单位：

报送日期：　　　年　　月　　日

合同编号	合同名称	对方单位名称	标的额	合同主要内容	合同承办人	最终审批人	签约日期	合同履行情况	登记日期

第三部分
房地产税务工具箱

一、房地产企业涉及的税种

房地产企业涉及土地增值税、营业税、企业所得税、城镇土地使用税、耕地占用税、印花税、城市维护建设税、教育费附加、房产税、增值税、个人所得税等诸多税费。下面从各税种的纳税人、税目、税率、计税依据等方面进行梳理：

表 3-1 房地产开发涉及的税种表

涉及税种	纳税义务人	涉及税目及税率或征收率		计税依据
营业税	在中华人民共和国境内提供应税劳务、转让无形资产或者销售不动产的单位和个人。 境外的单位或者个人在境内提供应税劳务、转让无形资产或者销售不动产，在境内未设有经营机构的，以其境内代理人为扣缴义务人；在境内没有代理人的，以受让方或者购买方为扣缴义务人	建筑业	3%	1. 建筑业的总承包人将工程分包或者转包给他人，以工程的全部承包额减去付给分包人或者转包人的价款后的余额为营业额。 2. 纳税人提供建筑业劳务（不含装饰劳务）的，其营业额应当包括工程所用原材料、设备及其他物质和动力价款在内，但不包括建设方提供的设备的价款。
		服务业	5%	从事物业管理的单位，以与物业管理有关的全部收入减去代业主支付的水、电、燃气以及代承租者支付的水、电、燃气、房屋租金的价款后的余额为营业额。
		销售不动产	5%	销售自建不动产价款的全额。
		转让无形资产	5%	1. 单位和个人转让其受让的土地使用权，以全部收入减去受让原价后的余额为营业额。 2. 单位和个人转让抵债所得的土地使用权的，以全部收入减去抵债时该项土地使用权作价后的余额为营业额。 3. 纳税人转让除土地使用权之外的无形资产，转让全额作为营业额计算营业税。
城市维护建设税	负有缴纳增值税、消费税、营业税义务的单位和个人	1. 纳税人所在地为市区的：7%。 2. 纳税人所在地为县城、镇的：5%。 3. 纳税人所在地不在市区、县城、镇的：1%。		纳税人实际缴纳的“三税”税额。
教育费附加	负有缴纳增值税、消费税、营业税义务的单位和个人	3%		纳税人实际缴纳的“三税”税额。

续表

<table>
<tr><th>涉及税种</th><th>纳税义务人</th><th>涉及税目及税率或征收率</th><th colspan="2">计税依据</th></tr>
<tr><td>城镇土地使用税</td><td>在城市、县城、建制镇、工矿区范围内使用土地的单位和个人</td><td>1. 大城市：每平方米年应纳税额 1.5～30 元。
2. 中等城市：每平方米年应纳税额 1.2～24 元。
3. 小城市：每平方米年应纳税额 0.9～18 元。
4. 县城、建制镇、工矿区：每平方米年应纳税额 0.6～12 元。</td><td colspan="2">纳税人实际占用的土地面积。</td></tr>
<tr><td rowspan="2">土地增值税</td><td rowspan="2">转让国有土地使用权、地上的建筑物及其附着物并取得收入的单位和个人</td><td rowspan="2">1. 增值额未超过扣除项目金额 50%的部分，税率为 30%。
2. 增值额超过扣除项目金额 50%、未超过扣除项目金额 100%的部分，税率为 40%。
3. 增值额超过扣除项目金额 100%的部分，税率为 50%。
4. 增值额超过扣除项目金额 200%的部分，税率为 60%。</td><td>应税收入的确定</td><td>扣除项目及其金额</td></tr>
<tr><td>1. 货币收入。
2. 实物收入。
3. 其他收入。</td><td>1. 取得土地使用权所支付的金额。
(1) 纳税人为取得土地使用权所支付的地价款。
(2) 纳税人在取得土地使用权时按国家统一规定缴纳的有关费用和税金。
2. 房地产开发成本。
(1) 土地征用及拆迁补偿费。
(2) 前期工程费。
(3) 建筑安装工程费。
(4) 基础设施费。
(5) 公共配套设施费。
(6) 开发间接费用。
3. 房地产开发费用。
4. 与转让房地产有关的税金
与转让房地产有关的税金是指在转让房地产时缴纳的营业税、城市维护建设税、印花税。因转让房地产缴纳的教育费附加，也可视同税金予以扣除。
5. 财政部确定的其他扣除项目
取得土地使用权所支付的金额、开发土地和新建房及配套设施的成本，可加计 20%扣除。此条优惠只适用于从事房地产开发的纳税人，除此之外的其他纳税人不适用。</td></tr>
</table>

续表

涉及税种	纳税义务人	涉及税目及税率或征收率	计税依据
			6. 旧房及建筑物的扣除金额。 (1) 按评估价格扣除。 (2) 按购房发票金额计算扣除。 (3) 核定征收。 7. 计税依据的特殊规定。
耕地占用税	占用耕地建房或从事非农业建设的单位和个人	1. 人均耕地不超过1亩的地区（以县级行政区域为单位，下同）每平方米为10～50元。 2. 人均耕地超过1亩不超过2亩的地区，每平方米为8～40元。 3. 人均耕地超过2亩但不超过3亩的地区，每平方米为6～30元。 4. 人均耕地超过3亩的地区，每平方米5～25元。	纳税人实际占用耕地的面积。
房产税	房屋产权所有人	1. 按房产原值一次减除10%～30%后的余值计征的：1.2%。	从价计征：依照房产原值一次减除10%～30%后的余值计算缴纳。
		2. 按房产出租的租金收入计征的：12%。	从租计征：以房产租金收入为房产税的计税依据。
印花税	在中国境内书立、使用、领受印花税法所列举的凭证并应依法履行纳税义务的单位和个人	购销合同。 按购销金额0.3‰贴花。	购销金额。
		加工承揽合同。 按加工或承揽收入0.5‰贴花。	加工或承揽收入的金额。
		建设工程勘察设计合同。 按收取费用0.5‰贴花。	收取的费用。
		建筑安装工程承包合同。 按承包金额0.3‰贴花。	承包金额。

续表

<table>
<tr><th>涉及税种</th><th>纳税义务人</th><th colspan="2">涉及税目及税率或征收率</th><th colspan="2">计税依据</th></tr>
<tr><td rowspan="6"></td><td rowspan="6"></td><td>财产租赁合同</td><td>按租赁金额1‰贴花。税额不足1元，按1元贴花。</td><td colspan="2">租赁金额。</td></tr>
<tr><td>货物运输合同</td><td>按运输费用0.5‰贴花。</td><td colspan="2">运输费金额。</td></tr>
<tr><td>借款合同</td><td>按借款金额0.05‰贴花。</td><td colspan="2">借款金额。</td></tr>
<tr><td>技术合同</td><td>按所记载金额0.3‰贴花。</td><td colspan="2">合同所载的价款、报酬或使用费。</td></tr>
<tr><td>产权转移书据</td><td>按所记载金额0.5‰贴花。</td><td colspan="2">所记载金额。</td></tr>
<tr><td>权利、许可证照</td><td>按件贴花5元。</td><td colspan="2">应税凭证件数。</td></tr>
<tr><td>契税</td><td>境内转移土地、房屋权属，承受的单位和个人</td><td colspan="2">3%～5%幅度税率。</td><td colspan="2">不动产的价格。</td></tr>
<tr><td>车船税</td><td>在中华人民共和国境内，车辆、船舶的所有人或者管理者</td><td colspan="4">参照当地车船税具体政策。</td></tr>
<tr><td rowspan="2">企业所得税</td><td rowspan="2">在中华人民共和国境内的企业和其他取得收入的组织</td><td colspan="2" rowspan="2">1. 居民企业和在中国境内没有机构、场所且所得与机构、场所有关联的非居民企业，适用税率为25%。
2. 在中国境内未设立机构、场所的，或者虽设立机构、场所但取得的所得与其所设机构、场所没有实际联系的非居民企业，适用税率为20%，实际征收时适用10%的税率。</td><td colspan="2">应纳税所得额＝收入总额－不征税收入－免税收入－各项扣除金额－弥补亏损</td></tr>
<tr><td>一般收入的确认。</td><td>1. 销售货物收入。
2. 提供劳务收入。
3. 转让财产收入。
4. 股息、红利等权益性投资收益。
5. 利息收入。
6. 租金收入。
7. 特许权使用费收入。
8. 接受捐赠收入。
9. 其他收入。</td></tr>
</table>

续表

涉及税种	纳税义务人	涉及税目及税率或征收率	计税依据	
			特殊收入的确认。	1. 分期收款方式销售货物。 2. 采用售后回购方式销售商品。 3. 以旧换新方式销售商品。 4. 商业折扣条件销售。 5. 现金折扣条件销售。 6. 折让方式销售。 7. 买一赠一方式组合销售。 8. 持续时间超过 12 个月的劳务。 9. 采取产品分成方式取得收入。 10. 非货币性资产交换以及货物、财产、劳务流出企业。
			不征税收入。	1. 财政拨款。 2. 依法收取并纳入财政管理的行政事业性收费、政府性基金。 3. 国务院规定的其他不征税收入。 4. 专项用途财政性基金。
			免税收入。	1. 国债利息收入。 2. 符合条件的居民企业之间的股息、红利等权益性投资收益。 3. 在中国境内设立机构、场所的非居民企业从居民企业取得与该机构、场所有实际联系的股息、红利等权益性投资收益，该收益不包括连续持有居民企业公开发行并上市流通的股票不足 12 个月取得的投资收益。 4. 符合条件的非营利组织的收入——非营利组织的非营利收入。
			扣除项目范围。	1. 成本，是指在企业在生产经营活动中发生的销售成本、销货成本、业务支出以及其他耗费，即企业销售商品、提供劳务、转让固定资产、无形资产的成本。 2. 费用，是指企业每一个纳税年度为生产、经营商品和提供劳务等所发生的销售费用、管理费用和财务费用。 3. 税金，是指企业发生的除企业所得税和允许抵扣的增值税以外的企业缴纳的各项税金及附加。

续表

涉及税种	纳税义务人	涉及税目及税率或征收率	计税依据	
				4. 损失，是指企业生产经营活动中发生的固定资产和存货的盘亏、毁损、报废损失，转让财产损失，呆账损失，坏账损失，自然灾害等不可抗力因素造成的损失以及其他损失。 5. 扣除的其他支出，是指出成本、费用、税金、损失外，企业在生产经营活动中发生的与生产经营活动有关的、合理的支出。

二、房地产企业各阶段涉及的税务风险

（一）开发公司设立阶段

房地产开发企业的设立是房地产企业纳税风险控制的起点。房地产开发企业可以根据宏观经济环境、市场运行状况、企业财务现状等因素选择最有利的组织形式。就房地产企业而言，可以从投资主体、权益比例、投资资产类别以及注册所在地等因素权衡未来开发项目的纳税问题。同时，就开发项目而言，可以从设置为独立核算的法人子公司、非法人的二级分公司还是项目经理部来对未来的纳税问题作出选择。

表 3-2　　开发公司设立阶段税务风险表

房地产流程环节	涉及税种	涉税业务	税务处理	会计与税法差异和税收提示
开发设立环节	企业所得税	房地产开发企业注册地与项目所在地不一致时纳税地点规定。	除税收法律、行政法规另有规定外，居民企业以企业登记注册地为纳税地点；但登记注册地在境外的，以实际管理机构所在地为纳税地点。企业注册登记地是指企业依照国家有关规定登记注册的住所地。	【提示】已经设立的房地产企业外出经营，不想接受项目所在地税务机关的企业所得税管理，通常会增设项目部或二级分支机构来进行开发。
		房地产企业筹办费用支出不得计算为当期亏损。	企业自开始生产经营的年度，为开始计算企业损益的年度。企业从事生产经营之前进行筹办活动期间发生筹办费用支出，不得计算为当期的亏损。企业可以在开始经营之日的当年一次性扣除，也可以按照新税法有关长期待摊费用的处理规定处理，但一经选定，不得改变。	

续表

房地产流程环节	涉及税种	涉税业务	税务处理	会计与税法差异和税收提示
		设立分公司还是子公司的纳税权衡。	企业在项目开发的时候，设立机构有三个因素应当综合考虑： (1) 分支机构的盈亏情况。分公司是非独立纳税人，其亏损可以由总公司弥补，所以在总机构盈利而新设置的分支机构可能出现亏损时，应当选择总分公司模式；子公司是独立纳税人，总公司不能弥补子公司的亏损，其亏损只能由以后年度实现的利润弥补，所以当总机构亏损而新设置的分支机构可能盈利时，应当选择母子公司； (2) 享受税收优惠的情况。当总机构享受税收优惠而分支机构不享受税收优惠时，可以选择总分机构模式，使分支机构也享受税收优惠；如果分公司所在地有税收优惠，则当分公司开始盈利后，可以变更注册分公司为子公司，通过统筹安排以享受更好的税收收益； (3) 分支机构的利润分配形式及风险责任情况。分支机构由于不具有独立法人资格，所以不利于进行独立的利润分配。同时如果设立分公司，若有一个项目出现闪失，其他项目就会受到牵连，所以现在的房地产企业通常是一个项目一个子公司，出现纳税风险时，“舍车保帅”策略比较常用。	【提示】分公司与子公司的选择并没有固定的、一成不变的模式，企业应当根据自身的发展状况灵活变化。当企业设立分支机构时，由于设立初期分支机构面临高昂的成本支出，所以亏损的概率较高，通常采用分公司的形式较为合适，可以享受和总部收益盈亏互抵的好处。经过两三年的经营，分公司开始转亏为盈时，再把分公司变更注册为子公司，则可以降低分支机构对总机构的法律影响。
	营业税	公司注册地与项目所在地尽量一致。	(1)《营业税暂行条例》规定，纳税人转让、出租土地使用权、应当向土地所在地的主管税务机关申报纳税；纳税人销售、出租不动产应当向不动产所在地的主管税务机关申报纳税。 (2)《土地增值税暂行条例》规定，纳税人应当自房地产合同签订后的7日内，到房地产所在地主管税务机关办理纳税申报。 (3)《城镇土地使用税暂行条例》规定，土地使用税由所在地的税务机关征收。 (4)《房产税暂行条例》规定，房产税由房产所在地的税务机关征收。	【提示】由于房地产企业经营过程中发生的不同税种管理上存在属人和属地的差别，其经营过程又过度依赖于土地，且经常随着开发地块的变化不断变换经营地点，而每一开发项目所在地的税务机关对其均有营业税、土地增值税等主要税种的绝对管辖权，所以企业所得税、营业税、土地增值税三大税种归属同一税务管辖，税务成本无疑会降低。

续表

房地产流程环节	涉及税种	涉税业务	税务处理	会计与税法差异和税收提示
		以土地使用权作价入股不缴纳营业税。	(1) 以无形资产、不动产投资入股，接受投资方利润分配，共同承担投资风险的行为，不征收营业税。 (2) 对股权投资再转让的情况也不用缴纳营业税。	【提示】 (1) 集体土地的使用权不得直接出资，即必须先将集体土地通过国家征收的途径变为国有土地，再通过审批手续取得土地使用权后方可作为出资。 (2) 通过无偿划拨的土地使用权不得作为出资，只能由原使用人使用。 (3) 已经抵押的土地使用权属于“设定担保的财产”，不得作为出资。 (4) 以土地使用权作为出资，出资人应及时将土地使用权证变更至公司名下并将土地移交公司占有使用。
	土地增值税	以房地产进行投资、联营。	(1) 自2006年3月2日起，对于以土地（房地产）作价投资入股进行投资或联营的，凡所投资、联营的企业从事房地产开发的，或者房地产开发企业以其建造的商品房进行投资和联营的，应按规定缴纳土地增值税。 (2) 如果与房地产开发企业无关的投资联营，将房地产转让到投资企业，不缴纳土地增值税。	

（二）取得土地阶段

土地是所有建筑的基础，没有土地储备，房地产开发就无从谈起。目前直接拿地方式仍然以招拍挂形式为主。除此之外，拆迁改造、联合开发、公司合并、股权收购等也是常见的方式。拿地渠道和方式的不同，适用的房地产产业纳税政策必然存在差异，既影响拿地成本，也影响将来的税负。因此，更多的房地产开发企业开始把拿地方式作为主要的纳税筹划方向，以解决相关的税务问题。

表 3-3　　　　取得土地环节税务风险表

房地产企业流程环节	涉及税种	涉税业务	税务处理	会计与税法差异和税收提示
取得土地环节	城镇土地使用税	房地产开发企业取得土地的纳税义务发生时间。	(1) 以出让或转让方式有偿取得土地使用权的，应由受让方从合同约定交付土地时间的次月起缴纳城镇土地使用税。 (2) 合同未约定交付土地时间的，由受让方从合同签订的次月起缴纳城镇土地使用税。 (3) 纳税人新征用的耕地，自批准征用之日起满 1 年时开始缴纳土地使用税。 (4) 纳税人新征用的非耕地，自批准征用次月起缴纳土地使用税。	
		对取得的用于廉租住房、经济适用住房建设用地。	对廉租住房、经济适用住房建设用地以及廉租住房经营管理单位按照政府规定价格向规定保障对象出租的廉租住房用地，免征城镇土地使用税。开发商在经济适用住房、商品住房项目中配套建造廉租住房，在商品住房项目中配套建造经济适用住房，如能提供政府部门出具的相关材料，可按廉租住房、经济适用住房建筑面积占总建筑面积的比例免征开发商应缴纳的城镇土地使用税。	
		地下建筑用地的税务处理。	对在城镇土地使用税征税范围内单独建造的地下建筑用地，按规定征收城镇土地使用税。其中，已取得地下土地使用权证的，按土地使用权证确认的土地面积计算应征税款；未取得地下土地使用权证或地下土地使用权证上未标明土地面积的，按地下建筑垂直投影面积计算应征税款。对上述地下建筑用地暂按应征税款的 50%征收城镇土地使用税。	

续表

房地产企业流程环节	涉及税种	涉税业务	税务处理	会计与税法差异和税收提示
	契税	国有土地使用权出让时，作为承受的一方，其契税计税价格为房地产开发企业取得该土地使用权而支付的全部经济利益。	(1) 以协议价格出让的，其契税计税价格为成交价格。成交价格包括土地出让金、土地补偿费、安置补助费、地上附着物和青苗补偿费、拆迁补偿费、市政建设配套费等承受应支付的货币、实物、无形资产及其他经济利益。没有成交价格或者成交价格明显偏低的，征收机关可依次按下列两种方式确定： ① 评估价格：由政府批准设立的房地产评估机构根据相同地段、同类房地产进行综合评定，并经当地税务机关确认的价格； ②土地基准价格：由县以上人民政府公示的土地基准地价。 (2) 以竞价方式出让的，其契税计税价格，一般应确定为竞价的成交价格，土地出让金、市政建设配套费以及各种补偿费应包括在内。	【提示】 (1) 取得土地使用权的房地产开发公司自行实施拆迁的，其支付给拆迁公司的劳务费属于为取得该土地使用权而支付的全部经济利益，应并入包括拆迁补偿费在内的各种补偿费中作为契税的计税依据。 (2) 合同确定的成交价格中包含的行政事业性收费，属于成交价格的组成部分，不应从中剔除，纳税人应按合同确定的成交价格全额计算缴纳契税。
		同一投资主体内部划转土地使用权不用缴纳契税。	企业改制重组过程中，同一投资主体内部所属企业之间土地、房屋权属的无偿划转，包括母公司与其全资子公司之间，同一公司所属全资子公司之间，同一自然人与其设立的个人独资企业、一人有限公司之间土地、房屋权属的无偿划转，不征收契税。	【提示】该项业务应属于同一投资主体内部所属企业之间的土地、房屋权属的划转，而且必须是“无偿”划转，不征收契税。否则，契税应照常征收。
	企业所得税	取得土地开发使用权(或开发权)而发生的准予在税前扣除的各项费用。	包括土地买价或出让金、大市政配套费、契税、耕地占用税、城镇土地使用税、土地闲置费、土地变更用途和超面积补交的地价及相关税费、拆迁补偿支出、安置及动迁支出、回迁房建造支出、农作物补偿费、危房补偿费等均可计入企业开发成本，在计算企业所得税时予以扣除。	

续表

房地产企业流程环节	涉及税种	涉税业务	税务处理	会计与税法差异和税收提示
		开发商取得政府返还土地出让金认定为财政性资金，还是认定为经营性收入其税务处理也不尽相同，用于建设购买安置回迁房的。	《关于财政性资金、行政事业性收费、政府性基金有关企业所得税政策问题的通知》(财税〔2008〕151 号）规定：对企业取得的由国务院财政、税务主管部门规定专项用途并经国务院批准的财政性资金，准予作为不征税收入，在计算应纳税所得额时从收入总额中减除。此业务属于政府采购行为，不属于不征税收入所对应的财政性资金。房地产开发企业收到的土地款返还实为一种补贴收入，按照上述政策规定应当作为收入计算缴纳企业所得税。	
		开发商取得政府返还土地出让金用于拆迁的。	(1) 返还款中取得的提供建筑物拆除、平整土地劳务取得的收入扣除相对应的成本费用，差额应计入当年的应纳税所得额。 (2) 代理支付动迁补偿款差额，应计入当年的应纳税所得额。	【提示】企业实际发生的与上述业务相关的营业税等税费，可以在发生当年扣除。
		开发商取得政府返还土地出让金用于开发项目相关的基础设施建设的。	企业取得的提供基础设施建设劳务收入扣除相对应的成本费用，差额应计入当年的应纳税所得额。	【提示】企业实际发生的与上述业务相关的营业税等税费，可以在发生当年扣除。
		开发商取得政府返还土地出让金用于开发项目相关的公共配套设施建设的。	《房地产开发经营业务企业所得税处理办法》(国税发〔2009〕31 号）第十八条规定：企业在开发区内建造的邮电通讯、学校、医疗设施应单独核算成本，其中，由企业与国家有关业务管理部门、单位合资建设，完工后有偿移交的，国家有关业务管理部门、单位给予的经济补偿可直接抵扣该项目的建造成本，抵扣后的差额应调整当期应纳税所得额。企业取得返还款应直接抵扣该项目公共配套设施的建造成本，抵扣后的差额应调整当期应纳税所得额。	

续表

房地产企业流程环节	涉及税种	涉税业务	税务处理	会计与税法差异和税收提示
		政府返还土地出让金给开发商的关联企业或个人的。	在开发商缴纳土地出让金后，政府部门对开发商的关联企业进行部分返还，用于企业经营奖励、财政补贴，由于房地产企业未取得收入，也未直接获得经济利益，不征收企业所得税。	【提示】企业取得政府奖励或财政补贴是否属于不征税收入问题，要根据财税〔2008〕151号及财税〔2011〕70号文的规定进行判定。如果作为不征税收入处理，根据《企业所得税法实施条例》第二十八条的规定，不征税收入用于支出所形成的费用，不得在计算应纳税所得额时扣除；用于支出所形成的资产，其计算的折旧、摊销不得在计算应纳税所得额时扣除。
		开发商取得土地出让金返还未约定任何事项，只是奖励或补助。	根据财税〔2008〕151号及财税〔2011〕70号文的规定，土地出让协议未规定资金专项用途，因此，不符合财税〔2011〕70号文件所称的“不征税收入”的三个条件之一，不能作为不征税收入处理。应在企业取得政府奖励或财政补贴时，计入当年应纳税所得额缴纳企业所得税。	
	营业税	开发商取得政府返还土地出让金认定为财政性资金，还是认定为经营性收入其税务处理也不尽相同，用于建设购买安置回迁房的。	政府主导拆迁，由政府出资购买回迁房，用于安置动迁户。对房地产开发企业来说，属于销售回迁房行为，根据《营业税暂行条例实施细则》第二十条规定，纳税人有条例第七条所称价格明显偏低并无正当理由或者本细则第五条所列视同发生应税行为而无营业额的，按下列顺序确定其营业额：(一)按纳税人最近时期发生同类应税行为的平均价格核定；(二)按其他纳税人最近时期发生同类应税行为的平均价格核定；(三)按下列公式核定：营业额＝营业成本或者工程成本×(1＋成本利润率)÷(1－营业税税率)。所以，房地产可以按照上述要求确定销售额。	【提示】 (1)返还款相当于回迁房营业税组成计税价格确认收入的部分。应按返还款的收入计算缴纳营业税。 (2)返还款大于回迁房组成计税价格确认收入的部分，则取得的土地出让金返还应作为销售回迁房收入，征收营业税。大于回迁房组成计税价格确认收入的部分，如用于其他事项，可以按实际情况，进行营业税判定。 (3)返还款小于回迁房组成计税价格确认收入的部分，则取得的土地出让金返还应作为销售回迁房收入，征收营业税。返还款与计税价格确认收入的差额部分，属于营业税实施细则中的价格明显偏低，如果没有正当理由，应视同销售，征收营业税。

续表

房地产企业流程环节	涉及税种	涉税业务	税务处理	会计与税法差异和税收提示
		开发商取得政府返还土地出让金用于拆迁的。	纳税人受托进行建筑物拆除、平整土地并代委托方向原土地使用权人支付拆迁补偿费的过程中，其提供建筑物拆除、平整土地劳务取得的收入应按照“建筑业”税目缴纳营业税；其代委托方向原土地使用权人支付拆迁补偿费的行为属于“服务业——代理业”行为，应以提供代理劳务取得的全部收入减去其代委托方支付的拆迁补偿费后的余额为营业额计算缴纳营业税。	
		开发商取得政府返还土地出让金用于开发项目相关的基础设施建设的。	(1) 如果协议约定返还款用于项目外城市道路、供水、排水、燃气、热力、防洪等基础设施工程所需要支出，按土地出让协议规定，是应该由政府承担的，并且基础设施工程建设完工后，移交给政府。 对此开发企业取得基础设施建设返还款业务，营业税处理如下：无论房地产开发企业是否具备建筑总承包资质，对房地产开发企业应认定为建筑业总承包方，按建筑业税目全额征收营业税，并开具建筑安装发票。 (2) 如果协议约定返还款用于项目内开发企业自行承担的城市道路、供水、排水、燃气、热力、防洪等基础设施工程支出，则应按企业取得政府补贴处理，不征收营业税。	
		开发商取得政府返还土地出让金用于开发项目相关的公共配套设施建设的。	由政府出资购买全部或部分公共配套设施，对房地产开发企业来说，属于向政府销售全部或部分公共配套设施的行为。此业务返还款应作为房地产开发企业取得销售不动产收入计算缴纳营业税。返还款如小于公共配套设施的成本的差额部分，不属于视同销售行为。这部分应取得的经济利益，开发商已经通过设定房价，从销售给业主的房款中取得了相应的经济利益，并由销售商品房收入中实现并缴纳营业税。	

续表

房地产企业流程环节	涉及税种	涉税业务	税务处理	会计与税法差异和税收提示
		政府返还土地出让金给开发商的关联企业或个人的。	(1) 根据《营业税暂行条例实施细则》的规定，房地产企业未取得收入，也未直接获得经济利益，不征收营业税。 (2) 关联企业或个人取得政府奖励收入，但未发生营业税条例规定的劳务、有偿转让无形资产或者有偿转让不动产所有权的行为，因此也不征收营业税。	
		开发商取得土地出让金返还未约定任何事项，只是奖励或补助。	根据《营业税暂行条例实施细则》的规定，房地产企业取得政府奖励收入，但未发生营业税条例规定的劳务、有偿转让无形资产或者有偿转让不动产所有权的行为，因此不征收营业税。	
	土地增值税	开发商取得政府返还土地出让金认定为财政性资金，还是认定为经营性收入其税务处理也不尽相同，用于建设购买安置回迁房的。	(1) 返还款相当于回迁房土地增值税确认收入的部分，房地产开发企业应按取得售房收入计算缴纳土地增值税；企业缴纳的土地出让金应全额计入开发成本中的土地征用及拆迁补偿费的金额。 (2) 返还款大于回迁房土地增值税确认收入的部分，用于其他事项，可以按实际情况，进行土地增值税是否征收的判定。土地出让金返还协议如果没有约定返还款大于回迁房土地增值税确认收入的部分的特定用途，应抵减房地产开发成本中的土地征用及拆迁补偿费的金额。 (3) 如果返还款小于回迁房土地增值税视同销售确认的收入，房地产开发企业应将取得的返还款全部计入售房收入计算缴纳土地增值税。	
		开发商取得政府返还土地出让金用于拆迁的。	根据《土地增值税暂行条例》及其实施细则的规定，企业取得的返还款收入中，属于提供建筑物拆除、平整土地劳务取得的收入和代理服务取得的收入，不属于转让不动产收入，因此，不征收土地增值税。	

续表

房地产企业流程环节	涉及税种	涉税业务	税务处理	会计与税法差异和税收提示
		开发商取得政府返还土地出让金用于开发项目相关的基础设施建设的。	根据《土地增值税暂行条例》及其实施细则的规定，企业取得的返还款属于提供基础设施建设劳务收入，不属于转让不动产收入，因此，不征收土地增值税。	
		开发商取得政府返还土地出让金用于开发项目相关的公共配套设施建设的。	(1) 如可以认定为属于向政府销售全部或部分公共配套设施的行为，即为转让不动产收入，因此，应征收土地增值税。此收入应计算土地增值税清算收入。 (2) 如不能认定为属于向政府销售全部或部分公共配套设施的行为，企业应将从政府部门取得的补偿款项，抵减房地产开发成本中的土地征用及拆迁补偿费的金额。	
		政府返还土地出让金给开发商的关联企业或个人的。	(1) 房地产企业在实际缴纳土地出让金后，全额计入开发成本中的土地征用及拆迁补偿费，根据《土地增值税暂行条例》及其实施细则的规定，开发企业未取得的返还款，土地增值税清算时，不计收入，也不冲减开发成本。 (2) 关联企业或个人取得政府奖励企业的收入，但未发生出售或者其他方式有偿转让房地产的行为，因此，不应征收土地增值税。	
		开发商取得土地出让金返还未约定任何事项，只是奖励或补助。	房地产开发企业收到政府返还的土地出让金或政府给予的补偿返还款，虽然是政府对房地产开发企业的一种补助，是企业的一项营业外收入，但实质上是政府给予房地产开发企业的土地价款的折让，因此应扣减土地成本，实质上并不是“取得土地使用权所支付的金额”的范畴。因此，土地增值税清算时，企业取得的返还款，应抵减房地产开发成本中的土地征用及拆迁补偿费。	

续表

房地产企业流程环节	涉及税种	涉税业务	税务处理	会计与税法差异和税收提示
	印花税	开发企业在取得土地时用于经济适用住房、商品住房项目中配套建造廉租住房的。	《关于廉租住房经济适用住房和住房租赁有关税收政策的通知》(财税〔2008〕24号)规定：开发商在经济适用住房、商品住房项目中配套建造廉租住房，在商品住房项目中配套建造经济适用住房，如能提供政府部门出具的相关材料，可按廉租住房、经济适用住房建筑面积占总建筑面积的比例免征开发商应缴纳的印花税。	
	城镇土地使用税	经济适用房、廉租房、安置住房用地面积免税。	财税〔2008〕24号文件规定：开发商在经济适用住房、商品住房项目中配套建造廉租住房，在商品住房项目中配套建造经济适用房，如能提供政府部门出具的相关材料，可按廉租住房、经济适用住房面积占总建筑面积的比例免征开发商应缴的城镇土地使用税。	【提示】如果纳税人在实践中非法占地开发，即土地使用权证明文件上的四至界线与实地四至界线不一致，应按实地四至界线计算土地面积。

（三）前期准备阶段

前期准备工作包括项目的规划设计、征地拆迁、报建登记、各种许可证的办理等。

表 3-4　　前期准备阶段税务风险表

房地产流程环节	涉及税种	涉税业务	税务处理	会计与税法差异和税收提示
前期准备环节	营业税	转让已完成土地前期开发或正在进行土地前期开发，但尚未进入施工阶段的在建项目。	按“转让无形资产”税目中“转让土地使用权”项目征收营业税，计税依据为单位和个人转让其受让的土地使用权，以全部收入减去受让原价后的余额为营业额。	【提示】转让无形资产在一般情况下全额计税；但是转土地使用权，以差额计税。

续表

房地产流程环节	涉及税种	涉税业务	税务处理	会计与税法差异和税收提示
		转让已经“七通一平”的土地使用权预收定金，纳税义务时间的确定。	纳税人转让土地使用权或销售不动产，采取预收款方式的，其纳税义务发生时间为收到预收款的当天，此项规定所称预收款，包括预收定金。	【提示】企业不要等到全部款项付清之后再按全额纳税。
		房地产企业在开发的过程中，往往要发生拆迁补偿行为，为了鼓励房产开发建设，当地政府往往会给房地产企业一定的拆迁补偿款，这些政府给予的拆迁补偿款涉及营业税的税务处理。	(1) 如果房地产企业征地后自行负责拆迁，而不是受政府委托，其取得的政府补助收入，不属于营业税应税收入，不需要缴纳营业税。 (2) 如果企业是受政府或其相关部门委托进行拆迁，取得的拆迁补偿收入，则属于营业税中的“服务业——代理业”收入，应就其差额收入缴纳营业额。	【提示】纳税人受托进行建筑物拆除、平整土地并代委托方向原土地使用权人支付拆迁补偿费的过程中，其提供建筑物拆除、平整土地劳务取得的收入应按照“建筑业”税目缴纳营业税；其代委托方向原土地使用权人支付拆迁补偿费的行为属于“服务业——代理业”行为，应以提供代理劳务取得的全部收入减去其代委托方支付的拆迁补偿费后的余额为营业额计算缴纳营业税。
	企业所得税	关联企业利息费用的扣除。	(1) 企业从其关联方接受的债权性投资与权益性投资的比例不超过规定标准而发生的利息支出，准予从应纳税所得额中扣除；超过的部分不得在发生当期和以后年度扣除。接受关联方债权性投资与其权益性投资比例标准为：金融企业 5∶1，其他企业 2∶1。 (2) 企业如果能够按照税法及其实施条例的有关规定提供相关资料，并证明相关交易活动符合独立交易原则的；或者该企业的实际税负不高于境内关联方的，其实际支付给境内关联方的利息支出，在计算应纳税所得额时准予扣除。	【提示】 企业在从关联方取得债权性投资与权益性投资时，应注意使两者的比例保持在规定的比例之内，从而保证发生的利息支出在计算缴纳企业所得税时可以全额扣除；否则，超过比例的部分将无法扣除，增加企业的纳税成本。

续表

房地产流程环节	涉及税种	涉税业务	税务处理	会计与税法差异和税收提示
	企业所得税	对于新项目的调研费用可以税前扣除。	对于新项目前期调研工作，发生了诸如规划设计费、咨询顾问费、勘察测绘费等相关费用，但不确定此项目最终能否成功获取。对于此类调研费用属于管理费用范畴，如果将上述费用资本化计入房地产项目开发成本，可能会导致后期无相应收入与之配比，应直接作为费用申报税前扣除。	
		工程前期处理的青苗等赔偿费在所得税前列支。	房地产开发前土地征用时发生的青苗补偿费应计入房地产开发成本，不能在发生当期税前扣除。	
	土地增值税	房地产开发企业获得的政府给予的拆迁补偿款。	根据《土地增值税暂行条例实施细则》第七条的规定，在计算土地增值税增值额时，具体的扣除项目为：开发土地和新建房及配套设施的成本，是指纳税人房地产开发项目实际发生的成本，包括土地征用及拆迁补偿费、前期工程费、建筑安装工程费、基础设施费、公共配套设施费、开发间接费用。其中土地征用及拆迁补偿费的项目范围具体为：土地征用费，耕地占用税，劳动力安置费及有关地上、地下附着物拆迁补偿的净支出，安置动迁用房支出等。这里要特别注意的是，作为开发成本中的房地产企业拆迁补偿费用全部支出是“净支出”，也就是全部补偿支出减除拆迁过程中的各种收入后的实际净支出，因此，政府给予企业的拆迁补偿款应从企业实际发生的拆迁补偿支出中扣除。	【提示】政府给予企业的拆迁补偿款不能计入土地增值税征税收入中，但是要冲减开发成本中的补偿支出，从而减少计算土地增值税时的扣除项目金额。
	契税	对拆迁居民因拆迁重新购置住房的。	市、县级人民政府根据《国有土地上房屋征收与补偿条例》有关规定征收居民房屋，居民因个人房屋被征收而选择货币补偿用以重新购置房屋的，并且购房成交价格不超过货币补偿的，对新购房屋免征契税；购房成交价格超过货币补偿的，对差价部分按规定征收契税。居民因个人房屋被征收而选择房屋产权调换，并且不缴纳房屋产权调换差价的，对新换房屋免征契税；缴纳房屋产权调换差价的，对差价部分按规定征收契税。	

（四）房地产项目建设施工阶段

房地产项目建设施工阶段是房地产开发的重要阶段，在这一阶段，房地产开发企业所发生的建筑施工成本及各项费用，将直接影响到开发项目后期企业所得税计税成本的扣除以及土地增值税扣除项目金额的确定，对项目竣工后清算税收成本构成直接影响。

表 3-5　　房地产项目建设施工阶段税务风险表

房地产流程环节	涉及税种	涉税业务	税务处理	会计与税法差异和税收提示
建设施工环节	营业税	房地产开发企业取得闲置资金利息应缴纳营业税。	非金融机构将资金提供给对方，并收取资金占用费，企业取得的这部分利息收入，作为应税收入，需要缴纳营业税。	
		接受境外建筑设计劳务。	企业发生对外支付建筑设计劳务款项时，要判断企业是否负有代扣代缴义务，应向发生业务的境外单位或者个人确认其境内是否存在经营机构或境内代理人，如果不存在，则确认自身负有代扣代缴义务。扣缴义务发生时间为纳税人营业税纳税义务发生的当天。纳税义务发生时间为纳税人提供应税劳务，并收讫营业收入款项或者取得索取营业收入款项凭据的当天。	
		转让已进入建筑业施工阶段的在建项目。其中在建项目是指立项建设但尚未完工的房地产项目或其他建设项目。	应按“销售不动产”税目征收营业税。税率为5%。	
		房地产开发企业为其他单位代建房屋，就收取的代建手续费。	房地产开发企业为其他单位代建房屋，就收取的代建手续费按“服务业——代理业”征收营业税。代建房行为同时符合以下条件： （1）委托方自行立项； （2）不发生土地使用权或产权转移；	

续表

房地产流程环节	涉及税种	涉税业务	税务处理	会计与税法差异和税收提示
			(3) 受托方不垫付资金，单独收取代建手续费（或管理费）； (4) 事先与委托方订有委托代建合同； (5) 施工企业将建筑业发票全额开具给委托建房单位。 如果不同时符合上述条件，应对房地产开发企业与委托建房单位的全额结算收入按“销售不动产”税目计征营业税。	
		房地产开发企业向施工单位收回代垫水电费。	房地产开发企业向施工单位收回代垫水电费，但并未向施工单位提供应税行为，不属于应并入营业额的价外收费，所以其代垫的水电费收入不缴纳营业税。	
		对非居民企业在中国境内取得工程作业和劳务的。	根据《企业所得税法实施条例》第三十八条“对非居民企业在中国境内取得工程作业和劳务所得应缴纳的所得税，税务机关可以指定工程价款或者劳务费的支付人为扣缴义务人”的规定，境内房地产企业还应履行扣缴义务代扣代缴该境外劳务的企业所得税。	
	增值税	房地产企业购入货物用于销售不动产和不动产在建工程或以建筑物或者建筑物为载体的附属设备和配套设施，并取得的增值税专用发票的。	根据《增值税暂行条例》规定，纳税人用于非增值应税项目的进项税额不得从销项税额中抵扣。销售不动产和不动产的在建工程均属于营业税的征税范围，非增值税应税项目，因此，前述取得的增值税专用发票中的进项税额不得从销项税额中抵扣。其中，附属设备和配套设施包括：给排水、采暖、卫生、通风、照明、通讯、煤气、消防、中央空调、电梯、电气、智能楼宇设备和配套设施。	【提示】对增值税不可抵扣进项税的理解是：购进货物之后，用于不动产和不动产在建工程等非增值税应税项目，不可能再有销售环节的销项税出现，导致增值税链条中断。

续表

房地产流程环节	涉及税种	涉税业务	税务处理	会计与税法差异和税收提示
	房产税	施工期间在施工地建造的临时性房屋。	凡是在基建工地为基建工地服务的各种工棚、材料棚、休息棚和办公室、食堂、茶炉房、汽车房等临时性房屋，不论是施工企业自行建造还是由基建单位出资建造交施工企业使用的，在施工期间，一律免征房产税。但是，基建工程结束以后，施工企业将这种临时性房屋交还或者估价转让给基建单位的，应当从基建单位接收的次月起，依照规定征收房产税。	【提示】施工期间不予征税的临时性建筑物必须同时满足两个条件：其一必须为基建工地服务，其二必须处于施工期间。如果基建工程结束，临时性建筑物归基建单位使用，则须从基建单位使用的次月起缴纳房产税。
	企业所得税	项目开发过程中发生允许扣除的费用。	项目开发过程中发生的各项建筑安装工程费、基础设施建设费、公共配套设施费等，包括开发项目建筑工程费、开发项目安装工程费、开发项目内道路、供水、供电、供气、排污、排洪、通讯、照明等社区管网工程费和环境卫生、园林绿化等园林环境工程费、开发项目内发生的、独立的、非营利性的，且产权属于全体业主的，或无偿赠与地方政府、政府公用事业单位的公共配套设施支出等，均可计入企业开发成本，在计算缴纳企业所得税时予以扣除。	
		项目开发过程中企业为直接组织和管理开发项目所发生的间接费用。	项目开发过程中企业为直接组织和管理开发项目所发生的，且不能将其归属于特定成本对象的各项间接费用，包括管理人员工资、职工福利费、折旧费、修理费、办公费、水电费、劳动保护费、工程管理费、周转房摊销以及项目营销设施建造费等，均可计入企业开发成本，在计算缴纳企业所得税时予以扣除。	

（五）房地产预售和销售阶段

房地产开发项目的投资回报主要来源于开发产品的市场销售。通常情况下，房地产企业开发项目完工之前即已开始预售，在获得经济利益流入的同时，销售收入应当缴纳的营业税、城市维护建设税、教育费附加、企业所得税、土地增值税、印花税等也开始形成经济利益的流出。房地产开发项目完工后，开发产品应当核算计税成本和项目的实际毛利率，并集中汇算企业所得税，土地增值税也进入清算阶段。所以，此阶段是税务问题暴露比较集中的时期。

表 3-6　　房地产预售和销售阶段税务风险表

房地产流程环节	涉及税种	涉税业务	税务处理	会计与税法差异和税收提示
预售环节	营业税	已经收款但未办理过户的房产应缴纳营业税的纳税时间。	营业税的纳税义务发生时间，为纳税人收讫营业收入款项或者取得索取营业收入款项凭据的当天，因此房地产开发企业在转让房产并收取转让款时，就应该申报缴纳营业税。	
		房地产开发企业代收的住房专项维修基金。	住房专项维修基金是属全体业主共同所有的一项代管基金，专项用于物业保修期满后物业共用部位、共用设施设备的维修和更新、改造。鉴于住房专项维修基金所有权及使用的特殊性，对房地产主管部门或其指定机构、公积金管理中心、开发企业以及物业管理单位代收的住房专项维修基金，不计征营业税。	
		房地产开发企业代收的燃气费、代办过户费、有线初装费以及装修款等费用的处理。	房地产开发企业在对外销售房屋时，代燃气公司向业主收取了每户几千元的煤气集资款（初装费），然后统一向燃气公司缴纳，房地产公司未收取任何的手续费，燃气公司全额向房地产公司开具发票。税局查账时要对代收的这部分集资款按价外费用征收营业税。	【提示】如果房地产公司转换一种法律形式，就可以将代收的燃气费不作为自己的价外费用，从而解决重复纳税的问题。房地产公司卖房时，由燃气公司给房地产公司出具代收燃气费委托书，房地产公司代燃气公司对用户开具发票，这样收款人就转变为燃气公司，而不是房地产公司了，房地产开发企业代收的初装费就不是房地产公司的价外费用。

续表

房地产流程环节	涉及税种	涉税业务	税务处理	会计与税法差异和税收提示
	企业所得税	企业销售未完工开发产品的计税毛利率。	企业销售未完工开发产品的计税毛利率由各省、自治、直辖市国家税务局、地方税务局按下列规定进行确定： (1) 开发项目位于省、自治区、直辖市和计划单列市人民政府所在地城市城区和郊区的，不得低于15%； (2) 开发项目位于地及地级市城区及郊区的，不得低于10%； (3) 开发项目位于其他地区的，不得低于5%； (4) 属于经济适用房、限价房和危改房的，不得低于3%。	
		企业销售未完工开发产品取得的收入。	企业销售未完工开发产品取得的收入，应先按预计计税毛利率分季（或月）计算出预计毛利额，计入当期应纳税所得额。开发产品完工后，企业应及时结算其计税成本并计算此前销售收入的实际毛利额，同时将其实际毛利额与其对应的预计毛利额之间的差额，计入当年度企业本项目与其他项目合并计算的应纳税所得额。 在年度纳税申报时，企业须出具对该项开发产品实际毛利额与预计毛利额之间差异调整情况的报告以及税务机关需要的其他相关资料。例如差异调整的税务鉴证报告、开发项目的地理位置及概况、占地面积、开发用途、初始开发时间、完工时间、可售面积及已售面积、预售收入及其毛利额、实际销售收入及其毛利额、开发成本及其实际销售成本等。	【会计与税法差异】 企业会计准则对预售业务不确认收入，而税法规定取得预收款项时应交所得税，从而产生可抵扣的暂时性差异。房地产企业应确认递延所得税资产，根据预收账款的账面价值和计税基础产生的可抵扣暂时性差异计算出递延所得税资产，借记“递延所得税资产”，贷记“所得税费用”，同时要调整该年度的应纳税额。
		预售收入相关的税金及附加税前扣除问题。	1. 在企业月度或季度申报企业所得税时，预售收入缴纳的营业税金及附加不能从当期利润额或所得额中扣除。 2. 在年度企业所得税汇算清缴时，与预计收入相匹配的税金、附加及相关费用应该予以扣除。	

续表

房地产流程环节	涉及税种	涉税业务	税务处理	会计与税法差异和税收提示
		在预售商品房时，如签订商品房销售合同或商品房预售合同的。	在预售商品房时，如签订商品房销售合同或商品房预售合同的，应在签订合同时，按产权转移书据所记载金额的万分之五计税贴花或按月汇总缴纳印花税。	
	印花税	异地设立分公司销售房产并签约收款的纳税问题。	根据《中华人民共和国营业税暂行条例》对营业税纳税地点的规定，纳税人销售、出租不动产的应当向不动产所在地的主管税务机关申报纳税。因此，即使在异地设立销售地点销售不动产，其销售收入也应在不动产的所在地缴纳营业税。	
销售环节	营业税	房地产开发企业自建工程后销售。	(1) 单位或者个人自己新建（以下简称自建）建筑物后销售，其所发生的自建行为应按“建筑业”缴纳营业税，再按“销售不动产”征收营业税，纳税义务发生时间为销售自建建筑物的纳税义务发生时间。 (2) 自建行为的营业额根据同类工程的价格确定，无同类价格的，按组成计税价格：计税价格＝工程成本×(1＋成本利润率)÷(1－营业税税率)。建筑业按照3%的税率；销售不动产按照建筑物的销售额确定营业额，税率为5%。	【提示】自建自用建筑物行为不缴纳营业税，但自建建筑物后销售按建筑业和销售不动产缴纳两道营业税。这两道营业税的计税依据不同，建筑业劳务的营业额不等于建筑物的销售价格，无同类价格的，一般使用组价的方法确定；销售不动产按照建筑物的销售额确定营业额。
		房地产企业无偿赠与车库或车位。	根据《营业税暂行条例实施细则》，企业有下列情形之一的，应视同发生应税行为，计算缴纳营业税： (1) 单位或者个人将不动产或者土地使用权无偿赠送其他单位或者个人。 (2) 单位或者个人自己新建（以下简称自建）建筑物后销售，其所发生的自建行为。 (3) 财政部、国家税务总局规定的其他情形。 房地产开发企业确定相应的营业税应税收入，依法计算缴纳销售不动产营业税。	

续表

房地产流程环节	涉及税种	涉税业务	税务处理	会计与税法差异和税收提示
		单位和个人销售房屋有折扣，营业税额的确定。	（1）单位和个人在提供营业税应税劳务、转让无形资产、销售不动产时，如果将价款与折扣额在同一张发票上注明的，以折扣后的价款为营业额。 （2）如果将折扣额另开发票的，不论其在财务上如何处理，均不得从营业额中扣除。	【提示】为了能够使折扣额能够在税前扣除，从而减少营业税的计税基础，企业在折扣销售房屋时应尽量将折扣额与价款在同一张发票上注明。
		出售房产价格偏低，如以成本价转让给房地产开发企业职工的。	出售房产价格偏低，如以成本价转让给房地产开发企业职工的，按照下列顺序核定营业额： （1）按纳税人最近时期发生同类应税行为的平均价格核定。 （2）按其他纳税人最近时期发生同类应税行为的平均价格核定。 （3）按下列公式核定计税价格：计税价格＝营业成本或工程成本×（1＋成本利润率）÷（1－营业税税率）。 上述公式中的成本利润率，由省、自治区、直辖市人民政府所属税务机关确定。	
	城镇土地使用税	项目竣工后，房屋在预售阶段并非已经全部销售完毕。对于尚未销售的房屋，房地产企业应继续缴纳城镇土地使用税。已经销售的房屋，不再缴纳城镇土地使用税。	1. 未销售的房屋按照所分摊的土地使用面积缴纳城镇土地使用税。 2. 对于已经销售的房地产，应该在房屋交付使用之次月起停止缴纳相应的城镇土地使用税。	【提示】对房地产开发企业来说，每期开发项目建成进行预售或销售后，应纳城镇土地使用税应是逐渐减少的，直到销售完毕，纳税义务也就终止。
	契税	分期付款购买与房屋有关的附属设施的。	《财政部、国家税务总局关于房屋附属设施有关契税政策的批复》（财税〔2004〕126号）规定： （1）对于承受与房屋相关的附属设施（包括停车位、汽车库、自行车库、顶层阁楼以及储藏室，下同）所有权或	【提示】契税的征税对象是境内转移的土地、房屋权属，因而对于不涉及土地使用权和房屋所有权转移变动的，不缴纳契税。

续表

房地产流程环节	涉及税种	涉税业务	税务处理	会计与税法差异和税收提示
			土地使用权的行为，按照契税法律、法规的规定征收契税；对于不涉及土地使用权和房屋所有权转移变动的，不征收契税。 (2) 采取分期付款方式购买房屋附属设施土地使用权、房屋所有权的，应按合同规定的总价款计征契税。 (3) 承受的房屋附属设施权属如为单独计价的，按照当地确定的适用税率征收契税；如与房屋统一计价的，适用与房屋相同的契税税率。	
		在办理退房手续后，可以退还已缴纳的契税款。	根据国家税务总局《关于对办理期房退房手续后是否可以退契税的批复》(国税函〔2002〕622号)的规定，购房者应在签订房屋买卖合同后、办理房屋所有权变更登记之前缴纳契税。对交易双方已签订房屋买卖合同，但由于各种原因最终未能完成交易的，如购房者已按规定缴纳契税，在办理期房退房手续后，对其已纳契税款应予以退还。	
	企业所得税	商品房销售时手续费和佣金的税前扣除的处理。	根据《财政部、国家税务总局关于企业手续费及佣金支出税前扣除政策的通知》(财税〔2009〕29)第一条第二款规定，企业发生与生产经营有关的手续费及佣金支出，不超过以下规定计算限额以内的部分，准予扣除；超过部分，不得扣除。按与具有合法经营资格中介服务机构或个人（不含交易双方及其雇员、代理人和代表人等）所签订服务协议或合同确认的收入金额的5%计算限额。因此，房地产企业支付给代理机构或者个人的佣金不得超过服务协议或合同确认金额的5%，多支出部分不得在企业所得税前扣除。	【提示】除上述规定外，通知中还明确做出了以下规定： (1) 企业应与具有合法经营资格中介服务企业或个人签订代办协议或合同，并按国家有关规定支付手续费及佣金。除委托个人代理外，企业以现金等非转账方式支付的手续费及佣金不得在税前扣除。 (2) 企业不得将手续费及佣金支出计入回扣、业务提成、返利、进场费等费用。 (3) 企业已计入固定资产、无形资产等相关资产的手续费及佣金支出，应当通过折旧、摊销等方式分期扣除，不得在发生当期直接扣除。 (4) 企业支付的手续费及佣金不得直接冲减服务协议或合同金额，并如实入账。 (5) 企业应当如实向当地主管税务机关提供当年手续费及佣金计算分配表和其他相关资料，并依法取得合法真实凭证。

续表

房地产流程环节	涉及税种	涉税业务	税务处理	会计与税法差异和税收提示
		不同售房方式收入确认时间的确定。	1. 采取一次性全额收款方式销售开发产品的，应于实际收讫价款或取得索取价款凭据（权利）之日，确认收入的实现。 2. 采取分期收款方式销售开发产品的，应按销售合同或协议约定的价款和付款日确认收入的实现。付款方提前付款的，在实际付款日确认收入时实现。 3. 采取银行按揭方式销售开发产品的，应按销售合同或协议约定的价款确定收入额，其首付款应于实际收到日确认收入的实现，余款在银行按揭贷款办理转账之日确认收入的实现。 4. 采取委托方式销售开发产品的，应按以下原则确认收入的实现： （1）采取支付手续费方式委托销售开发产品的，应按销售合同或协议中约定的价款于收到受托方已销开发产品清单之日确认收入的实现。 （2）采取视同买断方式委托销售开发产品的，属于企业与购买方签订销售合同或协议，或企业、受托方、购买方三方共同签订销售合同或协议的，如果销售合同或协议中约定的价格高于买断价格，则应按销售合同或协议中约定的价格计算的价款于收到受托方已销开发产品清单之日确认收入的实现；如果属于前两种情况中销售合同或协议中约定的价格低于买断价格，以及属于受托方与购买方签订销售合同或协议的，则应按买断价格计算的价款于收到受托方已销开发产品清单之日确认收入的实现。 （3）采取基价（保底价）并实行超基价双方分成方式委托销售开发产品的，属于由企业与购买方签订销售合同或协议，或企业、受托方、购买方三方共同签订销售合同或协议的，如果销售合同或协议中约定的价格高于基价，则应按销售合同或协议中约定的价格计算的价款于收到受托方已销开发产品清单之日确认收入的实现，企业按规定支付受托方的分成额，不得直接从销售收入中减除；如果销售合同或协议约定的价格低于基价的，则应按	【提示】企业应根据实际经营情况及销售方式明确收入确认时间。

续表

房地产流程环节	涉及税种	涉税业务	税务处理	会计与税法差异和税收提示
			基价计算的价款于收到受托方已销开发产品清单之日确认收入的实现。属于由受托方与购买方直接签订销售合同的，则应按基价加上按规定取得的分成额于收到受托方已销开发产品清单之日确认收入的实现。 (4) 采取包销方式委托销售开发产品的，包销期内可根据包销合同的有关约定，参照上述（1）至（3）项规定确认收入的实现；包销期满后尚未出售的开发产品，企业应根据包销合同或协议约定的价款和付款方式确认收入的实现。 (5) 将开发产品先出租再出售的，应按以下原则确认收入的实现：从事房地产开发经营的外商投资企业以销售方式转让其生产、开发的房屋、建筑物等不动产，又通过租赁方式从买受人回租该资产，企业无论采取何种租赁方式，均应将售后回租业务分解为销售和租赁两项业务分别进行税务处理。企业销售或转让有关不动产所有权的收入与该被转让的不动产所有权相关的成本、费用的差额，应作为业务发生当期的损益，计入当期应纳税所得额。	
	个人所得税	房地产开发企业推出本单位职工优惠购房的政策，同时对外出售，对于职工购房的市场价与成本之间的差价收益。	根据《关于单位低价向职工售房有关个人所得税问题的通知》（财税〔2007〕13号）规定征收个人所得税： (1) 根据住房制度改革政策的有关规定，国家机关、企事业单位及其他组织（以下简称单位）在住房制度改革期间，按照所在地县级以上人民政府规定的房改成本价格向职工出售公有住房，职工因支付的房改成本价格低于房屋建造成本价格或市场价格而取得的差价收益，免征个人所得税。 (2) 除本通知第一条规定情形外，根据《中华人民共和国个人所得税法》及其实施条例的有关规定，单位按低于购置或建造成本价格出售住房给职工，职工因此而少支出的差价部分，	

续表

房地产流程环节	涉及税种	涉税业务	税务处理	会计与税法差异和税收提示
			属于个人所得税应税所得，应按照“工资、薪金所得”项目缴纳个人所得税。前款所称差价部分，是指职工实际支付的购房价款低于该房屋的购置或建造成本价格的差额。 (3) 对职工取得的上述应税所得，比照《国家税务总局关于调整个人取得全年一次性奖金等计算征收个人所得税方法问题的通知》（国税发〔2005〕9号）规定的全年一次性奖金的征税办法，计算征收个人所得税，即先将全部所得数额除以12，按其商数并根据个人所得税法规定的税率表确定适用的税率和速算扣除数，再根据全部所得数额、适用的税率和速算扣除数，按照税法规定计算征税。 单位所建造的住宅楼既有对内销售价格又有对外销售价格的，显然不是公有住房，而是商品房，依据上述第二条规定：职工购买本单位的楼房所取得的低于建造成本的差价收益，不享受免征个人所得税优惠，属于征收个人所得税应税所得，应按照上述第二条“工资、薪金所得”项目缴纳个人所得税，并比照上述第三条个人取得全年一次性奖金有关规定计算缴纳个人所得税。	
	土地增值税	一次性获取土地使用权，但分期分批开发，关于确定扣除项目中获取土地使用权的金额的问题。	根据《中华人民共和国土地增值税暂行条例实施细则》的规定，纳税人成片受让土地使用权后，分期分批开发、转让房地产的，其扣除项目金额的确定，可按转让土地使用权的面积占总面积的比例计算分摊，或按建筑面积计算分摊，也可按税务机关确认的其他方式计算分摊。	【提示】纳税人可以在上述几种计算分摊方式中选择最适合本企业的成本分摊方式。

（六）房地产开发企业清算阶段

表 3-7　　房地产开发企业清算阶段税务风险表

房地产流程环节	涉及税种	涉税业务	税务处理	会计与税法差异和税收提示
清算环节	房产税	安装电梯、货梯以及消防设施等的纳税问题。	根据《关于进一步明确房屋附属设备和配套设施计征房产税有关问题的通知》（国税发〔2005〕173号）规定，为了维持和增加房屋的使用功能或使房屋满足设计要求，凡以房屋为载体，不可随意移动的附属设备和配套设施，如给排水、采暖、消防、中央空调、电气及智能化楼宇设备等，无论在会计核算中是否单独记账与核算，都应计入房产原值，计征房产税。因此，电梯、货梯以及消防设施等附属设备和配套设施，均应计入房产原值，计征房产税。	
	企业所得税	企业以本企业为主体联合其他企业、单位、个人合作或合资开发房地产项目，且该项目未成立独立法人公司的。	1. 凡开发合同或协议中约定向投资各方（即合作、合资方，下同）分配开发产品的，企业在首次分配开发产品时，如该项目已经结算计税成本，其应分配给投资方开发产品的计税成本与其投资额之间的差额计入当期应纳税所得额；如未结算计税成本，则将投资方的投资额视同销售收入进行相关的税务处理。 2. 凡开发合同或协议中约定分配项目利润的，应按以下规定进行处理： (1) 企业应将该项目形成的营业利润额并入当期应纳税所得额统一申报缴纳企业所得税，不得在税前分配该项目的利润。同时不能因接受投资方投资额而在成本中摊销或在税前扣除相关的利息支出。 (2) 投资方取得该项目的营业利润应视同股息、红利进行相关的税务处理。	
		企业通过正式签订《房地产销售合同》或《房地产预售合同》所取得的收入。	企业通过正式签订《房地产销售合同》或《房地产预售合同》所取得的收入，不管产品是否完工，全部确认为收入，负有企业所得税纳税义务。具体销售方式收入的确认时间根据《关于印发〈房地产开发经营业务企业所得税处理办法〉的通知》（国税发〔2009〕31号）文件对收入的税务处理相关规定。	

续表

房地产流程环节	涉及税种	涉税业务	税务处理	会计与税法差异和税收提示
		项目营销设施的处理： 1. 红线内主体内：利用开发完成或部分完成的开发项目内的商品房装修、装饰后作为项目的营销设施使用，项目销售完毕，作为开发产品销售处理以及转为企业自用或出租。 2. 红线内主体外：利用开发小区内开发项目之外的明显位置建造临时设施（例如售楼部、样板间）作为营销设施使用。 3. 利用开发项目内规划配套设施（如会所、物业管理用房），发生的售楼部、样板间的设计、建造、装修等费用。 4. 红线外设置营销设施。	1.（1）出售时按照销售开发产品进行税务处理。售楼部、样板房内的资产，如空调、电视机等资产性购置支出不得在销售费用中列支。 （2）若未来转为自用或出租，则不用缴纳企业所得税，其所发生的费用也不得扣除。 2. 作为售楼部、样板间使用的临时设施，其发生的建设成本及装修费用可以在企业所得税前扣除。 3.（1）建成后产权属于全体业主所有的，其成本、费用可以扣除。 （2）建成后无偿移交给政府、公用事业单位用于非营利性社会公共事业的，其成本、费用可以扣除。 （3）建成后有偿转让的，应计算收入，并准予扣除成本、费用。 （4）建成后自用的，其成本、费用不得扣除。 4.（1）从外部租借，其发生的建造、装修、装饰等费用应计入房地产开发费用中的销售费用，在计算缴纳土地增值税和企业所得税时准予扣除。 （2）若为自建自用，则不用缴纳土地增值税和企业所得税，其费用也不得扣除。	2.【会计处理】开发小区内开发项目外的临时设施，其发生的建设成本及装修费在在建工程中核算。完工后，其成本从在建工程转入开发间接费用，如果非自用或出租，也可以直接计入开发间接费用核算。
		房地产开发企业的开发项目确认为完工产品的三个条件。	房地产开发企业的开发项目确认为完工产品的三个条件： （1）开发产品竣工证明材料已报房地产管理部门备案； （2）开发产品已开始投入使用； （3）开发产品已取得了初始产权证明。	【提示】纳税人应注意开发产品是否符合完工条件，如达到完工条件，应及时结算其计税成本并计算此前销售收入的实际毛利额，年度企业所得税汇算清缴时，实际毛利额与其对应的预计毛利额之间的差额作纳税调整。

续表

房地产流程环节	涉及税种	涉税业务	税务处理	会计与税法差异和税收提示
		可以税前扣除的预提费用。	除以下几项预提（应付）费用外，计税成本均应为实际发生的成本。 (1) 出包工程未最终办理结算而未取得全额发票的，在证明资料充分的前提下，其发票不足金额可以预提，但最高不得超过合同总金额的10%。 (2) 公共配套设施尚未建造或尚未完工的，可按预算造价合理预提建造费用。此类公共配套设施必须符合已在售房合同、协议或广告、模型中明确承诺建造且不可撤销，或按照法律法规规定必须配套建造的条件。 (3) 应向政府上交但尚未上交的报批报建费用、物业完善费用可以按规定预提。物业完善费用是指按规定应由企业承担的物业管理基金、公建维修基金或其他专项基金。	【提示】以上费用可以在账务上处理预提，并且在企业所得税前扣除，但是土地增值税扣除必须有相应的票据。
	土地增值税	房地产企业收取的燃气初装费。	房地产企业收取的燃气初装费应计入销售房屋的收入额，计缴土地增值税。《土地增值税暂行条例》及其实施细则规定：所称的收入，包括转让房地产的全部价款及有关的经济收益。 《关于印发〈土地增值税清算鉴证业务准则〉的通知》（国税发〔2007〕132号）第二十六条第（七）规定：审核纳税人在销售不动产过程中收取的价外费用，如天然气初装费、有线电视初装费等收益，是否按规定申报纳税。	【提示】依据上述规定，房地产开发企业无论采取何种方式，在销售不动产过程中收取的价外费用，如天然气初装费、有线电视初装费、均应并入销售房屋的收入额，计缴土地增值税。
		未开具发票或未全额开具发票，以及未签订合同时收入的界定。	根据《关于土地增值税清算有关问题的通知》（国税函〔2010〕220号）的规定，对于已全额开具商品房销售发票的，按照发票所载金额确认收入；未开具发票或未全额开具发票的，以交易双方签订的销售合同所载的售房金额及其他收益确认收入；对未全额开具发票，且未签订销售合同的，按本企业在同一地区、同一年度销售的同类房地产的平均价格确定。 对未开具发票，未签订销售合同的分两种情况：一种是未开具发票，未签订销售合同但实际已投入使用的，按	

续表

房地产流程环节	涉及税种	涉税业务	税务处理	会计与税法差异和税收提示
			本企业在同一地区、同一年度销售的同类房地产的平均价格确定；另一种是未开具发票，未签订销售合同但实际未投入使用的，应不确认收入的实现，待实际投入使用时再按上述办法确认收入。	
		已缴纳的印花税的处理。	允许扣除的印花税是指在转让房地产时缴纳的印花税。房地产开发企业缴纳的印花税列入管理费用已相应予以扣除，因此，缴纳土地增值税时不再单独扣除。	
		建设工程分期项目的纳税与清算。	根据《土地增值税暂行条例实施细则》第九条规定：纳税人成片受让土地使用权后，分期分批开发，转让房地产的，其扣除项目金额的确定可按转让土地使用权的面积占总面积的比例计算分摊，或按建筑面积计算分摊，也可按税务机关确认的其他方式计算分摊。 根据《关于房地产开发企业土地增值税清算管理有关问题的通知》(国税发〔2006〕187号）的规定，土地增值税以国家有关部门审批的房地产开发项目为单位进行清算，对于分期开发的项目，以分期项目为单位清算。	【提示】土地增值税清算时，不能以企业自行划分的分期工程建设项目为单位进行清算，若要以分期项目为单位进行清算，需到有关部门进行审批备案。
		房地产企业如果出售的商品房进行了精装修，装修费是否可以加计扣除？如果附带橱柜等一体式家具是否可以加计扣除？	《国家税务总局关于房地产开发企业土地增值税清算管理有关问题的通知》(国税发〔2006〕187号）第四条第（四）款规定，房地产开发企业销售已装修的房屋，其装修费用可以计入房地产开发成本，作为土地增值税的扣除项目。 房地产开发企业将所建商品房装修后销售的，如果在计算转让收入时，向购房方收取的装修费用计入土地增值税的转让收入的，装修成本可以计入房地产开发成本，按规定扣除，并可作为计算加计扣除金额的基数。如果向购房方收取的装修费用不计入房地产转让收入，则装修费用不可以作为土地增值税的扣除项目。	【提示】既然规定装修费用可以计入开发成本，则应当允许土地增值税加计扣除；对于精装修部分，如果属于与房屋不可分离，且分离将会导致房屋结构、功能损坏的部分，应当允许土地增值税加计扣除。但是，对于电视机、壁式空调等可以分离的部分，不得作为房地产开发成本，且不得加计扣除。

续表

房地产流程环节	涉及税种	涉税业务	税务处理	会计与税法差异和税收提示
		土地增值税清算后，销售尾房的纳税处理。	房地产企业进行土地增值税清算后，销售剩余房屋收到的预收款，应根据《国家税务总局关于房地产开发企业土地增值税清算管理有关问题的通知》（国税发〔2006〕187号）的第八条规定，在土地增值税清算时未转让的房地产，清算后销售或有偿转让的，纳税人应按规定进行土地增值税的纳税申报，扣除项目金额按清算时的单位建筑面积成本费用乘以销售或转让面积计算（单位建筑面积成本费用＝清算时的扣除项目总金额÷清算的总建筑面积）。	【提示】纳税人已清算项目继续销售的，应在销售的当月进行清算，不再先预征后清算。
		房地产开发企业将开发的部分房地产转为企业自用或用于出租等商业用途的。	房地产开发企业将开发的部分房地产转为企业自用或用于出租等商业用途时，如果产权未发生转移，不征收土地增值税，在税款清算时不列收入，不扣除相应的成本和费用。	【提示】同样将公共配套设施等非可售建筑面积转为自用的，其房地产所有权未发生转移，不属于土地增值税视同销售的范围，因而不应确认转让收入。 对于该部分开发产品或者公共配套设施所应分担的土地成本、开发成本和开发费用不得计入扣除。
		将开发的房产无偿赠与他人的。	将开发的房产无偿赠与他人可以免缴土地增值税。房地产的赠与，仅指下列情况的赠与不属于土地增值税的征税范围： （1）房屋所有人、土地使用权所有人将房屋产权、土地使用权赠与直系亲属或承担直接赡养义务人； （2）房产所有人、土地使用权所有人通过中国境内非营利的社会团体、国家机关将房屋产权、土地使用权赠与教育、民政和其他社会福利、公益事业的。 上述社会团体是指中国青少年发展基金会、希望工程基金会、宋庆龄基金会、减灾委员会、中国红十字会、中国残疾人联合会、全国老年基金会、老区促进会以及经民政部门批准成立的非营利的公益性组织。 因此房地产公司如果捐赠行为属于上述不征税范围的，可以不缴土地增值税。	

续表

房地产流程环节	涉及税种	涉税业务	税务处理	会计与税法差异和税收提示
		在项目全部竣工结算前转让房地产取得的收入。	除普通标准住宅不实行预征外，对其他各类商品房，在项目全部竣工结算前转让房地产取得的收入，由于涉及成本确定或其他原因，而无法据以计算土地增值税的，可以预征土地增值税，待该项目全部竣工、办理结算后再进行清算，多退少补。具体办法由各省、自治区、直辖市地方税务局根据当地情况制定。 普通标准住宅是指由政府指定的房地产开发公司开发、按照当地政府部门规定的建筑标准建造、建成后的商品房实行国家定价或限价、为解决住房困难户住房困难、由政府指定销售对象的住宅。	【提示】预缴税款从性质上属于纳税人按照税务部门规定核定的应缴纳税款。没有按照规定申报缴纳预缴税款的，不认定为偷税行为，但一经税务部门发现，应该按照税法规定通知纳税人限期申报缴纳并可以按照规定加收滞纳金。
		项目营销设施的处理： (1) 红线内主体内：利用开发完成或部分完成的开发项目内的商品房装修、装饰后作为项目的营销设施使用，项目销售完毕，作为开发产品销售处理以及转为企业自用或出租。 (2) 红线内主体外：利用开发小区内开发项目之外的明显位置建造临时设施（例如售楼部、样板间）作为营销设施使用。 (3) 利用开发项目内规划配套设施（如：会所、物业管理用房），发生的售楼部、样板间的设计、建造、装修等费用。 (4) 红线外设置营销设施。	1. 红线内主体内： (1) 若未来随同商品房一并出售，其发生的设计、装饰、装修等费用，在计算土地增值税时，应计算收入，并准予扣除。 (2) 若未来转为自用或出租，则不用缴纳土地增值税，其所发生的费用也不得扣除。 2. 在开发小区内、主体外修建临时性建筑物作为售楼部、样板房的，其发生的设计、建造、装修等费用，应计入房地产销售费用扣除；售楼部、样板房内的资产，如空调、电视机等资产性购置支出不得在销售费用中列支。 3. (1) 建成后产权属于全体业主所有的，其成本、费用可以扣除； (2) 建成后无偿交给政府、公共事业单位用于非营利性社会公共事业的，其成本、费用可以扣除； (3) 建成后有偿转让的，将转让收入计入所得额，并准予扣除成本、费用。 4. (1) 从外部租借，其发生的建造、装修、装饰等费用应计入房地产开发费用中的销售费用，在计算缴纳土地增值税和企业所得税时准予扣除。 (2) 若为自建自用，则不用缴纳土地增值税和企业所得税，其费用也不得扣除。	

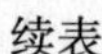

续表

房地产流程环节	涉及税种	涉税业务	税务处理	会计与税法差异和税收提示
		房地产开发企业缴纳的土地闲置费及土地评估费在土地增值税税前扣除的规定。	《国家税务总局关于土地增值税清算有关问题的通知》明确规定，房地产开发企业逾期开发土地缴纳的土地闲置费不得扣除。除由政府、政府有关部门的行为造成动工开发延迟的情形外，未动工满一年的，按照土地出让或者划拨价款的20%征缴土地闲置费。未动工开发满两年的，无偿收回国有建设土地使用权。	【提示】按照企业所得税的处理规定，企业因国家无偿收回土地使用权而形成的损失，可作为财产损失按有关规定在税前扣除。这成为房地产企业所得税与土地增值税的一大区别。因此，房地产企业土地增值税清算切记不能按照企业所得税口径计算土地扣除成本。
		房地产开发企业缴纳的城镇土地使用税的税前扣除。	房地产开发企业缴纳的城镇土地使用税不能作为开发成本加计扣除，根据土地增值税暂行条例和实施细则的规定：计算土地增值税的扣除项目包括： (1) 取得土地使用权所支付的金额； (2) 房地产开发成本； (3) 房地产开发费用； (4) 与转让房地产有关的税金； (5) 财政部规定的其他扣除项目。 由于城镇土地使用税在开发期间记入"管理费用"科目，因此不能作为(1)、(2)项规定计算的金额之和加计20%的扣除。	

（七）自持物业阶段

表 3-8　　自持物业阶段税务风险表

房地产流程环节	涉及税种	涉税业务	税务处理	会计与税法差异和税收提示
自持物业环节	城镇土地使用税	房地产开发企业将自建的商品房用于出租、联营、自营的	房地产开发企业将自建的商品房用于出租、联营、自营的，由于房地产开发企业拥有土地使用权，所以在持有物业阶段，应该继续缴纳城镇土地使用税。	

续表

房地产流程环节	涉及税种	涉税业务	税务处理	会计与税法差异和税收提示
	营业税	自建房产转为自用的。	自建自用建筑物行为不缴纳营业税。	【提示】自建建筑物后销售按建筑业和销售不动产缴纳两道营业税。这里是指房地产开发企业本身就有建筑资质。
		出租房屋收取押金的纳税问题。	营业税的计税依据为营业额，营业额为纳税人提供应税劳务、转让无形资产或者销售不动产向对方收取的全部价款和价外费用。价外费用包括收取的手续费、补贴、基金、集资费、返还利润、奖励费、违约金、滞纳金、延期付款利息、赔偿金、代收款项、代垫款项、罚息及其他各种性质的价外收费。但不包括同时符合以下条件代为收取的政府性基金或者行政事业性收费： （1）由国务院或者财政部批准设立的政府性基金，由国务院或者省级人民政府及其财政价格主管部门批准设立的行政事业性收费； （2）收取时开具省级以上财政部门印制的财政票据； （3）所收款项全额上缴财政。 出租房屋收取的押金不满足政府性基金或者行政事业性收费的条件，因此，应视作价外费用，并入营业额缴纳营业税。	【提示】押金在日后发生退还时，可以按上述文件规定从当期应纳营业税税额中减除。
		物业公司代收费用的纳税问题。	根据《关于营业税若干政策问题的通知》（财税〔2003〕16号）的规定，从事物业管理的单位，以与物业管理有关的全部收入减去代业主支付的水、电、燃气以及代承租者支付的水、电、燃气、房屋租金的价款后的余额为营业额。物业管理属于营业税——服务业——其他服务业税目范围。因此，对于物业管理公司代客户收取水、电等公共设施使用费，可以按差额征收营业税。	

续表

房地产流程环节	涉及税种	涉税业务	税务处理	会计与税法差异和税收提示
		对建筑物进行养护的工程作业的纳税处理。	根据《关于印发〈营业税税目注释(试行稿)的通知〉》(国税发〔1993〕149号)的规定，建筑业中修缮是指对建筑物、构筑物进行修补、加固、养护、改善，使之恢复原来的使用价值或延长其使用期限的工程作业。服务业是指利用设备、工具、场所、信息或技能为社会提供服务的业务。因此，凡对建筑物、构筑物进行清洁、洗刷使之美观、洁净的业务，属“服务业”的征税范围，但对除提供建筑物、构筑物清洗业务外，还将对建筑物、构筑物进行修补、养护等工程作业，所得的收入应按“建筑业”税目征收营业税。	
		一次性收取多年租金时的纳税处理。	根据《营业税暂行条例》的规定，纳税人提供建筑业或者租赁业劳务，采取预收款方式的，其纳税义务发生时间为收到预收款的当天。因此，若一次性收取多年租金，纳税义务时间应为一次性收取租金的当天，并应于次月起向主管税务机关进行申报纳税。	【会计与税法差异】 会计上对于预收款的处理与税法不一样，在收到预收款时会计上记入“预收账款”科目，在会计上平均确认收入。税法在一次性收取租金时确认收入。
	企业所得税	自建房产转为自用时。	根据《关于企业处置资产所得税处理问题的通知》(国税函〔2008〕828号)第一条规定，企业发生下列情形的处置资产，除将资产转移至境外以外，由于资产所有权属在形式和实质上均不发生改变，可作为内部处置资产，不视同销售确认收入，相关资产的计税基础延续计算。自建房产转为自用时，房产的所有权属在形式和实质上均未发生变化，因此，不视同销售确认收入，也就不用计入应纳税所得额缴纳企业所得税。	
		房地产企业取得多年的租金收入的纳税处理。	根据《国家税务总局关于贯彻落实企业所得税法若干税收问题的通知》国税函〔2010〕79号)规定，根据《企业所得税法实施条例》第十九条的规定：企业提供固定资产、包装物或者其他有形资产的使用权取得的租金收入，应按交易合同或协议规定的承租	

续表

房地产流程环节	涉及税种	涉税业务	税务处理	会计与税法差异和税收提示
			人应付租金的日期确认收入的实现。其中，如果交易合同或协议中规定租赁期限跨年度，且租金提前一次性支付的，根据《企业所得税法实施条例》第九条规定的收入与费用配比原则，出租人可对上述已确认的收入，在租赁期内，分期均匀计入相关年度收入。因此，若企业预收了多年的租金收入，不用全部在当年缴纳企业所得税，可以在租赁期内，分期均匀计入相关年度收入，并缴纳企业所得税。	
		房地产企业取得多年的租金收入的纳税处理。	根据《国家税务总局关于贯彻落实企业所得税法若干税收问题的通知》（国税函〔2010〕79号）规定，根据《企业所得税法实施条例》第十九条的规定：企业提供固定资产、包装物或者其他有形资产的使用权取得的租金收入，应按交易合同或协议规定的承租人应付租金的日期确认收入的实现。其中，如果交易合同或协议中规定租赁期限跨年度，且租金提前一次性支付的，根据《企业所得税法实施条例》第九条规定的收入与费用配比原则，出租人可对上述已确认的收入，在租赁期内，分期均匀计入相关年度收入。因此，若企业预收了多年的租金收入，不用全部在当年缴纳企业所得税，可以在租赁期内，分期均匀计入相关年度收入，并缴纳企业所得税。	
		房地产开发企业开发产品转为自用的，其实际使用时间累计未超过12个月又销售的。	根据《房地产开发经营业务企业所得税处理办法》（国税发〔2009〕31号）第二十四条规定，房地产开发企业开发产品转为自用的，其实际使用时间累积未超过12个月销售的，不得在税前扣除折旧费用。	

续表

房地产流程环节	涉及税种	涉税业务	税务处理	会计与税法差异和税收提示
	房产税	自建房产转为自有不动产的，即用于出租、联营、自营等方式的。	房产税的纳税人为房屋产权的所有人，自建房产转为自用时，企业仍为房屋产权的所有人，应按规定缴纳房产税。其计税依据是房产的计税价值或房产的租金收入。从价计征房产税依照房产原值一次减除 10%～30%后的余值计算缴纳，税率为 1.2%。从租计征房产税依照房屋产权所有人出租房产使用权所得的报酬，包括货币收入和实物收入，税率为 12%。	
		年中将部分房产出租时的纳税问题。	根据《房产税暂行条例》规定，房产税按年计征分期缴纳，其计税依据是房产余值或房屋租金。若企业已按房产余值缴纳了房产税，又将房屋出租并按租金再次缴纳房产税，其出租部分的房产按房产余值缴纳的房产税可以办理退税。	
		房地产开发企业将已竣工的商品房转为自用的。	房地产开发企业将已竣工的商品房转为自用的应缴纳房产税： (1) 房地产开发企业建造的商品房在售出前不征收房产税；但对售出前房地产开发企业已使用或出租、出借的商品房应按规定征收房产税； (2) 房地产开发企业自用、出租、出借本企业建造的商品房用于经营的，自房屋或交付之次月起计征房产税和城镇土地使用税。	
	土地增值税	自建房产转为自用的。	根据《关于房地产开发企业土地增值税清算管理有关问题的通知》（国税发〔2006〕187 号）的规定，房地产开发企业将开发的部分房地产转为企业自用或用于出租等商业用途时，如果产权未发生转移，不征收土地增值税，在税款清算时不列收入，不扣除相应的成本和费用。因此，对于将开发的商品房转为自用或出租等，不论是否办理产权，只要产权没有发生转移，不征收土地增值税。	

续表

房地产流程环节	涉及税种	涉税业务	税务处理	会计与税法差异和税收提示
		物业启动费的处理。	纳税人在房地产开发时实际发生的开发土地和新建房及配套设施的成本允许在计算土地增值税时扣除，具体包括土地征用及拆迁补偿费、前期工程费、建筑安装工程费、基础设施费、公共配套设施费、开发间接费用。物业启动费既不属于前五项可以扣除的项目，也不是直接组织、管理开发项目发生的费用，即不属于开发间接费，因此，不能作为扣除项目在计算土地增值税时扣除。	
	契税	自建房产转为自用的。	根据《契税暂行条例》及其实施细则规定，在中华人民共和国境内转移土地、房屋权属，承受的单位和个人为契税的纳税人。房地产企业开发的商品房留作自用时，产权并未发生转移，因此，不用缴纳契税。	
	印花税	一次性签订三年房屋租赁合同的纳税处理。	根据《印花税暂行条例》的规定，财产租赁合同应当在合同签订时，按租赁金额1‰贴花。因此，一次性签订三年租赁合同的，应按三年租金的1‰一次性缴纳印花税。	

第四部分
房地产企业财税管理制度工具箱

一、房地产企业会计核算办法

第一条　会计制度

企业执行《企业会计制度》，企业关于会计核算办法的相关规定，进行日常会计核算。

第二条　会计年度

会计年度采用公历年度，即自公历1月1日至12月31日。

第三条　记账本位币

以人民币为记账本位币。

第四条　记账基础

会计核算以权责发生制为记账基础。

第五条　计价原则

资产计价遵循历史成本原则。

第六条　短期投资的确定标准

企业将所持有的期限短、流动性强、易于转换为已知金额现金、价值变动风险很小的投资确定为短期投资。

第七条　坏账的确认标准与核算方法

（一）确认标准

1. 债务人破产或者死亡，以其破产财产或遗产清偿后仍无法收回。

2. 债务人较长时期内未履行其偿债义务，且有足够的证据表明无法收回或收回的可能性极小。

（二）核算方法

1. 企业的坏账采用备抵法核算。

2. 坏账准备按年末应收账款余额的1%计提。

3. 坏账准备按具体内容分别计入开发成本或管理费用。

第八条　存货核算方法

（一）存货按实际成本核算，实行永续盘存制。

（二）原材料领用时采用先进先出法核算。

（三）低值易耗品领用时采用一次摊销法摊销。

第九条　固定资产计价和折旧方法

（一）固定资产按取得时的实际成本计价。

（二）固定资产折旧采用平均年限法，按分类折旧率计提折旧。

根据固定资产类别、原始价值、估计经济使用年限、预计残值，企业固定资产分为如下几类综合折旧率：

序号	资产类别	折旧年限	残值率	年折旧率
1	自用房屋	30 年	4%	3.2%
2	运输工具	5 年	3%	19.4%
3	办公设备	5 年	1%	19.8%
4	电子设备	5 年	1%	19.8%
5	其他	5 年	1%	19.8%

第十条　在建工程核算方法

（一）在建工程按工程实际投入和购置成本入账，包括建筑成本、安装成本、交付使用前的利息支出和汇兑损益。

（二）工程完工并交付使用时暂估记入固定资产，待办理竣工决算后，按工程实际成本调整固定资产账面值。

第十一条　无形资产计价及其摊销方法

无形资产按形成或取得时发生的实际成本计价，按合同期限或预计受益期限分期平均摊销。

第十二条　递延资产摊销方法

（一）企业递延资产在受益期内按直线法摊销。

（二）开办费自正式营业之日起分 5 年平均摊销。

第十三条　借款费用的会计处理方法

（一）企业的借款费用属于筹建期的计入开办费，属于经营期间的计入当期损益。

（二）与购建固定资产有关的借款费用，在完工并交付使用前的利息费用资本化，完工并交付使用后的利息费用计入当期损益。

第十四条　收入确认原则

（一）企业已将商品所有权上的主要风险和报酬转移给买方。

（二）企业既没有保留通常与所有权相联系的继续管理权，也没有对已售出的商品实施控制。

（三）与交易相关的经济利益能够流入企业。

（四）相关的收入和成本能够可靠地计量。

第十五条　长期投资的确认标准和核算方法

（一）确认标准

企业将长期持有、不准备随时出售的短期投资之外的各种投资确定为长期投资，长期投资以取得时的实际成本入账。

（二）核算方法

1. 成本法

当企业对被投资企业无控制、无共同控制且无重大影响时，或被投资企业在严格的限制条件下经营，企业向其转移资金的能力受到限制时，采用成本法核算。通常情况下，拥有被投资企业不足 20%的权益性资本时则认为对被投资企业无控制、无共同控制或无重大影响。

2. 权益法

企业对被投资企业具有控制、共同控制或重大影响时，采用权益法核算。

第十六条　所得税的会计处理方法

企业所得税会计处理采用应付税款法。

第十七条　企业的税项

序号	税种	计税依据	税率
1	营业税	销售收入	5%
2	土地增值税	土地增值额	4 档
3	城市维护建设税	营业税	7%
4	教育费附加	营业税	3%
5	企业所得税	应纳税所得额	25%
6	契税	产权转移书据所列成交额	4%
7	印花税	参照印花税税目税率表	
8	房产税	自用：按房产原值（1－30%）	1.2%
		出租：按房产租金收入：	12%
9	城镇土地使用税	纳税人实际占用的土地面积	按项目所在地税务机关要求执行
10	车船税	参照车船税税目税率表	

二、资金支付及费用报销管理办法

第一条　审批原则

（一）根据企业预算管理的原则，所有资金的支出及费用的发生均应严格控制在预算范围内. 在一个预算期间内，各项费用的累计支出原则上不得超出预算。对预算外的支出及费用要严格审批，并遵照企业《管理授权手册》执行。

（二）任何人员不得审批其本人发生的一切开支。

第二条　资金支付范围

（一）企业日常工作所需支付的资金。

（二）对外支付的合同款项。

（三）对外投资或拆借支付的款项。

（四）经企业同意的其他经营活动所需支付的资金。

第三条　费用报销范围

（一）购置办公用品、办公设备、材料、低值易耗品等。

（二）订购图书、报刊、杂志、资料费、培训费等。

（三）因公发生的差旅费、交通费、通讯费、会议费及业务招待费等。

（四）员工福利费等。

（五）其他费用。

第四条　资金支付及费用报销要求

（一）经办人应按照财务部的要求，录入审批单。

（二）提供的发票必须符合规定，残缺、污损、涂改的发票和假发票及收据不予付款。

（三）支付或报销的填制内容、手续、签字要规范、齐全。

（四）原始凭证应整齐粘贴在纸上，符合财务部规定标准。

（五）除特殊或紧急事项外，报销 5 000 元以上需提前一天通知财务部以便备款。

第五条　业务审批

（一）经办人应持审批完整的费用报销单，方可到财务部报销。

（二）除下列项目外，所有的资金支出及费用报销均需经过相应权限审批：

1. 按税法规定提取的各项税金，如营业税、个人所得税、企业所得税等。

2. 按会计制度和财务制度规定计提的各项费用，如职工福利费、工会经费、固定资产折旧、递延资产和无形资产摊销等。

第六条　费用报销办法

（一）差旅费报销规定及流程

1. 费用标准

按综合部相关规定执行。

2. 报销流程

拟出差人员填写《出差申请表》，详细注明出差地点、目的、行程安排、交通工具及预计差旅费用项目等，按备用金管理办法规定办理借款手续；出差人员应在回企业后五个工作日内办理报销事宜，根据差旅费用标准填写《差旅费报销单》，按费用报销流程办理销账。

（二）电话费报销规定及流程

1. 费用标准

移动电话费用报销标准按综合部相关规定执行。另外，企业为员工提供工作必需的固定电话，并由企业统一支付话费。不鼓励员工在上班期间打私人电话。

2. 报销流程

员工持已粘贴完毕的拟报销通讯费原始单据到综合部办理登记备案，由综合部指定专人签字确认；按费用报销流程进行审批及报销手续；固定电话费由综合部指定专人按日常费用审批程序及报销流程办理报销手续，若遇电话费异常变动情况应到电信局查明原因，特殊情况报总经理批示处理办法。

（三）市内交通费报销规定及流程

1. 费用标准

员工因公需要用车可根据企业相关规定申请企业派车，在不能派出公务用车的情况下可以乘坐出租车；市内因公公交车费应保存相应车票，按综合部相关规定执行报销手续。

2. 报销流程

由经办人按日常费用报销一般规定及一般流程办理报销手续。

（四）业务招待费报销规定及流程

1. 费用标准

按综合部相关规定执行。

为了规范业务招待费的支出，单张发票金额超过 500 元，须填写业务招待费证明材料。

2. 报销流程

由经办人按日常费用报销一般规定及一般流程办理报销手续。

（五）培训费报销规定及流程

为了便于企业根据需要统筹安排，此费用由企业综合部统一管理，各部门培训需求应及时报送综合部。综合部根据实际需要编制培训计划报总经理审批。由综合部按日常费用报销一般规定及一般流程办理报销手续。

（六）会议费报销规定及流程

由综合部统一安排会议地点及布置会场。会议费报销需开具会议费发票，并附会议费证明材料。由经办人按日常费用报销一般规定及一般流程办理报销手续。

（七）其他费用报销参照日常费用报销规定及流程办理。

附件：

1. 业务招待费证明材料
2. 会议费证明材料
3. 费用报销单填写规范
4. 费用分类办法及报销审批流程
5. 资金支付及费用报销流程图

附件 1：业务招待费证明材料

业务招待费证明材料

招待时间		招待地点	
招待单位		招待人数	
招待事由		招待金额	
申请人		部门经理	
企业领导			
执行情况			

注：以上为用餐招待的表格形式。若为赠送礼品，则“陪同人员”栏填写礼品赠送人员姓名，“经手人”栏填写礼品购买人员姓名，且原则上不能由同一人既为购买人又为赠送人。

附件 2：会议费证明材料

会议费证明材料

时间		地点	
出席人员		内容	
目的		费用标准	
经手人		执行情况	

附件 3：费用报销单填写规范

费用报销单填写规范

序号	填写名称	报 销 凭 证	备注
1	办公用品	发票注明“办公用品”或注明办公用品的直接内容，并附对方开具的出库单、明细单或验收单	单张金额超过 1 000 元，附办公用品清单

续表

序号	填写名称	报销凭证	备注
2	根据发票具体内容填写	为日常工作购买的资料、书籍等办公用品，以及因公发生的电话费等	
3	市内交通费	出租车票、公交车票、汽车票等	
4	汽油费	发票注明“汽油”字样，发票抬头为本单位全称	
5	过路过桥费、停车费	专用发票	
6	租赁费	专用发票	
7	会议费	发票注明“会议费”字样	附会议费证明材料
8	餐费	发票注明“餐费”字样或专用发票	单张金额超过 500 元，附业务招待费证明材料
9	通讯费	通信费专用发票或正规话费充值发票	
10	住宿费	发票注明“住宿费”	
11	水电费	专用发票	
12	劳务费	支付劳务费的相关证明	

附件 4：

费用分类办法及报销审批流程

1. 报销内容按类别分为成本类费用和管理营销类费用：

（1）成本类费用：由综合部或财务部经办，但不应由其承担的费用，如企业水电费，借款利息支出等；由工程部、经营部等部门承担的日常费用以及工程建设支出。

（2）管理营销类费用：财务部、营销部、综合部本部门承担的日常费用。

（3）成本类费用与管理营销类分别粘贴：为避免重复工作，计入费用的单据与计入成本的单据分开粘贴，分别录入，不能贴在同一张粘贴单。

2. 报销方式按费用类别报销：

（1）成本类费用及工程建设支出由经办人录入无合同费用单或合同付款申请单。

（2）管理营销类费用由经办人录入费用报销单。

3. 费用报销所附单据要求：

（1）工程建设支出：付款申请单、发票或收据、请款单、工程确认单、费用分摊表等。

（2）成本类费用报销：无合同费用单、发票或收据以及费用报销要求的其他附件。

（3）管理营销类费用报销：费用报销单、发票或收据以及费用报销要求的其他附件。

4. 费用报销流程：

（1）经办人将原始凭证分类横向粘在纸上，要求平整、匀称。报销人员按发票内容分类整理并汇总，在粘贴单左侧空白处写明报销人及费用明细和报销方式（电汇、支票、现金）。由财务部审核发票合规性及费用划分的正确性并签字后，由报销人员参照本附件第1、2 条的要求录入单据并提交审批。

（2）经办人提交填写审核无误的单据至其部门主管。对符合本部门预算要求的费用，部门主管审核费用的真实性，审核无误予以审批。

（3）财务部经理根据费用报销部门主管审批后的单据，审核单据所附票据的合法性及费用的合规性，对符合报销规定的费用予以审批。

（4）企业领导审批，对合规费用在“企业领导”处签字审批。

（5）参照附件第3条的规定，经办人备齐所需单据，由会计登记入账后至出纳处领取现金，并在记账凭证右下角“现金经手人”处签字确认；如果由他人代领，则现金领取人应在“现金经手人”处注明“某某某代”字样。

附件5：

资金支付及费用报销流程图

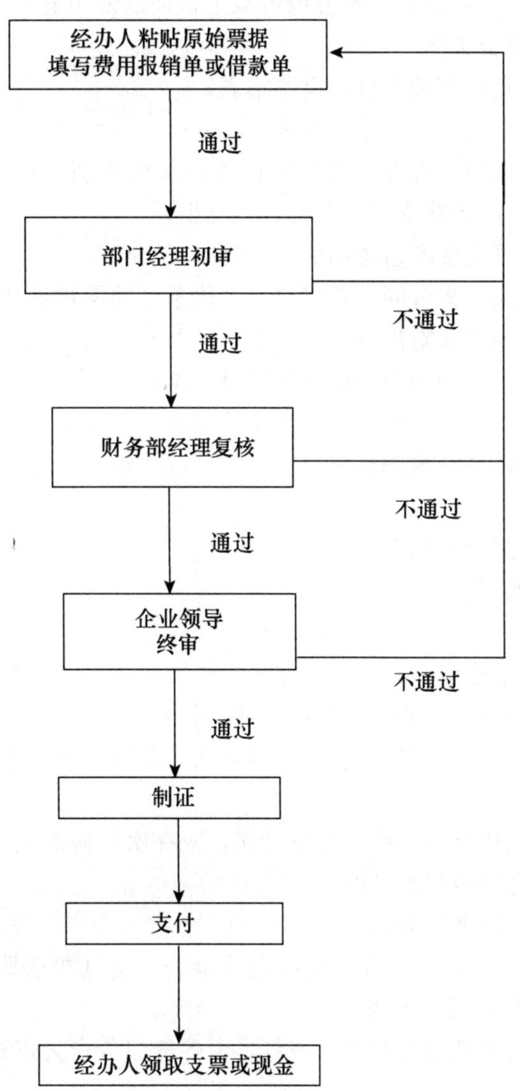

三、期末账务处理工作制度

第一条　目的

为适应公司发展的要求，建立健全公司内部财务管理制度，规范期末帐务处理，结合公司业务实际情况，特制定本制度。

第二条　适用范围

本制度适用于公司及其下属项目公司的会计核算程序和财务管理工作。

第三条　结账与报告截止日期

每月财务报告发出前必须结账，财务报告截止日期以公司财务部通知为准。

第四条　结账前的准备工作

（一）获取监理方出具详细的工程进度鉴定表；

（二）清理项目公司之间往来及个人往来；

（三）根据合同协议按照权责发生制原则计提相关成本费用；（包括但不限于利息支出、水电费支出、租金、广告费支出、工程成本支出）

（四）计提折旧并将固定资产系统结账；

（五）收集并复核相关销售合同，并将符合销售条件的销售确认为“营业收入”；根据“营业收入”计算“营业税金及附加”；

（六）根据确认营业收入的面积合理分摊项目成本；

（七）确认相关期间费用、投资收益、营业外收支；

（八）根据税法规定计算纳税调整项目（核定征收除外）；

（九）计算所得税；

（十）计算并提取“盈余公积”。

第五条　结账步骤如下

（一）审核记账凭证

（二）将已记账凭证过账

（三）结账——结转损益（必须使用自动结转损益）

（四）（在规定的日期内，一般为当月 30 日至次月 5 日）期末结账

第六条　反结账

如果项目公司发现以往月份的账务处理错误，应在次月做差错更正，特殊原因不能更正的必须经财务总监同意后授权反结账。

第七条　财务报表、附表和附注

各项目公司需按照公司规定的格式报送会计报表、会计报表附注和会计报表附注模板，附注模板规定的内容应填写齐全。

第八条　本制度由财务部进行起草与修订，由各部门负责人审核，自公司发布之日起生效。

四、财务软件管理制度

第一条　目的

为完善公司财务软件使用，进一步加强和规范财务会计基础工作，保证财务数据的安全，特制定本制度。

第二条　适用范围

本制度适用于公司及其下属项目公司的会计电算化工作。

第三条　人员分工及权限

（一）财务软件工作岗位划分为：系统管理员、财务总监、财务经理（会计主管）、会计、出纳。

（二）各岗位的权限

1. 系统管理员。增删账套，添加删除操作员，添加删除操作员权限，财务软件的日常维护，服务器的维护，会计电算化数据备份权限。

2. 财务总监。凭证查询、审核，账簿查询、过账、结账、反过账，固定资产系统权限，报表系统权限，增加变动会计科目及核算项目，反结帐权限，备案离职人员用户名及密码权限。

3. 财务经理（会计主管）。凭证查询、审核，账簿查询、过账、结账、反过账，固定资产系统权限，报表系统权限，增加变动会计科目及核算项目（增加变动会计科目及核算项目须报公司财务总监审核）。反结账权限仅财务总监享有。

4. 会计。凭证查询、审核，账簿查询、过账、结账、反过账，固定资产权限，报表系统权限。

5. 出纳。凭证录入、查询，账簿查询，固定资产系统卡片输入、生成凭证、计提折旧。

第四条　财务软件系统使用管理

（一）在公司及各项目公司财务账套建立前，由公司财务总监向系统管理员提出申请，确定账套的合法有权使用人员及其操作权限，并记录备案。系统管理员根据申请，开通账套、添加使用人员及赋予操作员权限。运行中需要增减使用人员，按同样手续办理。系统管理员在未得到财务总监的授权时，不得擅自增加、删除使用人员，不得擅自更改操作员权限。

（二）对各使用人员明确划分使用操作权限，形成适当的分工牵制，健全内部控制制度。

（三）使用人员应严格在规定权限范围内对系统进行操作，负责数据的输入、运算、记账和打印有关账表。

（四）系统管理员须协助财务人员做好检查监督工作，发现不规范使用应及时制止，并采取措施避免同样情况再次发生。

（五）系统管理员在系统发生故障时及时到场，组织有关人员尽快恢复正常运行。

第五条　财务软件的操作

（一）操作人员的操作密码应注意保密，不能随意泄露，密码要不定期变更。人员离职应将操作员用户名及密码报财务总监备案，并由财务总监通知系统管理员禁用该操作员所有权限。

（二）操作人员应严格按照原始凭证输入数据，应保证输入的数据与原始凭证数据的一致性。已输入计算机的数据，如在结账前发现差错，可按原始凭证进行修改，如在结账后发现差错，应另作凭证，以红字冲销纠正。如因特殊原因必须修改原凭证，应向财务总监提出申请，由财务总监反结账后方可修改凭证。

（三）在系统运行过程中，操作人员如要离开工作现场，必须在离开前退出系统，以防止其他人员越权操作。

（四）任何人如有伪造，非法涂改变更，故意毁坏命令程序、数据文件、账册等行为，依照《会计法》，将受到行政处分，情节严重的要追究法律责任。

第六条　账务处理规程

（一）账务系统初始化：在初次建立账务系统时，需要进行系统初始化工作，在财务经理（或会计主管）授权下进行设置会计科目、账本格式、凭证类型、期初余额等项内容的设定。

（二）日常账务处理

1. 凭证的处理。

记账凭证的输入要严格按照国家财会制度规定编制，对不真实、不合理的原始数据、凭证不予受理，对记载不确切、不完整的原始数据和凭证应予以退还，并要求更改和补充。记账凭证编制前，要认真审核原始凭证的合法性、正确性，输入计算机及打印出的记账凭证必须做到科目使用正确，数字准确无误。审核人员要按时审核记账凭证。每月结账后，要将记账凭证打印出来，连同所附原始凭证装订成册妥善保管。

2. 账簿的打印。

每年年末结账后，必须将全部账簿（包括总账及明细账）打印，装订成册，作为会计档案保存。必须保持打印出的账簿与账套中保存的账簿一致。

3. 固定资产系统的应用。

固定资产系统是财务软件的子系统。固定资产的核算必须通过固定资产系统进行。按照财务软件的步骤录入固定资产卡片、生成记账凭证。每月底必须通过固定资产系统对固定资产计提折旧并结账。

（三）结账：每月应按规定日期（一般为当月 30 日至次月 5 日）结账。结账前应将所有记账凭证审核、过账，自动结转损益，并将所有子系统（如固定资产系统）结账。

第七条　本制度由财务部进行起草与修订，由各部门负责人审核，自公司发布之日起生效。

五、年度财务预算制订管理制度

第一条　目的

为加强财务管理，提高年度预算编制的准确度和效率，明确年度预算的编制时间、流程、方法，结合公司实际情况，特制定本制度。

第二条　年度财务预算内容

项目年度财务预算主要包含销售合同额、销售回款、开发成本、费用、融资等财务预算，预计损益表、预计现金流量表等。

各部门年度财务预算主要包含费用预算、税金预算、融资预算。

公司年度预算是对所有分支机构的年度预算进行审核、汇总、平衡后形成的预算。

第三条　管理原则

项目公司年度财务预算，需要根据公司制定的预算编制方针制订，原则上要求经营收支平衡，并且编制的每一支出款项必须在总投资预算控制范围内。

各部门的年度预算，需要根据公司制定的预算编制方针，上年费用执行情况及相关的制度、工作计划进行制订。

第四条　编制时间

从每年的10月份开始编制下年预算，12月底审批结束。其中需要经过反复沟通，并最终达到公司和各分支机构的双方签字确认。

第五条　销售、成本费用预算编制方法

销售合同额，即项目正式签订销售合同额，需要根据项目的销售计划，合理安排当年的销售面积及合同额。

到账收入，包含三项：一是当年的销售合同在年底时的可回款数，此数据确定需要考虑公司整理按揭客户资料时间，银行办理按揭及放款时间等；二是当年签定的协议年底时的可回款数；三是上年年底的合同应收款，综合考虑上述因素确定。

前期报建类财务预算，在总投资预算内，以节约为原则，根据当地收费标准、同行业公司的缴纳水平等合理制订当年预算额度。

所有工程、材料类年度预算，在总投资预算内，根据项目年底的工程进度，合同内规定的付款节奏及经验值给出付款比例，并结合年初已付款金额，算出当年的预算金额。

费用类年度预算，包括销售费用、管理费用、开发间接费、财务费用。需要根据项目总投资预算、估算及以前年度已发生额度，合理安排当年的费用预算。若余额不够，需要专项申报追加，追加报告及相应的弥补措施按照规定流程审批后，可报入当年预算，否则，按余额申报。

各部门的费用预算，结合公司制定的费用制订方针，并结合当年的人数、上年的费用执行情况、工作计划、相关费用制度等合理制订。

第六条　融资财务预算

确定贷款计划，根据项目工程节点、投资预算、资金缺口及抵押物状况确定融资额度。

还款额度，按照已签定协议内规定的当年应还款额，安排还款额度。

第七条　预计损益表

本年需要结转的项目，需要预测主要包含项目的主营业务收入、主营业务成本、期间费用、税金等的结转额度。按照公司规定的格式，编制损益表。

主营业务收入：按照结转收入口径，预测当年应结转面积及单方价格，计算主营业务收入。

主营业务成本：以项目的总投资决算/预算/估算为依据，预测结转面积及结转单方成本，计算主营业务成本。

期间费用：包含销售费用、管理费用、财务费用，数据按照上述已编制的预算额度，并考虑折旧及摊销费用等计算。

税金：结合当年主营业务收入额度和相应的税率预测营业税金及附加。土地增值税、所得税等根据项目具体情况测算。

其它：视具体项目再定。

第八条　预计现金流量表

现金流量表，即把销售回款及其它收入，成本、费用、税金等年度预算，在1—12月份进行合理分解。

销售回款根据每月预测的销售合同金额，及一次性和按揭客户的经验比例，银行办理按揭时间，计算每个月的回款额。

土地款按照合同规定的付款月份和金额，列入现金流量表。

工程及材料类费用，参照预测的每月工程节点，合同内规定的付款比例，未签订合同的按照经验比例，计算每月的支出金额。

费用类，参照工作计划在每一个月内的合理分解。

税金类：按照每月应缴纳税金在每个月进行预测。

融资流入，根据项目的土地证或者四证预计拿地时间，并考虑项目公司资料整理，银行资料审查、上会审批的时间合理制订。

还款额度，按照已签定协议内规定的还款时间和额度编制。

总投资预算外、超支项费用及弥补措施，均需要专项按流程审批，审批后报入本年财务预算。

第九条　本制度由财务部进行起草与修订，由各部门负责人审核，自公司发布之日起生效。

六、公司财务预算执行管理制度

第一条　目的

为加强财务管理，结合公司实际情况，特制定本制度。

第二条　预算执行原则

在预算执行过程中，报销和借款均执行“先有预算，后执行”及谨慎原则，以预算为依据进行控制，没有预算的项目要严格控制其发生，预算科目之间不得相互挪用。

第三条　年度预算执行要求

确定的年度预算包括年度回款预算、支出预算、费用预算、融资预算、现金流量表等，各部门需要严格执行总体目标。对每月分解的支出预算，可根据当月的工程计划、工作计划等对年度分解预算进行适当调整和纠偏，形成可执行的月度预算。

费用类预算一定要以年度总额为目标，年初时做好细致的费用规划，避免执行过程中的费用失控，导致超支现象。

若年度预算调整，并已经过正式审批，则可按照调整后的年度预算执行。

第四条　月度预算执行要求

总经理签字确认的月度预算作为当月支付款及借款的依据，各预算执行部门应本着节约的原则，对其预算进行过程控制。

各预算使用部门在申请支付工程款、报销费用或者借款时，财务部需要确认预算余额，然后对单据审核，具体内容如下：票据合格，签字审批已按规定的权限；工程类款项已按合同内规定的付款条件及付款方法，相关附件齐全，相应的扣款已扣除；费用类按照公司相关的制度规定执行，比如：差旅费、福利费等；考察、培训类等费用已提交相关报告，确认无误后，方可支付。

对费用类报销或者借款，若发现比相关的差旅费、福利费等制度内规定的标准超支的，对超支金额将进行核减后报销。

第五条　财务支出备审资料

在建工程的设计、材料及工程款需要按照合同约定的付款条件进行付款，并提供齐全的备审资料，具体如下：

1. 对于工程进度款的支付，需提交甲乙双方及监理单位出具的工程进度和质量证明、成本部出具的工程进度款计算单；

2. 工程尾款，需提交甲乙双方及监理单位出具的工程竣工证明、备案证明、工程结算书；

3. 工程质保金，需提交工程结算书、已开收据、工程质保期内的项目公司和物业公司联合工程验收单；

4. 材料进度款，需提交材料收货验收单；

5. 材料结算款，需提交材料验收单、材料结算书；

6. 报建费用类，需提交当地的正式收费文件。

对于上述所有工程材料类支付，均需附有甲乙双方签定的正式合同。

第六条　预算执行分析

月度预算分析，每月底，各分支机构需要对当月预算、年度预算的执行情况作出结算报表并写出分析报告，随月度预算一起报送，做差异分析时，重点分析超支项目的原因及弥补措施，节约项目的原因及经验总结，预算执行过程中遇到的各类问题，及对公司在预算管理方面的建议，最终需要形成月度结算报表，预结算差异报表及月度预算执行情况分析报告。

若月度预算有追加或者预算外审批款项，以月度预算、追加及预算外审批的款项之和为依据。

12 月份结束后，对 1—12 月份的结算进行汇总，形成年度结算，并对全面预算执行情况做出总结，完成年度预算执行分析报告，并于次年 1 月 15 日前完成。

若年度预算调整，并已经过正式审批，年度预结算差异分析时，以调整后的年度预算为依据。

第七条 本制度由财务部进行起草与修订，由各部门负责人审核，自公司发布之日起生效。

七、竣工结算管理办法

第一条 结算概述

（一）竣工结算是建设项目全面竣工交付使用后，由合约部组织项目部、工程部、设计部、监理公司、咨询公司、各施工单位或供应单位对已完工工程所发生的全部建筑安装项目所需费用的全面核算。

（二）根据合同规定在工程竣工验收后 2 个月内，由各施工单位或供应单位上报完整结算书，合约部组织咨询企业开展全面核算工作，项目部、工程部、设计部、监理公司在结算资料确认、现场实际情况核实、争议问题索赔谈判等方面予以配合。

（三）合约部在企业项目竣工结算业务上受企业经营部指导和监督。

（四）本办法中除特别注明企业某部门外，未注明均为企业所属部门。

第二条 组织机构

（一）建设项目竣工验收后，为保证结算工作科学有序进行，成立竣工结算工作领导小组指导工作。工作领导小组组织机构及责任分工如下：

（二）组长：企业总经理

责任分工：审批竣工结算方案、结算原则，按照批复投资估算（或设计概算）严格控制竣工结算金额。

（三）副组长：企业副总经理

责任分工：审核竣工结算方案、确定结算原则，全面协调竣工结算各单位关系、参加结算碰头会议；检查结算工作进展情况及结算质量情况；督促各部门按时间、按质量完成结算工作；向企业总经理汇报结算工作情况。

（四）组员：合约部、项目部、工程部、企业设计部、财务部。

责任分工：组员负责具体结算组织工作，参加结算会议；落实会议布置的各项具体工作；将结算过程中出现的矛盾和分歧汇报组长，督促各单位按计划完成结算工作。各组员具体工作如下：

1. 合约部

（1）主责企业所管项目竣工结算组织工作。包括：

整理收集竣工结算资料。

主责组织咨询企业的结算审核工作，制定结算原则，组织结算协调会议及谈判会议，对重点工程量及价格进行抽查。

对咨询企业是否按合同原则审核结算进行监督。

组织各专业项目部、监理企业等协调、落实、解决争议问题。

协助合约部合同考核，协助财务部审计工作，提供审计需要的图纸、合同及相关的结算文件。

审计完成后督促各单位在结算书签字盖章。

主责合同工期和合同履约考核工作。

(2) 接受企业经营部对企业各项目竣工结算的监督、指导，依照授权手册规定，向企业汇报竣工结算审核结果，具体如下：

合同额在1 000万元以上施工工程竣工结算由企业经营部全程参与，合约部配合。

合同额在1 000万元以下施工合同竣工结算，由合约部主导组织审核，企业经营部全过程予以指导、监督、抽查，并参与索赔和补偿等合同外争议问题协商会。

全部甲供材料设备竣工结算由合约部主导审核，企业经营部随机抽查。

2. 项目部

作为结算项目的主责部门，项目部全力配合本项目竣工结算全过程审核工作。主要包括配合合约部整理、确认土建、机电、精装修、外幕墙装修、大小市政及室外景观等的结算图纸、设计变更洽商；对现场实际实施情况提供依据，落实原图纸设计内容现场核减、核增部分；落实深化设计责任，确认现场拆改、损坏、返工等责任方；提供施工方案、技术要求、工艺做法等。

3. 工程部

配合项目部整理、确认机电、大小市政及室外景观等的结算图纸、设计变更洽商；协助项目部对现场实际实施情况提供依据，落实原图纸设计内容现场核减、核增部分；落实深化设计责任，确认现场拆改、损坏、返工等责任方；提供施工方案、技术要求 、工艺做法等。

4. 财务部

主责组织审计工作，配合结算相关部门按合同规定办理结算；清理合同履约保函及抵扣质量保证金，监督合同考核工作。

5. 企业设计部

配合合约部整理、确认各专业施工图纸，审核设计变更的必要性，落实各专业施工单位深化设计责任，对施工图重计量中出现的设计节点、施工工艺不详等予以澄清等。

第三条 结算依据

（一）施工合同或供应合同

施工合同或供应合同是承包单位或供应单位完成合同标的的法律文件。合同条款对结算计量方式、计价方式及可调内容做了严格规定，因此竣工结算必须严格按照合同执行。

（二）招标文件和投标文件

中标单位按照招标文件要求对人工、机械、材料、费率等均做了具体的报价，实际上就是对招标文件的承诺。因此合同中缺项的项目以招标文件和投标文件为准。

（三）结算图纸及设计变更、洽商

图纸加规范包干的总价合同以合同图纸及有效设计变更、洽商为结算依据；单价合同以终版实际施工图纸加有效设计变更、洽商为结算依据。特殊情况可在请示企业领导批准后依据竣工图办理结算。设计变更和工程洽商须按设计变更管理办法和工程洽商、确认单管理办法规定程序办理后方可有效。

（四）其它经济文件

施工单位所报送一切需发生费用之经济文件，只有在经过业主现场工程师、设计经理、合约部经理、工程经理、项目部总监等会签盖章后方可有效。

（五）结算价格

1. 合同价格。严格依据合同规定执行合同价格，合同范围内项目不允许变更合同单价。

2. 合同暂定料值价格。合同中的暂定料值材料或设备由合约部组织招标，招标价格为暂定料值的结算价格。

3. 合同中缺项价格。合同中缺项材料设备价格，重新组织招标的以招标价格为准；零星项目以咨询企业及合约部施工过程中确认价格为准；结算前无确认价格，由咨询企业及合约部市场询价，或依据合同规定参照施工当期市场水平合理确定价格。

第四条　结算原则

（一）坚持“凡事有章可循，凡事有据可查，凡事有人负责，凡事有人监督”的四个凡事原则。

（二）严格控制工程造价，对一切存在疑义、争议及不明确事项均应采取从严处理的原则，待各方澄清、落实清楚后，再按合同规定计取费用。严控结算总额在概算造价以内。

（三）严格按照合同规定审核竣工结算，在遵循合同规定的前提下坚持实事求是的原则。

1. 总价包干合同以合同包干价加有效变更洽商增减费之和作为结算总价。

2. 单价合同以终版施工图重计量费用加有效变更洽商增减费用之和作为结算总价。

3. 供应合同以四方签字确认之会签单会签数量作为结算数量套以合同单价汇总后的总价作为结算总价。

4. 坚持设计变更和工程洽商合理性、必要性及真实性的计价原则，认真审核施工单位深化设计责任，区分深化设计和设计变更的界面；落实重大设计变更、洽商实际实施情况；重点对核减项目进行调查，并与现场工程师充分沟通，确保不重复计算和漏算。

5. 坚持密切协作的原则。参加竣工工程结算的单位有合约部工程师、企业设计部工程师、项目部工程师、工程部工程师、监理工程师、咨询企业造价工程师等。他们在工程施工和竣工结算中各有优势，因此要将各方有机的结合起来，密切协作，提高竣工结算准确率。

6. 坚持业主方只负担一次质量合格建筑、安装工程费用的原则。

(1) 甲供材料部分。按照施工图纸和合同或预算定额（含定额规定损耗）核定用量，超过图纸和合同规定用量或定额用量的部分，费用由施工单位承担。

(2) 施工中发生的破坏、拆改与浪费等事件要严格追溯责任方，由责任方承担费用。

7. 反索赔原则。在认真审核施工方所报索赔要求的同时，应认真收集施工过程中的会议纪要、工程日志、往来工作文件，对施工单位及供应单位在工期、质量、现场安全文明施工等方面提出反索赔。

8. 争议问题解决原则。

（1）合约部组织监理企业、业主方专业工程师、咨询企业及施工单位就一般争议问题，主要是量、价以及图纸及变更洽商实施情况等展开调查、论证，经核实后予以解决。

（2）就涉及合同原则及索赔等重大争议问题，报结算小组副组长，由副组长向结算小组组长汇报并讨论解决方案，并召开四方协商会议解决。

第五条　结算流程

竣工结算流程规定结算工作各方工作顺序及衔接点，划分工作范围、规范结算程序。其中应重点控制流程包括：

（一）竣工结算资料的收集和整理

结算资料的准确性关乎结算造价审核的准确性，根据结算要求召开材料设备、精装修、机电分包、总包工程等结算专题会议，由专业项目部及监理企业落实结算依据资料真实性和有效性，包括实际施工图纸的确认、变更洽商真实有效性的确认及实际实施情况的确认等。

1. 在施工过程中，要做好各专业施工图纸目录记录，由业主方、监理单位、施工单位共同确认现场实际施工图纸，并以此图作为施工图重计量的依据。各专业施工图纸目录确认完成时间应不迟于各专业工程竣工完成时间。

2. 对于总价包干施工合同，由业主方、监理单位、施工单位共同确认深化设计后终版施工图，并以此图作为合同内部分暂定工程量重计量依据及甲供材料图纸数量计量依据。终版施工图原则上必须与招标图纸在施工内容、施工范围、施工工艺上完全一致，若实际施工过程中产生差异，则需以招标图纸为依据办理设计变更，以设计变更作为最终结算依据。

3. 各专业工程在施工过程中，若有设计变更、洽商、现场签证等经济文件，应及时办理并由施工单位整理完整目录，经业主方、监理单位、施工单位确认后作为最终结算依据，各专业设计变更、洽商、现场签证目录确认完成时间应不迟于各专业工程竣工完成时间。

（二）工程计量

1. 综合单价合同施工图重计量

（1）总承包工程要求主体结构完工后一个月内，完成施工图纸重计量，建筑工程要求竣工交付后一个月内完成施工图纸重计量。结构工程、建筑工程均可分为地下工程和地上工程分开计量。

（2）其他专业分包工程原则上要求施工完成后两个月内完成施工图重计量工作。

2. 总价包干合同施工图计量

（1）施工合同内暂定数量重计量原则上要求该分部分项工程施工全部完成后两个月内重计量完成。

（2）甲供材料图纸数量依据确认终版施工图重计量，原则上要求该分部分项工程施工全部完成后两个月内重计量完成。

3. 设计变更洽商计量计价

（1）设计变更洽商会签完成后，每季度由咨询企业与合约部确认完整目录，确认完目录后由咨询企业在一个月内出具计量计价审核意见，经与施工单位核对确认后作为最终结算依据。

（三）工程量核对

1. 主体结构工程施工图重计量核对工作必须于竣工交付前完成，建筑工程工程量核对原则上可安排在竣工交付后开展，但必须在三个月内核对完成。

2. 其他专业分包工程原则上要求施工图重计量工作完成后，两个月内完成图纸部分工程量核对工作。

3. 总价包干合同暂定数量重计量及加工材料图纸数量重计量完成后，一个月内完成核对工作。

（四）竣工结算完成时间要求

1. 总承包工程必须在竣工交付后一年内完成全部结算审核及确认工作。

2. 指定分包工程依据工程项目复杂情况，要求在竣工交付后 6－12 个月内完成全部结算审核及确认工作。

3. 甲供材料供应合同要求在竣工交付后 6 个月内完成全部结算审核及确认工作。

附件：

合同付款流程实施细则及账务处理规范

第一条　正常付款程序：指按工程进度核定工程量正常付款：

（一）由经营部发起付款申请审批单，申请金额为核定工程量应付金额。

（二）付款申请审批单经领导批准后，经营部发起付款审批单，付款金额为扣除相应质保金后实际支付金额。

（三）凭证附件：

1. 付款申请审批单。

2. 付款审批单。

3. 发票－发票金额与实际付款金额相符；

如发票金额大于实际付款金额时，我方应对其大于实际付款金额的部分开具收据，在日后结账时收回该收据。

4. 分摊明细表－经营部部门经理确认。

5. 企业内部审批手续－经营部部门经理确认支付金额。

第二条　预付账款：指按合同规定预付给施工单位的款项：

为简化工作流程，预付账款所有环节参照正常付款执行，实际支付款项需施工单位提供相应金额正规发票。

第三条　借款：临时急需支付款项按借款处理：

（一）由经营部发起借款单，打印有领导签字的借款单到财务部先行领款，领款同时需提供收款单位收据。

（二）款项支付后，由经营部参照正常付款流程及时进行审批。

（三）凭证附件：

1. 借款时，收款单位收据。

2. 补正常付款流程时参照正常付款附件。

第四条　其他情况：余款支付时，业务部只需发起付款单，并提供结算单。

八、房地产企业建安成本管理制度

第一条　管理控制组织机构

（一）合约部

1. 成本控制管理主责部门，负责企业全部项目全过程造价管理工作，包括：

（1）投资概算、施工图预算等的编制工作。

（2）招标管理、合同签订、合同管理主责部门，负责企业全部项目的招投标、合同签订、合同管理及合同交底工作。

（3）施工过程造价管理工作，如工程进度款审核支付、变更洽商费用审核、施工工艺方案技术经济型比较等。

（4）竣工结算审核及配合第三方审计工作。

（5）建立企业造价管理体系及规章制度。

2. 建立完善企业造价管理体系以及招标、造价管理规章制度。

3. 接受企业全过程造价管理的监督和指导。

（二）企业设计部

1. 设计管理主责部门，分管企业全部项目的全过程设计管理工作。

2. 负责企业全部项目的概念规划、方案设计和初步设计工作，并对施工图设计工作进行管理、指导和监督。

3. 配合造价控制部门对设计方案做性价比论证、优化，指导和监督设计单位按照限额设计要求完成设计任务。

4. 负责组织设计单位提供各专业、各阶段设计图纸。

（三）项目部

1. 主管项目建设建安成本控制主导部门。作为项目的主管机构，从专业技术方面负责该项目全过程造价管理的指导、协调、控制工作，其成本管理控制贯穿项目建设的所有阶段。包括从项目成本控制角度协调企业设计部完成本项目全部设计工作；配合合约部完成概算编制及招标组织工作；组织管理现场施工，依据合同规定协调各施工单位及材料供应单位之间责任划分，施工界面划分、工序衔接；配合合约部完成竣工结算审核工作等。

2. 根据合同规定确认工程洽商、现场签证等经济文件的签署。

（四）工程部

1. 提供专业技术支持，从质量、安全、施工工艺和施工技术等方面协助项目部控制项目建设建安成本。

（五）其他相关职能部门

1. 营销部依据市场需求确定的小区整体档次，装修标准等。

2. 财务部依据项目所在地金融政策、财务规定等，联合合约部确定建设项目总目标成本，作为项目可行性研究重要参考依据

第二条　管理控制原则

（一）严格执行国家和项目所在地政府部门有关工程建设和造价管理的法律、法规和方针政策的原则。

（二）坚持结合工程实际，真实反映工程所在地建设期价格水平的原则。

（三）在全过程造价控制管理工作中坚持“凡事有章可循、凡事有据可查、凡事有人负责、凡事有人监督”的原则。

（四）坚持全员参与造价控制、全过程造价控制、全要素造价控制的三全原则。

1. 全员参与是指参与项目建设的所有人员均应把造价控制作为本职工作的一个重要职责。

2. 全过程工程造价管理包括前期决策阶段、设计阶段、招投标阶段、施工阶段、竣工结算阶段。

3. 全要素造价控制包括成本、工期、质量、安全、环境等相互制约、相互影响的几个因素。

（五）坚持事前、事中、事后的动态控制的原则。

（六）坚持不突破目标成本的原则。建安目标成本于项目设计方案定稿后由合约部负责组织编制制定，上报企业审批后予以实施，作为全过程动态成本控制的核心和最高限价，原则上不得突破。

第三条　可行性研究阶段造价控制

（一）主责部门为营销部，合约部、财务部等协助。

（二）营销部：根据当地市场情况，确定拟建项目市场定位和产品标准，编制科学、严谨可行性研究报告报企业审批。

（三）合约部：配合营销部调查、搜集、整理当地各项工程造价经济数据。

1. 协助配合获取该地区前期规费、类似工程单位建安成本、室外配套费。

2. 协助测算拟建项目建安造价，运用价值工程原理对方案进行综合分析比较，协助提出拟建项目投资分析报告。

（四）财务部：根据营销部门提供投资分析报告，编制融资初步方案，拟定融资渠道，并报企业审批。

第四条　设计阶段造价控制

（一）设计阶段造价控制的主责部门为企业设计部。合约部协助提供限额设计经济指标，企业设计部指导监督设计人实施。

（二）方案设计阶段

1. 面对市场公开设计招标，引进竞争机制，树立良好的经济意识，重视建设项目的投资效果。

2. 通过应用价值工程原理对各设计方案进行竞选比较、进行技术经济分析，从中选出优秀设计方案。

3. 企业设计部组织设计单位、造价咨询单位对设计方案进行全面的造价合理性研讨、调整。

4. 合约部配合企业设计部及相关部门，按优化后的设计方案，组织造价咨询企业编制投资估算，报企业批准作后为目标成本控制指标。投资估算应达到细化单位工程深度。

（三）初步设计阶段

1. 合约部配合企业设计部依据确定的设计方案提出限额设计指标。包括但不限于结构工程指标、机电安装工程指标、装修造价指标等，并以此作为初步设计和施工图设计单位招标合同条件。

2. 依据扩初图设计，企业设计部会同合约部或聘请设计、造价专家顾问对扩初设计造价合理性研讨，对性价比不合理的部分做进一步的修改、优化。

3. 依据优化后扩初图，合约部组织造价咨询企业编制投资概算书，要求达到招标子单元深度。

4. 将投资概算书指标与目标成本指标做对比，若满足要求报企业经营部审批后进行施工图设计。若不满足要求，由合约部组织企业设计部、设计单位、造价咨询企业对扩初图设计进行分项对比、讨论，形成一致意见后开展优化设计，修订投资概算书指标，直至满足目标成本控制指标。

5. 修订后的扩初图投资概算书指标，经企业审批后以此作为施工图预算、竣工结算、资金拨付等最高控制值。

6. 概算书的调整。项目建设过程中，由于不可抗力或国家政策调整等不可预见因素而导致的建安成本增加概算指标变动，合约部应及时组织概算书调整。可调整范围包括如下：

（1）资源、水文和工程地质情况有很大变化，引起建设方案变动的。

（2）人力不可抗的各种自然灾害，造成重大损失的。

（3）国家、政府统一调整价格，如基础能源而导致概算有重大变化的或建筑市场价格非合理性波动的。

（4）企业对项目开发计划有重大调整的。

（5）项目所在地总体规划调整引起项目设计变更的或重大设计方案变化、功能调整的。

7. 调整修改的概算书，报企业经营部审核，并经企业领导同意后，方可作为正式概算书。

8. 投资概算书一经确定，即作为整个项目造价控制的标杆，没有特殊情况最终竣工结算总造价不允许超出投资概算总造价，鉴于其在全过程造价控制中的重要性，特编制《企业项目建设概算编制与审核管理办法》。

（四）施工图设计阶段

1. 设计单位根据审批的投资概算指标进行施工图限额设计。施工图设计完成后，由合约部组织对其指标进行测算并对比各项限额设计指标，其结果将成为对设计院的考核依据。

2. 合约部组织造价咨询企业根据优化后施工图设计编制施工图预算指标，施工图预算指标达到具备作为招标工程量清单的深度。

3. 将施工图预算指标应严格控制在投资概算指标范围之内。不满足要求时，由企业组织设计单位、造价咨询企业对施工图设计进行分项对比、讨论，对指标超出项目做进一步优化，直至满足投资概算指标。

4. 施工图预算计算各分部分项工程量将作为各专业工程施工招标工程量清单的重要参考依据。

5. 预算编制期和实际施工期之间往往有较长时间，考虑到政策变动及市场价格波动因素，编制施工图预算时应合理确定价格波动指数及预留部分不可预见费。

（五）精装修设计阶段

1. 在编制投资概算时应初步确定拟建项目精装修市场定位和档次标准，依照项目建设期市场已完项目装修标准、价格，初步预估精装修单平米造价水平。

2. 精装修初步设计图纸完成后，应组织造价咨询企业编制精装修施工图预算，按照装修档次标准，通过市场调查合理装修材料、设备价格，确定每一精装修分项工程所需费用。

3. 企业设计部会同合约部、营销部门对精装修施工图预算单平米造价与预估造价水平对比分析，对精装修施工图做进一步优化、调配。

4. 将确定的精装修施工图预算作为精装修施工招标和甲供材料招标的限额指标，原则上档次标准未改变的情况下不允许超出此指标。

（六）为规范加强设计阶段的建安造价控制管理、贯彻限额设计理念，特编制《××企业工程限额设计管理规定》。

第五条　招标阶段造价控制

（一）招标阶段造价控制的主责部门为合约部，项目部、工程部、企业设计部协助控制。

（二）合约部组织造价咨询企业合理划分各招标子单元，合理划分总承包工程与各专业分包之间的责权利，在合同文件中明确规定各施工单位之间以及材料供应单位之间相互的责权利关系，避免施工过程中不必要的相互索赔、相互影响及相互干扰。

（三）项目部、工程部及企业设计部提供详细、明确招标图纸，提供详细技术要求和设计参数，尽量避免招标后设计修改及变更参数。

（四）合同签订后，合约部负责组织合同交底会，向各职责部门提供合同履行指导意见。

（五）严格按照各专业限额设计指标开展招标工作，考虑到实际施工过程中设计变更、工程洽商、市场价格波动等变动因素，原则上招标合同价应低于各招标子单元指标价。

（六）相应具体控制管理工作标准细则依照《企业招标管理办法》规定。

第六条　施工阶段造价控制

（一）施工阶段造价控制的主责部门为项目部，合约部、工程部、企业设计部协助。

（二）严格执行合同，按照合同约定组织施工现场工作。

1. 施工现场管理人员应熟悉施工合同，严格按照合同约定的责任、权利、义务安排现场施工。

2. 依据合同协调现场各项工作，包括各施工单位之间的责任划分、施工分界、工序衔接等，避免不必要的停工、返工、相互索赔等事件发生。

（三）严格控制设计变更、工程洽商等经济文件。

1. 严格控制设计变更，合约部应对设计变更进行认真审核，对造价增加较大设计变更应作详细分析、论证，必要时请企业设计部邀请设计工程师共同商讨确定是否有发生变更的必要性。

2. 严把工程洽商、现场签证单的签字关，对工程洽商和现场签证单等经济文件的真实性，准确性要严格审核。

3. 合约部组织造价咨询企业对设计变更、工程洽商等经济文件导致新增综合单价及材料价格，要依据施工合同及市场行情严格审核价格，严格控制变更增加费用。

4. 合约部组织造价咨询企业对设计变更、工程洽商等经济文件进行动态控制，单项设计变更和洽商费用大于合同总额10％时，需进行优化设计、论证，论证可行后报企业审批，审批后签订补充合同。由设计变更、洽商产生的新增投资额不得超过不可预见费的80％～90％。

5. 设计变更、工程洽商等经济文件具体管理办法应依据《企业设计变更、洽商、现场签证管理办法》。

第七条　竣工结算阶段造价控制

竣工结算阶段造价控制依照《企业竣工结算管理办法》实施。

第八条　造价指标控制奖惩措施

造价指标控制奖惩措施参照企业管控体系之《项目建设建安成本管理控制规定》执行。

第九条　建安成本管理控制流程

建安成本管理控制流程详见附图。

附图

建安成本管理控制流程图

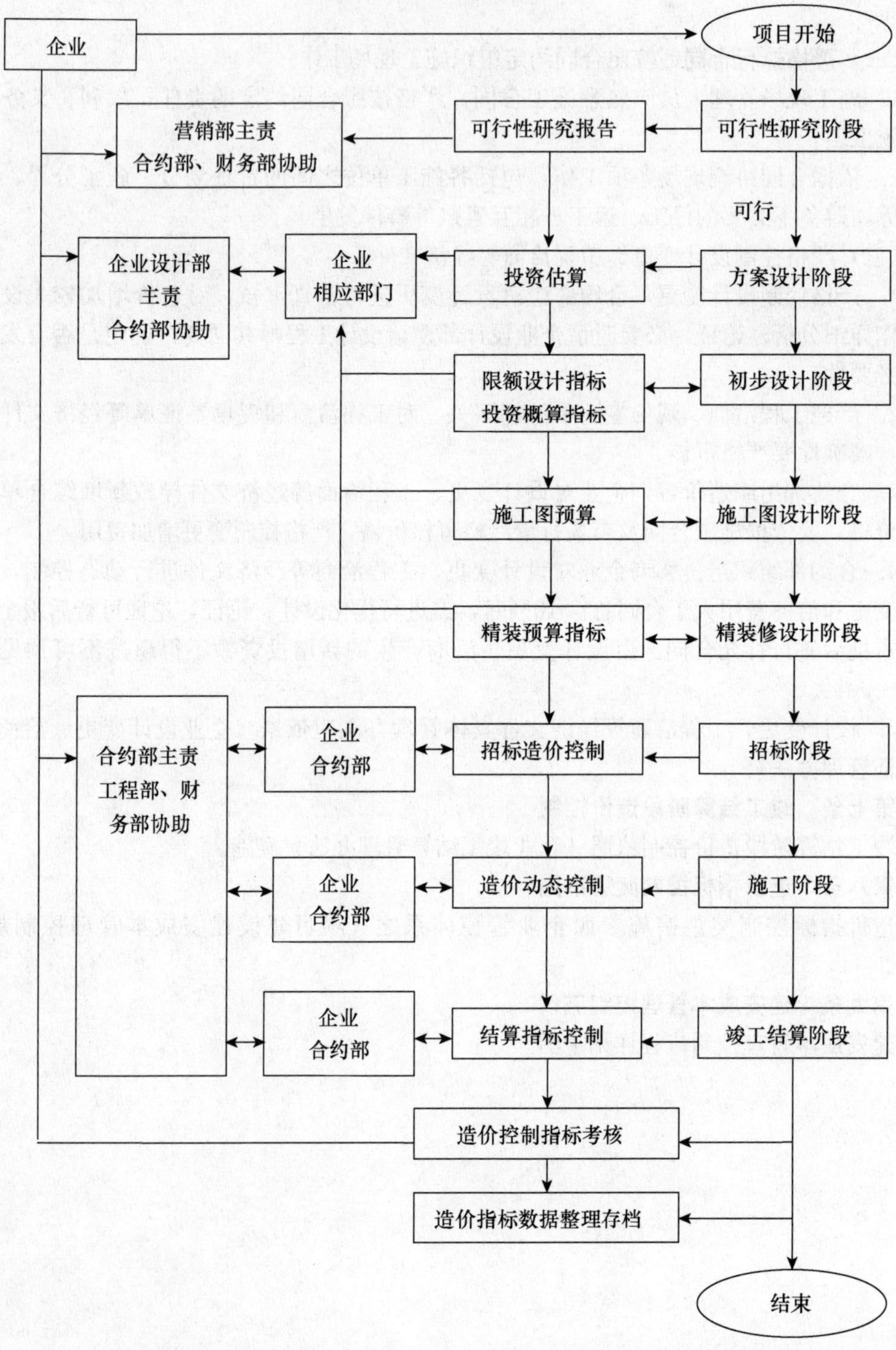

企业

项目开始

营销部主责
合约部、财务部协助

可行性研究报告

可行性研究阶段

可行

企业设计部
主责
合约部协助

企业
相应部门

投资估算

方案设计阶段

限额设计指标
投资概算指标

初步设计阶段

施工图预算

施工图设计阶段

精装预算指标

精装修设计阶段

合约部主责
工程部、财
务部协助

企业
合约部

招标造价控制

招标阶段

企业
合约部

造价动态控制

施工阶段

企业
合约部

结算指标控制

竣工结算阶段

造价控制指标考核

造价指标数据整理存档

结束

九、成本图表汇总

（一）房地产开发成本设置结构图

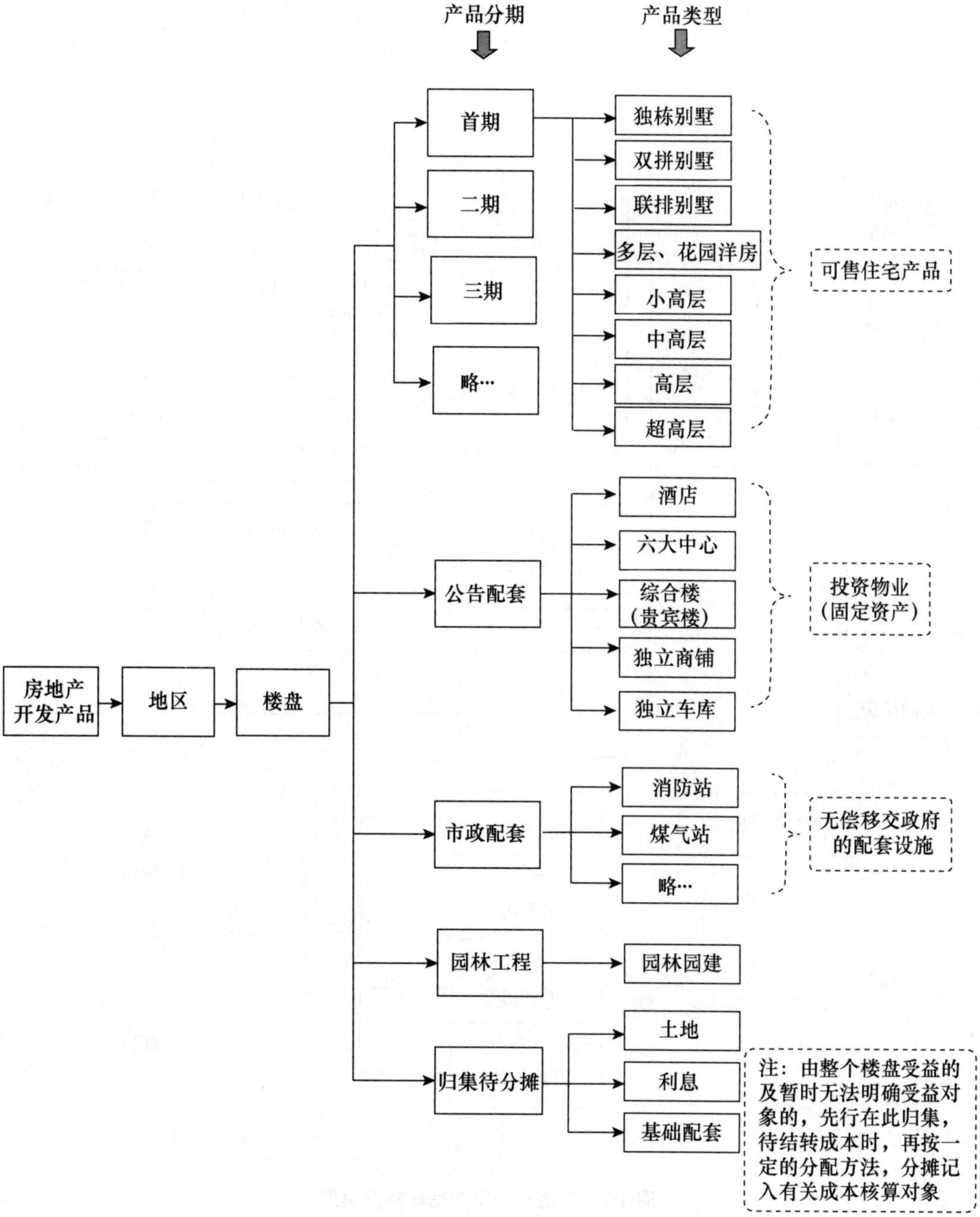

图 4-1　房地产开发成本设置结构图

（二）房地产开发产品成本归集图

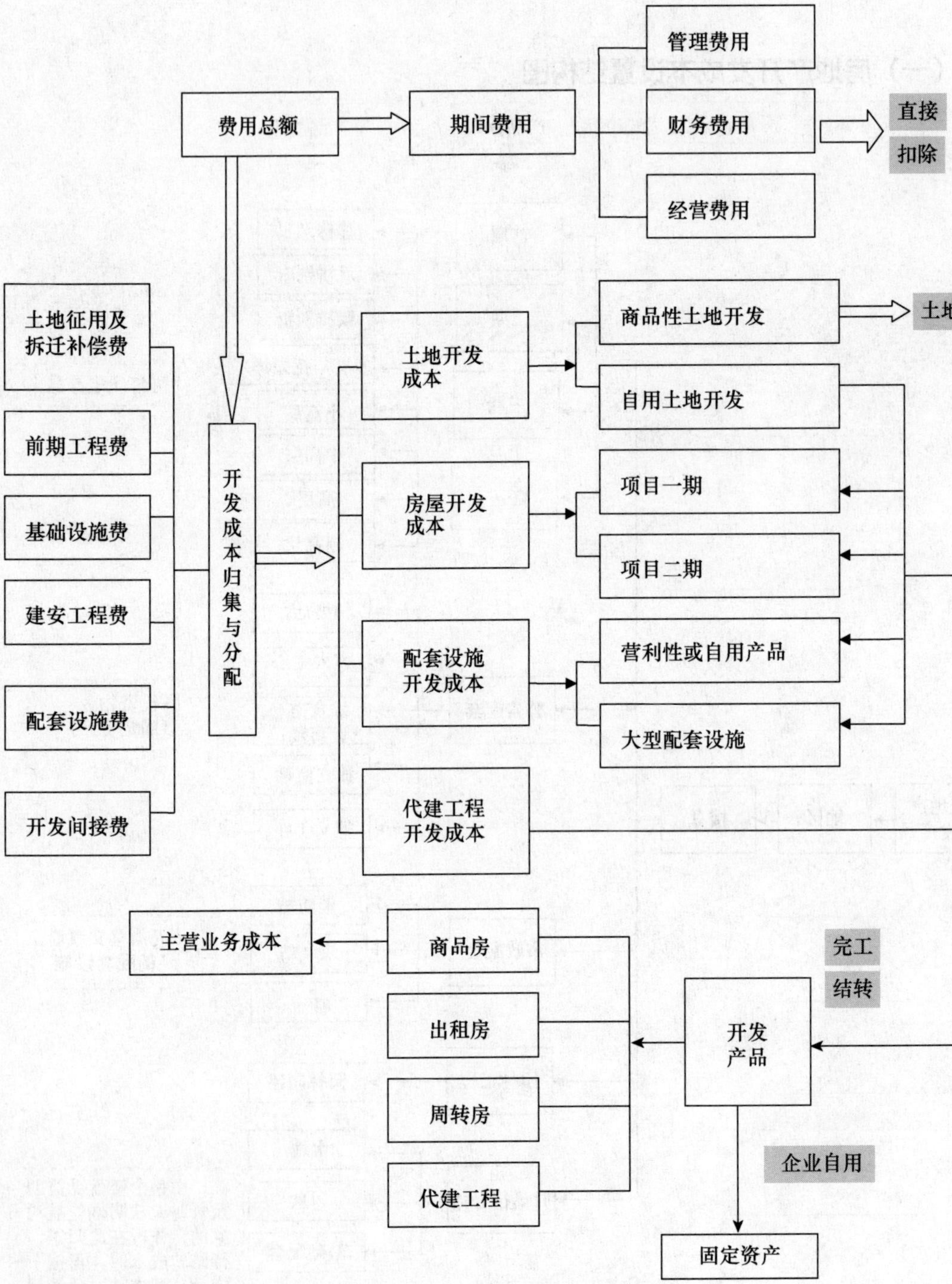

图 4-2　房地产开发产品成本归集图

（三）开发成本核算及成本报表编制的账务指引

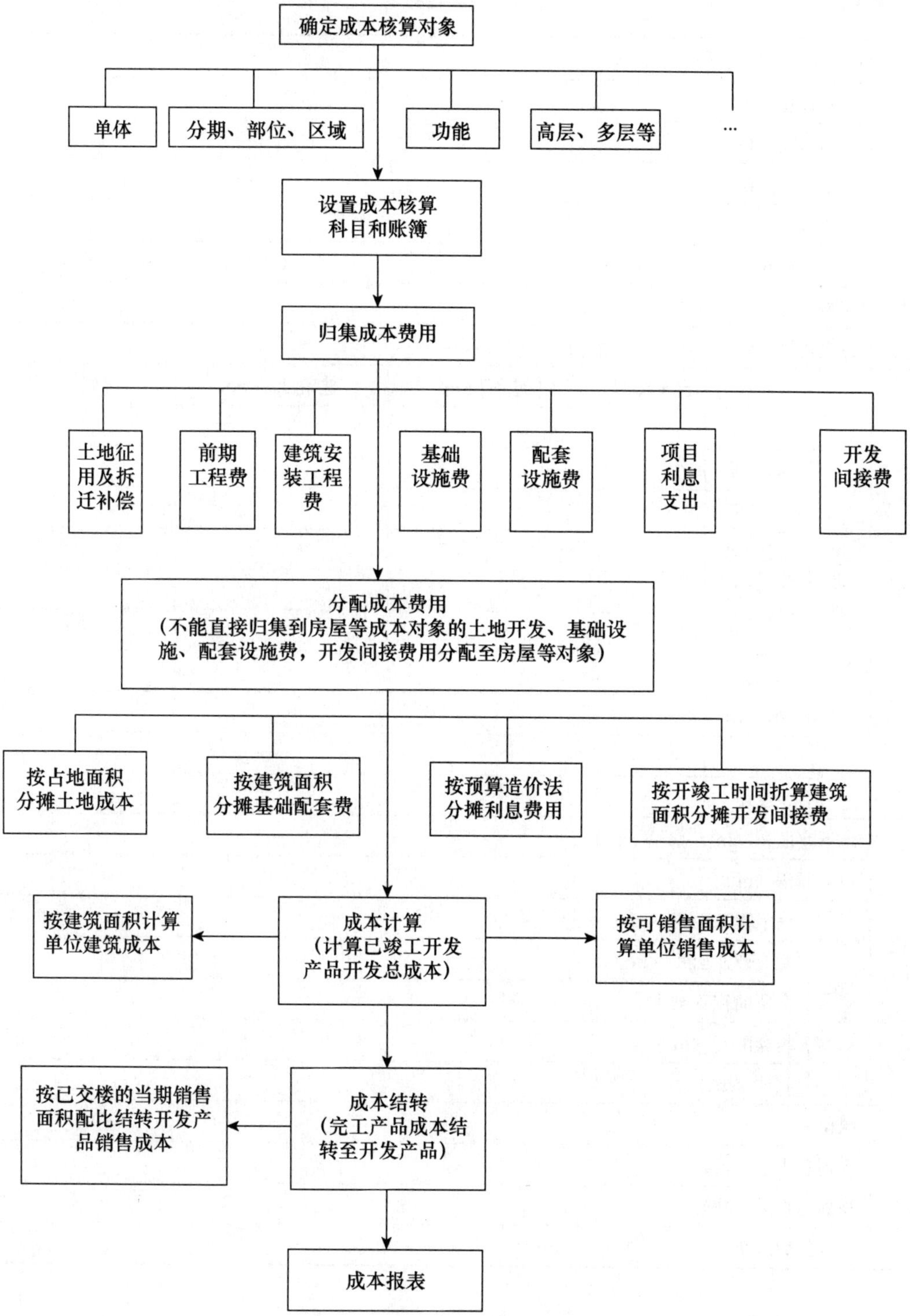

图 4-3　开发成本核算及成本报表编制的账务指引

（四）房地产项目主要指标汇总表

表 4-1

项目主要指标表

一	项目名称					
二	项目地址					
三	公司持有股份比例					
四	土地取得方法					
五	物业规划及性质					
六	总用地面积				0	m^2/亩
七	容积率					
八	建筑密度					
九	总建筑面积（m^2）	期数	自编楼号	占地面积 m^2	建筑面积 m^2	层数/栋数
		第一期				
		第二期				
		第三期				
		第四期				
		第五期				
		第六期				
		第七期				
		第八期				
		总计				
其中	地下室面积（m^2）					
	地上面积（m^2）					
	其中	信宅建筑面积（m^2）				
		配套商业面积（m^2）				
		会所面积（m^2）				
		教育配套（m^2）				
		其他（m^2）				
十	绿化率					
十一	规划总人数（人）					
十二	规划总户数（户）					
十三	总车位数（个）					

（五）基本信息表

表 4-2　　**基本信息表**

公司名称：

楼盘基本信息						总规指标						立项复指标（规划许可证、规划验收合格证）						售楼系统数据（预售证数据）					实测面积（实测报告、房地产权属证明书）							
楼盘名称	楼宇编号	物业类型	动工时间	竣工时间	容积率	占地面积	基底面积	建筑面积	地上建筑面积	地下建筑面积	地下车位个数	建筑面积	住宅面积	商铺面积	公建配套面积	地下建筑面积	地下车位个数	住宅可售面积	商铺可售面积	公建配套面积	地下建筑面积	地下车位个数	占地面积	基地面积	建筑面积	住宅可售面积	商铺可售面积	公建配套面积	地下建筑面积	地下车位个数
1	2	3	4	5	6	7	8	9=10+11	10	11	12	13=14+15+1	15	16	17	18	19	20	21	22	23	24	25	26	27=28+29+3	28	29	30	31	32
合计						—	—	—	—	—	—	—	—	—	—	—	—	—	—	—	—	—	—	—	—	—	—	—	—	—

（六）土地成本支付明细表

表 4-3

××项目土地成本明细表

年　月

编制单位

序号	土地成本类别	土地所属分期	土地出让面积	土地相关合同支付明细							土地证面积	土地使用权证编号	土地使用权起止年限（以土地使用权证为准）	其他需要说明的事项
				合同、费用项目名称	合同、费用金额	应付时间	应付金额	已付款	未付款	付款时间及凭证号			（年/月/日）	
一、	土地出让合同								—					
									—					
二、	土地相关税费								—					
									—					
三、	拆迁补偿合同								—					
									—					
四、	其他费用								—					
									—					
	合计				—	—	—	—	—		—			

说明：1. 合同或费用按楼盘项目分类，应付、实际支付日期逐项填列。按合同、协议列明具体付款时间及付款条件。

2. 暂未能确定费用金额、费用性质、不能收取发票的需详细注明，定时清理。

3. 土地成本合计＝应交土地出让金、补偿及税费＋评估增减值。通过股权转让取得土地发生的转让费用在“应交土地出让金、补偿及税费”下“其他费用”栏填列。

4. 通过股权转让取得土地发生的转让费用以及评估增减值在其他费用类中列示。

5. 每月 5 日前编制上报。

（七）预算成本及毛利测算简表

表 4-4　　××项目（分期）预算成本及毛利测算简表

年　　月　　　　单位：平方米/元

预测数据 成本项目	面积（基本信息表）		预算造价（成本支付明细表）			分摊率	分摊成本	单位预算成本	销售均价（取自明源系统）	毛利率	预警（基准毛利率30%）	各期状态（未建、在建、竣工、收楼）
	土地面积	建筑面积	目前预算造价	预计新增合同造价	总预算造价							
××项目总面积（普华基本信息表）	—	—										
总土地成本			—		—							
各期成本（预算造价）												
（一）首期（××—××楼栋号）的预算成本												
首期土地成本					—							
××期主体合同造价（成本支付明细表）					—							
××期装修合同造价（成本支付明细表）					—							
其他合同的造价（成本支付明细表除去主体、装修、分摊成本等）			—		—							
分摊配套成本（小学、基础等成本支付明细表）			—		—							
首期（××—××楼栋号）的预算单位成本												

（八）房屋开发成本汇总表

表 4-5　　房屋开发成本汇总表（各地区项目）

序号	公司名称（简称）	项目（按分期逐一填列）	建安成本（除成本分摊类外）支付项目												成本分摊类项目				成本发生额(是否与账面金额相符）	累计已结转成本	附注			其中装修工程已投入	装修工程投入占总投入的比例
			本月开发成本	本月预付账款净增加	本月应付账款净增加	本月支付额	本年开发成本	本年预付账款净增加	本年应付账款净增加	本年支付额	累计成本数	累计支付工程款额	工程合同金额	未付金额	土地成本分摊额	配套成本分摊额	开发间接费用分摊	资本化利息（累计发生额）	合计	成本额	含土地等合同总额(取自成本表）	含土地分摊等累计已付总额(取自成本表）	结转成本误差（“—”少结转）		
		××项目第1期	—	—	—	—	—	—	—	—	—	—	—	—	—	—	—	—	—	—	—	—			0%
		××项目第2期				—				—															0%
		××项目酒店				—				—															0%
		××项目基础配套				—				—															0%
										—															0%
																									0%
																									0%
										—															0%
										—															0%
																									0%
		合计	—	—	—	—	—	—	—	—	—	—	—	—	—	—	—	—	—	—	—	—	—		0%

(九) 工程成本支付明细表

表 4-6

工程成本支付明细表

年　　月

公司或项目：　　××项目第 1 期　　　　单位：元

序号	合同编号	合同名称	合同对方单位名称	上月成本余额	本月成本发生额	本年成本发生额	累计成本发生额	预付账款余额	应付账款余额	累计支付数	合同总价	结算价	合同未付金额	100%进度	预算数	备注
1.		分摊土地费用				—				—	—		—	—	—	
2.		分摊小区基础配套费				—				—	—		—	—	—	
3.		分摊开发间接费用				—				—	—		—	—	—	
4.		分摊资本化利息支出				—				—	—		—	—	—	
5.		市政配套费（基础配套设施费）				—				—			—	—	—	
6.		前期费用				—				—			—	—	—	
		…				—				—			—	—	—	
						—				—			—	—	—	
						—							—	—	—	
借方合计				—	—	—	—	—	—	—	—	—	—		—	
	应付结算款（结转差异挂账）															
合计				—	—	—	—	—	—	—	—	—	—		—	
贷方（结转开发产品）合计						—										

（十）成本科目对照表

表 4-7　　　　　　　　　　　　　　成本科目对照表

科目编号	科目名称	收支项目				解释
		一级编码	一级名称	二级编码	二级名称	
5002	开发成本					
500201	土地征用及拆迁补偿费	41010101	土地价			通过招拍挂或协议转让方式取得土地取付的地价款
		41010102	契税或交易费等其他费用			办理土地交易过程中支付的各种税费，如契税、耕地占用税、产权登记费等
		41010103	拆迁费			发生的有关地上、地下建筑物或附着物的拆迁补偿支出、安置及动迁支出、回迁房建造支出、农作物补偿费、危房补偿费等
		41010104	其他土地使用费			除上述费用外有关土地的费用
500202	前期工程费	41010201	地质勘探费			勘察人根据发包人的委托，收集已有资料、现场踏勘、制订勘察纲要，进行测绘、勘探、取样、试验、测试、检测、监测等勘察作业，以及编制工程勘察文件和岩石工程设计文件等收取的费用
		41010202	土地平整、三通一平			指施工过程中的场地平整，及临时道路、临水、临电等施工费用
		41010203	设计规划费	4101020301	规划设计	指设计人根据发包人的委托，提供项目施工图设计等服务所收取的费用
				4101020302	施工图设计	指设计人根据发包人的委托，提供项目总体规划设计等服务所收取的费用
				4101020306	地下室人防设计	指设计人根据发包人的委托，提供项目地下室人防设计等服务所收取的费用
				4101020399	其他设计费	除上述设计服务外所收取的其他设计费用
		41010204	开发报建	4101020401	各专业报建费	根据地方政府规定单价缴纳的各专业类报建费用
				4101020402	规划放线、验线费	测绘部门按建设工程规划要求，依据设计图核图，确定拟建物平面坐标收取的费用
				4101020403	环评费	根据地方政府环保主管部门规定缴纳的环保评估费用
				4101020404	规划测量费	
				4101020406	招投标费	根据地方招投标中心规定缴纳的招投标费用
				4101020408	施工图审查费	由地方政府主管部门或其指定具备资质的单位进行施工图纸审查所收取的费用

续表

科目编号	科目名称	收支项目				解释
		一级编码	一级名称	二级编码	二级名称	
500202	前期工程费	41010204	开发报建	4101020431	认证/签证/交易费	根据地方政府规定缴纳的认证、签证、交易费用
				4101020432	测绘费	根据工程、销售需要办理预售证面积测绘，房屋产权证建筑、占地面积测绘所产生的测量绘图费用
				4101020433	市政配套费	根据地方政府规定缴纳的市政配套设施、市政道路管网占用、修复等费用
				4101020434	政府报批报建费	
				4101020435	增容费	按政府规定因增加配给而交纳的电力、供水、煤气（天然气）等增容费用
				4101020436	专项基金	根据地方政府规定缴纳的专项基金费用，如：水泥基金等（不含以可退方式收取的保证金，如：新型墙体材料专项基金等）
				4101020437	报建费（其他）	除上述报建费外所收取的其他报建费用
		41010205	质检费	4101020501	质监站费用	指工程质量监督机构对工程实施质量监督的有关费用
				4101020502	监理费	委托监理公司代表甲方对工程进度质量监控所支付的监理费
				4101020503	检验检测费	按规定缴纳的检验检测费
		41010206	定额费			
		41010208	顾问费	4101020801	测量师费	支付给有资质的测量师的顾问费用
				4101020811	机电顾问费	支付给有资质的机电顾问的顾问费用
		41010291	临时工程—临电			办理临时用电发生的相关费用
		41010292	临时工程—临水			办理临时用水发生的相关费用
		41010293	临时工程—临时道路围墙			临时道路围墙施工发生的相关费用
		41010294	临时工程—其他	4101029401	临时办公室	为解决现场办公所搭建的临时建筑设施
				4101029402	临时场地占用费	临时占用红线外用地等所发生的场地占用费
				4101029403	临时围板	为工程管理需要而采取的临时围蔽措施发生的围板费用
		410199	其他前期工程费			除上述前期工程费外所收取的其他费用

续表

<table>
<tr><th rowspan="2">科目编号</th><th rowspan="2">科目名称</th><th colspan="4">收支项目</th><th rowspan="2">解释</th></tr>
<tr><th>一级编码</th><th>一级名称</th><th>二级编码</th><th>二级名称</th></tr>
<tr><td rowspan="18">500203</td><td rowspan="18">基础设施费</td><td rowspan="3">41010401</td><td rowspan="3">园林绿化</td><td>4101040101</td><td>绿化（绿化）</td><td>指公共环境的绿化工程</td></tr>
<tr><td>4101040102</td><td>景观</td><td>指公共环境的景观工程，如凉亭、喷泉、石艺、雕塑、木栈道、假山等</td></tr>
<tr><td>4101040103</td><td>室外零星设施</td><td>除上述外的其他公共环境零星设施工程</td></tr>
<tr><td>41010403</td><td>道路设施/公共设施费</td><td></td><td></td><td>指小区内道路的路灯等公共设施费用</td></tr>
<tr><td>41010404</td><td>永久用水</td><td></td><td></td><td>指小区内永久用水工程</td></tr>
<tr><td>41010405</td><td>永久用电</td><td></td><td></td><td>指小区内永久用电工程</td></tr>
<tr><td rowspan="3">41010406</td><td rowspan="3">电话/通讯/网络系统</td><td>4101040601</td><td>电信网络系统费</td><td>电信网络系统的建筑工程支出</td></tr>
<tr><td>4101040602</td><td>智能化系统</td><td>小区智能化系统的建筑工程支出，包括监控、边界防范、电子巡更等</td></tr>
<tr><td>4101040603</td><td>有线电视</td><td>小区有线电视系统的建筑工程支出</td></tr>
<tr><td rowspan="2">41010407</td><td rowspan="2">煤气</td><td>4101040701</td><td>煤气（管道系统）</td><td>煤气管道系统的建筑工程支出</td></tr>
<tr><td>4101040702</td><td>调压站</td><td>煤气调压站的建筑工程支出</td></tr>
<tr><td>41010408</td><td>排污/排水</td><td></td><td></td><td>小区排水及排污系统的建设、安装、调试、评审等费用支出</td></tr>
<tr><td rowspan="5">41010410</td><td rowspan="5">供热工程</td><td>4101041001</td><td>管道系统</td><td>指小区内供热管道设施的建设支出</td></tr>
<tr><td>4101041002</td><td>热交换站</td><td>指小区内供热交换设施、交换站的建设支出</td></tr>
<tr><td>4101041003</td><td>锅炉房</td><td>指小区内供热锅炉设施、锅炉房的建设支出</td></tr>
<tr><td>4101041004</td><td>水泵房</td><td>指小区内供热水泵设施、水泵房的建设支出</td></tr>
<tr><td>4101041005</td><td>供热费</td><td>按当地有关规定标准向供热部门交纳的一定费用</td></tr>
<tr><td>41010499</td><td>基础设施工程其他</td><td></td><td></td><td>除上述外的其他基础设施工程支出</td></tr>
<tr><td rowspan="4">500204</td><td rowspan="4">建筑安装工程费</td><td rowspan="4">41010301</td><td rowspan="4">桩基</td><td>4101030101</td><td>桩基（桩基）</td><td>指桩基施工中的桩基材料及工程实施费用</td></tr>
<tr><td>4101030102</td><td>桩基检测</td><td>由地方政府主管部门或其指定具备资质的检测单位进行桩基础检测的费用</td></tr>
<tr><td>4101030103</td><td>桩基施工阶段监测费</td><td>向地方政府主管部门或其指定具备资质的单位在桩基施工阶段缴纳的监测费用</td></tr>
<tr><td>4101030199</td><td>桩基其他</td><td>桩基础工程施工过程中产生的其他费用</td></tr>
</table>

续表

科目编号	科目名称	收支项目				解释
		一级编码	一级名称	二级编码	二级名称	
500204	建筑安装工程费	41010302	地下室			独立地下室工程费用
		41010303	主体工程			主体施工过程中
		41010308	幕墙/铝合金窗			指项目开发过程中含在主体工程内的铝合金窗费用
		41010311	机电安装	4101031101	强电工程	强电工程系统的设备及安装费用
				4101031102	弱电工程	弱电工程系统的设备及安装费用
				4101031103	给排水	给水和排水系统的设备及安装费用
				4101031104	煤气安装工程	煤气设备及安装费用
				4101031105	采暖空调工程	含地板采暖、电热膜、管道系统、暖气片的设备及安装工程
				4101031106	消防工程	消防系统所需设备、管道及安装费用
				4101031107	空调工程	空调系统的设备及安装费用
				4101031108	变配电设备	变配电设备及安装费用
				4101031112	电梯	电梯设备及安装费用
		41010331	室内二次装修	4101033101	涂料	室内二次装修中所用涂料及相关装修费用
				4101033102	外墙装饰	外墙装饰及相关装修费用
				4101033103	内装修	室内装修费用
				4101033104	进户门/单元门	进户门、单元门及相关安装费用
				4101033105	橱柜	橱柜及相关安装费用
				4101033106	栏杆	栏杆及相关安装费用
				4101033121	卫生洁具	卫生洁具及相关安装费用
				4101033131	厨具	厨具及相关安装费用
		41010399	其他			建筑安装过程中发生的其他相关费用
500205	配套设施费		略			分摊前期工程费、基础设施费、建筑安装工程费——机电安装(除空调工程、电梯外)
500206	项目利息支出					核算资本化的利息费用
500291	开发间接费用					核算分配入各成本核算项目的“开发间接费用（5102）”及施工用水电费

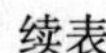
续表

科目编号	科目名称	收支项目				解释
		一级编码	一级名称	二级编码	二级名称	
500292	开发成本——计提					仅用于核算各成本核算项目的合同造价（预算造价）与期末开发成本数的差额。本科目只设置"房地产项目"一个辅助核算项目
500298	开发成本——结转					核算收楼或改变用途等而发生的成本结转业务。发生额计贷方，借方不核算业务。本科目只设置"房地产项目"一个辅助核算项目
500299	开发成本——其他					仅用于核算分摊汇集的基础配套成本，只设置"房地产项目"一个辅助核算项目。发生额计借方红字，贷方不核算业务
5102	开发间接费用					指项目开发期间发生的间接费用（此处不详列明细）
2202	应付账款					核算项目开发期间发生的应付账款
220201	应付材料款					核算因购买材料、商品等应支付给供应商的款项
220202	应付工程款					核算因接受建筑安装等劳务应支付给施工方的款项
220203	应付设备款					核算因购设备应支付给供应商的款项
220204	应付土地款					核算土地应付未付的款项
220205	应付设计款					核算因委托设计应支付的款项
220291	应付账款——非项目					核算与该项目无直接关系的应支付的款项
220292	应付账款（计提）					仅用于核算各成本核算项目的合同造价（预算造价）与期末开发成本数的差额。本科目只设置"房地产项目"一个辅助核算项目
1123	预付账款					核算项目开发期间发生的预付款
112301	预付材料款					核算通过材料公司、金属公司等下属公司及地区公司采购部采购的甲供材料业务
112302	预付工程款					核算除预付材料及设备款之外的其他工程预付款
112303	预付设备款					核算因购买设备支付的预付款
112304	预付土地款					核算土地预付款项
112304	预付设计款					核算因委托设计支付的预付款